致公授能　术德筑梦

——南开大学第八届良师益友文集

主　编：刘立新　王　巍

副主编：霍丽敏　崔　宇

编　者：郑月阳　晏　京　张宏思　朱博晨

南开大学出版社

天　津

图书在版编目(CIP)数据

致公授能 术德筑梦:南开大学第八届良师益友文集 / 刘立新,王巍主编. —天津:南开大学出版社,2021.9
 ISBN 978-7-310-06146-4

Ⅰ.①致… Ⅱ.①刘…②王… Ⅲ.①南开大学—纪念文集 Ⅳ.①G649.282.1-53

中国版本图书馆 CIP 数据核字(2021)第 201527 号

版权所有　侵权必究

致公授能 术德筑梦
ZHIGONG SHOUNENG SHUDE ZHUMENG

南开大学出版社出版发行
出版人:陈　敬
地址:天津市南开区卫津路 94 号　邮政编码:300071
营销部电话:(022)23508339　营销部传真:(022)23508542
https://nkup.nankai.edu.cn

天津市蓟县宏图印务有限公司印刷　全国各地新华书店经销
2021 年 9 月第 1 版　2021 年 9 月第 1 次印刷
230×170 毫米　16 开本　17 印张　2 插页　277 千字
定价:88.00 元

如遇图书印装质量问题,请与本社营销部联系调换,电话:(022)23508339

前　言

教育是熔铸灵魂的伟大工程，而"良师"无疑是遂行这一工程的掌舵人。十九大以来，"加强师德师风建设，培养高素质教师队伍"，一直是高等教育事业发展和研究生培养的关键之匙，亦是"立德树人"根本任务的应有之义。为师"以德立身，以德立学，以德施教"，南开百年的发展历程即是"良师"弦续、"贤师"辈起、"大师"传承垒聚而来的。而南开新百年与"双一流"建设的伟大征程，也必然离不开研究生导师队伍的贡献和支撑。可以说，"为良师""作益友"，是研究生导师队伍的国家担当、时代要求和历史使命，更是一名高校教师为学育人的初心与本分。

"师也者，教之以事而喻诸德也。""事"以学术，"德"在知行，而掌持"学"与"术"、指导"知"和"行"的则是大学导师。导师不仅要传之以"术"，讲解技法以求致用，而且要授之以"学"，指示天地人生的道理；不仅要拓展学生认知，而且要引导学生实践，以德知行，立身立学。凡"益友良师"，无不待人以精诚、助人以细密、教人以勤励、授人以绝艺，细微之处积蓄小我；无不行大德、蕴大爱、修大学、作大为，昭昭可鉴以成大我。南开百年的土壤与空气中便氤氲蕴积出这样一种气度和风骨——立德修学，就要有诚中形外的慎戒，就要有内圣外王的志业，就要文质彬彬、相得益彰，就要允公允能、兼济天下。聚天下之师而成南开，南开的历史星河中闪耀的便是许多如此气度与风骨的"良师"。

寰宇兵凶，举国愤怨，张伯苓从军到从教，旧学至新学，唯以"教育"扛起救国大任。而教育救国志业的达成则仰赖名师延至、良师云集，及因此渐成为的南开固有的一种风气。倡导教材"中国化"、经济"土货化"，创造"南开指数"的何廉道出了南开导师的坚守："我们每个人确实都是以一种献身精神工作的，大家都全力以赴尽量当好年轻一代的师表。我们的全部心血都倾注到学生身上，把所有时间都花在南开校园。"设计和督建"思源堂"，创建南开化学系的邱宗岳震惊美国学者的讲解，成就了"一堂课换来一座楼"的美谈。他更是告诫青年教师："要想检查自己的教学成果，除了要看自己已经讲了多少、讲清楚了多少以外，更主要的是要看同学们吸收掌握了多少。""一人包一个系"的姜立夫"就像一个熟悉地理的向导，引导学生寻幽探胜，使你有时似在峰回路转之中，忽而又豁然开朗，柳暗花明，从不感到攀登的疲劳"，听其讲课"是一种少有的享受"。其实，凡此种种，不过是南开众师的一个缩影。他们厚朴持重、讲授精细，他们因材施教、循序渐进；治学教学时极为认真，爱国救国上极力担当。如此师风从未间断，扎根南开数十年直至今时。被誉为"纯真的学者，正直的君子"的老校长杨石先，被称作"一架不休止的机器"的方显廷，终身奉献于历史教学与科研事业的雷海宗；更别说古稀复职、八十入党、一生南开的杨敬年，"为中国数学的发展鞠躬尽瘁"、奉献最后心血的陈省身，将复兴中国古典诗词文化为己任、身在讲台七十载的叶嘉莹。南开的导师，"爱国"则认知中国，服务中国；"敬业"则精细详备，严谨务实；"创新"则日新月异，思而不罔；"乐群"则相协互助，俾力发扬。"堪称一流"的"南开学风"就是在此般南开师风中孕育催生的。

过去十数年来，我们一直精心打造和倡行"良师益友"的评选活动，以求南开基因、南开风骨、南开品格的接续与传承。因导师之于学生，不仅为"学术训导人"，更是"人生领路人"。导师的言传身教将决定我们创造怎样的人格、校风与国魂。正如习近平总书记指出，"一个人遇到好老师是人生的幸运，一个学校拥有好老师是学校的光荣，一个民族源源不断涌现出一批又一批好老师则是民族的希望"。我们寄托于此，也便是评选"良师益友"的初衷所在。

适逢南开百年，我们将第八届"良师益友"称号获得者属文专述，汇而成集，以期达成"大学之道"：首为"明德"，初以学术知行喻立身之德，复以良师之德而成学生之德；次为"亲民"，以探索之勇气和创新之精神造就新时代的新青年，引领新百年的新征程；终为"至善"，以孜孜矻矻、诲人不倦的态度，追求至臻的人格、风气和学问，以良师育良材，以良材助国兴。此三作用，既是修身立学的基本，亦是育人治学的追求。夫"有中国即有南开"，故良师咸集而化育英才，则当助南开兴、国家兴、民族兴，则必成南开梦、中国梦、民族梦！

编者
2020.8.14

目　录

第一部分　柔蚕老去应无憾　要看天孙织锦成

卅载春风化雨　共与学海探珠
　　——记周恩来政府管理学院常健教授……………………………3
铸经邦之栋梁　育济世之人才
　　——记经济学院葛顺奇教授………………………………………9
绿色化学最前沿的攀登者
　　——记化学学院何良年教授………………………………………15
福泽广厦千万间　莘莘学子俱欢颜
　　——记商学院黄福广教授…………………………………………22
春风化雨拳拳赤子　心怀天下殷殷志士
　　——记环境科学与工程学院鞠美庭教授…………………………27
探寻物理世界的女科学家
　　——记物理科学学院李宝会教授…………………………………33
筑梦引路拳拳心　立德树人映芬芳
　　——记人工智能学院刘景泰教授…………………………………38
探寻生命之美　培育公能之才
　　——记生命科学学院乔明强教授…………………………………44
不计辛勤一砚寒　牢记使命育桃李
　　——记电子信息与光学工程学院孙桂玲教授……………………50
志逸四海　耕读卅载
　　——记文学院王志耕教授…………………………………………56
潜心为学　诲人不倦
　　——记文学院查洪德教授…………………………………………63

第二部分　精研学问无遗力　更待雏凤放清声

明路程师　育人育心
　　——记计算机学院程明明教授...................................73

满园桃李皆赞"郝"　独有温情育人心
　　——记商学院郝臣副教授.......................................78

潜精研思　亦师亦友
　　——记数学科学学院江一鸣教授.................................84

笃行求索　经邦济世
　　——记经济学院李磊教授.......................................90

师表无私　耕耘不倦
　　——记软件学院师文轩副教授...................................96

"你们的成长成才，就是我最大的愿望"
　　——记药学院孙涛教授.......................................103

统计讲台数十载　呕心沥血育英才
　　——记统计与数据科学学院王兆军教授..........................109

快乐学术的明星导师
　　——记历史学院夏炎教授.....................................115

为知识产权著书　为法律事业铸人
　　——记法学院张玲教授.......................................121

天之骄子求真知　浩然胸襟植桃李
　　——记物理科学学院张天浩教授...............................128

第三部分　高山景行堪世范　自古难求是人师

春晖遍泽桃李树　志存高远育英才
　　——记生命科学学院程志晖副教授.............................135

经世济民气如兰　桃李天下沐春风
　　——记国家经济战略研究院戴金平教授.........................141

人生"催化剂"
　　——记材料科学与工程学院关乃佳教授.........................147

至诚至精　言传身教
　　——记周恩来政府管理学院韩召颖教授.........................154

真相是真：求真学问，过真人生
　　——记哲学院李继东副教授 ... 160

春风化雨植桃李　金融求索知行全
　　——记金融学院李全教授 ... 166

你若盛开　层林尽染
　　——记马克思主义学院盛林教授 ... 171

功夫在"诗"外　学问要躬行
　　——记外国语学院王新新教授 ... 176

赓续公能勤研耕　甘为人梯育桃李
　　——记化学学院王一菁教授 ... 185

传道授业话旅游　宁静致远求臻美
　　——记旅游与服务学院徐虹教授 ... 191

第四部分　树蕙滋兰芳菲愿　东风妆出万重花

数学世界的探索者
　　——记数学科学学院丁龙云教授 ... 201

允公为国汉教人　允能育才桃李纷
　　——记汉语言文化学院董淑慧教授 ... 207

严谨治学　诲人不倦的巾帼骄傲
　　——记泰达学院冯露教授 ... 214

银丝映日月　丹心沃新花
　　——记历史学院江沛教授 ... 221

/斜杠教授/
　　——记经济学院李俊青教授 ... 228

和易以思　幸而继其志
　　——记电子信息与光学工程学院刘波教授 ... 233

喜看稻菽千重浪　十年树木亦树人
　　——记生命科学学院石福臣教授 ... 240

以梦为马　不负韶华
　　——记化学学院陶占良教授 ... 246

"修饰"青春 领路人生
　　——记环境科学与工程学院王鑫教授..................................252
至勤至诚为求真 立德立行见丹心
　　——记医学院杨亮副教授..................................259

第一部分

柔蚕老去应无憾 要看天孙织锦成

"柔蚕老去应无憾，要看天孙织锦成"——《鹧鸪天》中的两句讲尽作者叶嘉莹先生自己为师一生对学问的赤诚、对学子的期许。"中国最后一位穿裙子的士"为南开师者之表率，天孙已续弦而鸣，历经卌年一日、卅载求索、廿秋耕耘，织成锦缎无数，育得织者天下。在这一篇章中，我们将一览师者之德高望重，看遍师者之无悔坚守，感受师者之桃李无言，走进南开师者带领学子文以治国、理以强国、商以富国的点滴历程。

卅载春风化雨　共与学海探珠
——记周恩来政府管理学院常健教授

治学严谨，可敬可仰；平易近人，可亲可爱。为师，他学术精深，诲人不倦；为友，他殷殷关切，真情满怀。

人物简介

常健，南开大学周恩来政府管理学院教授，博士生导师，南开大学人权研究中心（国家人权教育与培训基地）主任，中国人权研究会常务理事。主要从事人权理论、公共冲突管理、领导学等领域的研究，曾先后在英国华威大学、埃塞克斯大学、美国杜克大学、蒙大拿大学做访问学者，曾获天津市五一劳动奖章，天津市第九、十三、十四、十五届社会科学优秀成果二等奖，享受国务院特殊津贴，被评为天津市优秀教师。出版《公共领域冲突管理体制研究》《中国人权建设 70 年》《中国人权保障政策研究》《当代中国权利规范的转型》《人权的理想・悖论・现实》、*Human Rights Safeguarding in Contemporary China* 等学术专著 15 部，主持翻译《领袖》《公共部门管理》等国外经典著作，担任《中国人权事业发展报告》《中国人权在行动》《公共冲突管理评论》等系列丛书的主编或副主编，在《中国行政管理》《求是》等学术期刊发表论文 150 余

篇，在《人民日报》《光明日报》发表学术和评论文章 30 余篇。编写出版《公共冲突管理》《领导学教程》《欧美哲学通史（现代哲学卷）》等 9 部教材。1984 年留校任教以来，共指导博士生 39 名，已毕业 31 名；指导硕士生 160 名，已毕业 148 名。

人物风采

一走进常老师的办公室，便会被窗边几棵绿意葱茏的仙人掌所吸引，这种名为"量天尺"的多肉植物一米多高，三棱柱形状的粗壮绿茎挺拔矗立，顶端棱边长有流苏般细长的小叶，在津南和煦的微风中摇动跳跃着油润的绿光，没有繁盛的枝叶和娇艳的花朵，它的美在于不甘于地表的平凡而努力伸向天际的昂扬姿态，永远向上，永远坚韧，永远生机蓬勃，一如常老师之为人、为学、为师。

国家事业中的奉献者

从 1992 年出版《人权的理想·悖论·现实》至今，常老师已经在人权领域辛勤耕耘了近 30 个年头，不仅是著作等身的理论家，更是身体力行的实践者。"学人总是在披荆斩棘，开疆拓土，创生命的新天地；凿地穿顶，上下求索，开社会的新篇章"，常老师将人权学术研究与人权事业发展紧密结合，在国家和国际舞台上发出了"南开声音"，彰显了"南开风格"，展现了"南开水平"。

常老师深度参与我国人权话语体系建构和人权公共外交，参加了近年来各期《国家人权行动计划》和人权白皮书的起草或修改工作，十余次赴日内瓦、纽约参加联合国人权理事会、联合国第三委员会议并发言，数次

以人权学者身份陪同高级领导人出访，百余次参加国际和国内各类人权会议并作大会发言。常老师将深厚的理论积淀化为实践中的人权表达，努力向世界讲述中国人权道路、理念、发展，以及普通中国人的人权故事。

与常老师保持密切工作联系的中央部门同志对常老师的投入和奉献印象深刻：几年前因在京工作过于劳累而病倒，在血管放置了支架；对文稿的每个字词"锱铢必较"，在会议室讨论到深夜；面对急难险重的任务，即便个人时间安排上有困难也从不推辞，提前结束假期或旅行更是"家常便饭"……

除人权领域外，我国现阶段社会冲突高发的态势也引起常老师的密切关注，进而开创了"公共冲突治理"的研究方向以应对现实问题带来的挑战。2011年，常老师出版了国内该领域第一本教材《公共冲突管理》，此后又指导几十名研究生围绕该主题撰写学位论文并作为专著出版，在各类专业期刊上发表学术论文200余篇，南开冲突管理团队已成为国内该领域创新活跃度和学术产出率最高的研究团队之一。

常老师时常告诫学生们：一代人有一代人的使命，要以己所学报效国家，做出学者应有的贡献。常老师是这样说的，更是这样做的。这种强烈的担当和使命感，深深感染了身边每一个人，也成为学生受益终生的精神财富。

成长征程上的引路人

激发学生的学术研究热情，是常老师指导研究生的主导策略。他曾将学术研究比作"生命的历险"，"行至山穷水尽，探寻峰回路转；逼到悬崖峭壁，希冀绝处逢生"，引发学生对学术研究的憧憬和渴望。

常老师认为，学问永远不是计划出来的，而总是被问题逼出来的，问题是学术研究的生命线。他一直鼓励学生开展实证研究，并多次带领团队进行实地调研。已毕业的博士生赵天航对几次调研经历印象深刻："跟着常老师，调研绝无可能走马观花，在归程车上、步行途中、晚餐桌旁，他总会召集大家总结讨论，从中挖掘出很多启发性的研究主题。有一次，在考察汶川大地震后的重建问题时，常老师观察到地震区的山脉多为松散土质，由此引发关于国家治理中连带溃败的一系列思考；还有一次，在对唐山一家私有企业的调研中，他难掩兴奋地说，领导学中关于文化建设的讲授中总是缺乏实例和灵魂，这次他总算找到了。"

对于初踏历险之路的研究生而言，前途漫漫，雾影绰绰，总是充满了胆怯与迷茫，什么是学术研究？我能做学术研究吗？该怎么做学术研究？此时，常老师总能及时发现学生面临的问题，提出具体的破解思路，使学生在荆棘丛生的前进道路上看到柳暗花明的曙光。

每两周一次的研究生讨论会是多年来雷打不动的传统，也成为常老师解惑的高效机制。例会的地点是变化的，有时是在宽敞明亮的办公室，有时则是在外出调研的汽车上，赵天航博士形象地称其为"车轮上的例会"，"'车轮上的例会'环境难免嘈杂，常老师总是侧过身来耐心倾听，提高音量细致解答"。2020年疫情暴发后，例会又转移至线上，硕士生郑鑫红称其为"视频例会"，"视频中的常老师依然思维敏捷，时时关注同学们研究的进展，从未中断的视频例会使滞留在家而焦虑不已的我们沉下心来"。"作为专业领域的重要学者，常老师经常到各地参会，也要时常接受央视焦点访谈和各类媒体的采访，行程无疑是紧张忙碌的，但他却从不轻易更改例会日期，"已毕业的博士生李艳丽这样回忆道，"有时常老师刚下飞机就风尘仆仆地赶赴过来，例会一开便是三四个小时，直到解答了所有同学的疑问才会去休息，我们看着都觉得十分辛苦。"

常老师对学生的指点不只在学术上。"在人生的某个重要阶段，导师的指点是可以改变人一生的。"2016年入职对外经济贸易大学的原珂博士十分感激当年择业时老师的指点，"对于当时的我来说，《管理世界》编辑一职颇具诱惑，但常老师却说，'既然基础不错，为什么不去更适合做科研的地方呢？'他一句话便点醒了我，如果没有当时的指点就不会有今天的我了。"

"在学院，常老师对学生好是有口皆碑的，对学生严格也是出了名的。"在常老师看来，习得一整套认识问题和分析问题的技能是同学们学术生涯中必不可少的"硬核"，因此，平时和蔼可亲的常老师，一旦面对学术讨论，总会苛刻得令人胆寒。例会便是每一位"常门"同学的"噩梦"，每每在例会上展示的费尽心血的研究进展却总被常老师三言两语就点出其中"破绽"，已毕业的研究生回忆起他的许多"金句"不免"心有余悸"而又心怀感激："写文章不能鸡零狗碎""不能在华丽外表里裹着一堆破棉絮""文章是改出来的""要着力发现大思路，不要满足于小精彩"……常老师的严格和严谨还体现在日常指导学生中，2020年毕业的博士生刘明秋回顾一年多来的毕业论文写作过程，"单是论文开题的框架就与常老师反复调整了六七次，毕业论文更是经历了多次大删大改"。2017 年毕业的刘一博士回忆说："老师总是不厌其烦地纠正我论文写作中的各种问题，大到论文框架和行文逻辑，小到标点符号和脚注格式，无论多晚给常老师发送论文，第二天总能收到老师详细的修改意见。"

跟随常老师学习五年有余的博士生毛讷讷则谈起了硕士开题时的一段往事，"当时我的开题报告没能达到老师要求的水平，常老师几次在邮件中都非常严肃地指出了我的问题，之后我一直很沮丧，直到几天后常老师开车顺路送我到校门口，察觉到我情绪低落，便笑着对我说，要能识破老师的'伎俩'，'偶尔给你们加压，是为了让你们有动力提高，并不是全然否定你们'，这样的鼓励和安慰让我悄悄掉下了眼泪"。已在郑州大学任教的毛讷讷博士如今更能体会"严师"的良苦用心，"直面问题、解决问题，正是常老师带学生的风格，鼓励可以温言，问题却必须一语中的，以便及早修正"。

人生坐标里的金标尺

学高为师，身正为范。常老师待人处事的品格深刻影响了他的学生，一位博士在毕业论文的致谢中写道："我想有这样一位让人敬爱的导师，我在未来的工作和生活中，都获得了一把金灿灿的标尺。"另外一位毕业生在其日记中写道："我曾经立志成为让常老师骄傲的学生，事实上，如果我能够做到老师的一半，就已经极其不易了。"

"学术研究需要生命的投入和全身心的付出"，这正是常老师治学勤奋和忘我追求的写照。尽管著作等身，他仍然不肯放松对学术研究的执着追求，每年的成果量都排在学院的前几名，被戏称为"超级劳模"。在学生眼中，常老师总是神采奕奕、精力充沛的，外出参加学术会议，他总是昂首快步走在团队队伍前面；早上五点起床熟悉英文发言稿件，晚上十一点仍在回复学生邮件；大年初一清晨六点便开始读书，"一天不读书就急得慌"；疫情在家"葛优躺"的研究生都曾被常老师"能聊论文吗"的微信以及随后的"夺命语音"惊得魂飞魄散。常老师总是教导学生："人生苦短，一定要在精力最佳状态做最重要的事情。"

尽管一生勤奋刻苦，但常老师对各种荣誉和社会标签却总是淡然，无意在"学术社交"方面多下功夫。在他看来，"论文专著，是学术人生命绽放的花朵；职称头衔，不过是风餐露宿的袅袅炊烟"，"学者这一称谓，指称的不仅是知识学问，更多的是品性人格：出淤泥而不染，淡名利而自好，富贵不能淫，贫贱不能移，威武不能屈，发现一个定理胜似作一世的君王"。这种学者品格影响了许多学生，硕士生董勤梅说："希望在未来的工作生活中，能活出常老师的一分风骨，不负常老师两年的教育之恩。"王欣雅说："无论今后从事什么工作，常老师的学术品格和为人态度，将一直激励着我前行。"

常老师的行事风格，是不给别人添麻烦。生病住院做手术，也不让学生前来探望。偶尔麻烦学生做了跑腿的事，总会一再感谢。曾在师门例会上庆祝生日的博士生张蛟洋倍感温馨："老师和同学们秘密准备了鲜花和蛋糕，给了我好大一个惊喜，但老师自己却不愿意让我们为他的生日举办专门聚会。"博士生付丽媛说："老师自己的事情极少麻烦同学们，但老师的心里却总是惦记着我们，新疆出差回来，他带了一袋形态各异的泥塑新疆小人儿；联合国发言归来，他又从包里掏出一把口红和巧克力来，还问我们'最近是不是很流行送口红'。"

2020年5月31日是常老师的三位博士生毕业答辩的日子，答辩结束后常老师在朋友圈"晒出"了答辩截图和三棵仙人掌的照片，配文"疫情下茁壮成长"，寄托了一位老师对即将远航的学生的希冀和祝愿，"四季绿苍苍，酷暑傲骄阳；不争百日艳，一现昙花香"，就像这种植物的花语——"无尽的未来"。

三十余载，春风化雨，循循善诱，愿与学海探骊珠；万千桃李，百年树人，耕耘不辍，换来硕果满神州。传道、授业、解惑，至真、至善、至亲，常老师是学生的良师益友，也是学生的人生榜样。

周恩来政府管理学院党委副书记兼副院长　宋媛
周恩来政府管理学院2018级行政管理专业博士生　王雪

铸经邦之栋梁　育济世之人才
——记经济学院葛顺奇教授

教诲如春风，循循善诱，以身作则；师恩似海深，润物无声，桃李芬芳。

人物简介

葛顺奇，1986 年毕业于河南农业大学，获农学学士学位；1991 年至 1994 年就读于南开大学政治学系，获法学硕士学位；1997 年起就读于南开大学国际经济研究所，获经济学博士学位。现任南开大学经济学院国际经济研究所所长、教授，南开大学跨国公司研究中心副主任，社科重大课题《外商投资"负面清单"管理模式研究》《全球价值链与中国对外直接投资升级》首席专家。研究领域主要有跨国公司与国际投资、中国企业对外直接投资、国际区域经济一体化、中国自由贸易试验区，主讲课程包括跨国公司与国际投资、跨国投资与管理、国际商务等。

在《经济研究》《管理世界》《世界经济》《世界经济与政治》《国际经济评论》《国际贸易问题》《国际贸易》

《国际经济合作》《世界经济研究》等核心期刊发表论文近百篇,主要著作有《跨国公司技术战略与发展中国家技术模式选择》《外商投资"负面清单"管理模式研究》。自 2010 年开始主持翻译联合国贸易和发展会议(UNCTAD)撰写的国际投资领域最权威报告之一《世界投资报告》,多次参与国内外的学术会议并发表重要演讲。主持约 70 项国内外重要课题,获商务部、发改委、外交部、国务院发展研究中心等有关部门的肯定。2019 年 4 月,应国家发改委邀请,出席第二届"一带一路"国际合作高峰论坛,聆听了习近平主席等 15 位国家元首和联合国秘书长的讲话,并主持了分论坛对话会,与来自埃及、巴基斯坦、泰国、菲律宾、哈萨克斯坦等的部长级高级官员进行深入的交流和探讨。

人物风采

潜心学术,数十年如一日,关注世界经济前沿问题;言传身教,以满腔热忱投入教学,引领学生探索科研道路;视如己出,关怀备至,用心对待每一位学生。葛老师是名副其实的良师益友。

潜心学术 鞠躬尽瘁

孜孜不倦,数十年如一日。作为科研工作者,葛老师始终保持对学术研究最初的热忱,不懈探索和开拓创新。埋头苦干、披星戴月,是葛老师几十年以来的常态。

"我们在深夜下课或结束自习后,常常习惯性地仰望经院高层,老师办公室的灯总是亮着。有一次老师凌晨一点多还回复了我的消息,耐心解答我遇到的问题,让我非常感动。"2017 级硕士杨旭晗满怀敬意地回忆道,"还有一次我们协助葛老师做一个课题,因为时间紧任务重,只能熬夜工作,但是葛老师比大家熬得都晚,甚至凌晨四点依然在工作。"葛老师投身学术的忘我精神,让学生耳濡目染,深受触动和激励。也正因如此,葛老师才能如此高产,在对外开放、跨国公司和国际投资、自贸试验区等领域获得累累硕果。

允公允能,弘扬家国情怀。作为南开人,葛老师将"公能"校训铭记于心,秉持"爱国爱群之公德,与服务社会之能力",努力践行南开精神。作为世界经济与国际投资领域的专家,葛老师始终秉承"经邦济世、智圆行方"的原则,心系国家及世界经济发展。"经济学的最终关照对象是国家、社会和人民,因此经济学家既要有理论,也要有实干",这是葛老师坚定的信念。在积累经济学理论和学术研究之余,葛老师非常重视实地调研,深入调查浙江、山东、天津、河南、四川等省市的经济开发区和自贸试验区,实地考察超过 800 家外商投资企业,以跟踪和研究前沿问题,对我国开放型经济发展载体的机制、弊端、发展经验形成独到见解,并致力于进一步推进开放经济转型变革的政府实践,为中央和地方政府提供真知灼见。同时,葛老师多次在国际国内学术会议或论坛上,就我国外商直接投资、境外合作区建设等重要问题建言献策。

兢兢业业,打造科研重镇。作为国经所所长,葛老师心系国经所的未来,致力于稳固和提升国经所在全国领先的学术地位,发展成为国内国际经济领域最负盛名的科研教学机构之一。葛老师指出:"国经所的发展目标主要有三个,即全国重要的国际经济精英人才培养重镇、具有国际影响力的专业智库、国内外著名学者和跨国公司 CEO 交流平台。"国经所多次举行双周学术讨论会,追踪前沿动态,营造浓厚学术氛围;与商务部等政府部门密切交流,关注重要问题,服务社会发展;组织高水平学术会议和论坛,促进学术交流,碰撞思想火花,无不体现出葛老师的呕心沥血。葛老师是一个有国经所情节的人,他博士毕业后曾经就职于中信证券,虽然工作待遇优厚,但是葛老师还是回到了国经所,在他最钟爱的地方做他最热爱的工作,转眼就是十几年。葛老师常常说起创建国经所的各位老先生的事迹:"我始终记得国经所老先生们言传身教带给我的激励和感动。国经所具有优秀的传统、奉献的精神、高雅的追求和骄人的业绩,我们要不断发扬光大。"葛老师对国经所的热爱与感激永存于心,他必将为南开和国经所的事业奉献毕生,无怨无悔。

言传身教　春风化雨

做学术严肃认真，精益求精。在学术态度上，葛老师严谨治学，经常教导学生做研究和写文章的态度应是一丝不苟、踏踏实实。尽管科研任务繁重和工作忙碌，葛老师在修改学生的文章时仍亲力亲为，不仅力求逻辑清晰、条理分明，每句话言简意赅，对每个词甚至是标点符号都经常反复琢磨和推敲。对于学生研究中的马虎和懈怠，葛老师总是及时批评指正、直言不讳；在学生取得一点成绩而沾沾自喜时，葛老师会提醒学生任重道远，仍需继续努力；在学生因科研中的困难而垂头丧气时，葛老师又会积极帮助学生解决困惑，为其加油鼓劲。"第一次见葛老师是请他指导我的本科毕业论文，写的是关于中美贸易不平衡的问题。当时我对于世界经济的了解十分粗浅，论文的切入角度和深度都比较浅。老师当即指出我的问题所在，并提出了几点自己的看法。老师的指导总是会激起我投身科研的热情，使我始终保持对一切新知识的热忱和追求。"2017级硕士生胡婷回忆道，"在做老师给我的翻译任务时，我发现学术英语的表达用同样严谨的学术语言翻译出来并不容易，有时候一句话会卡住很久，我和葛老师交流的时候，把这种情况反馈给他，老师说这表明我学术积淀太浅，于是我只好去读更多的书、学习更多的知识。"

在教学方法上，注重理论联系实际。葛老师不仅要求学生扎实理论基础、多读文献，还多次带领学生参与政府和企业调研以及核心课题，对学生来说是极其宝贵的机会。"尽管我们刚成为研究生，能力有限，但是老师依然很乐意带我们一起做课题，从实践上对我们进行学术训练。"2016级硕士生张传钰说，"参与老师的科研课题，由浅入深，感觉自己各方面能力都得到了巨大的提升。"葛老师还提醒学生寒暑假也不要松懈，假期是集中学习和研究的最好时期。葛老师言传身教，时刻督促学生脚踏实地、砥砺前行。

课堂上循循善诱，慷慨激昂。尽管听葛老师说他经常工作至凌晨两三点，每天早上七点就开始了新一天的工作，但却永葆激情与活力，以良好的精神状态投入教学工作，没有丝毫疲倦。"葛老师讲课总是激情澎湃，分析问题非常透彻和深入，条理清晰、观点鲜明，留下很大的空间让我们进一步思考，激发了我对国际投资问题的好奇心，使我萌生了继续从事经济学研究的想法。"2018级硕士生李三川说道。葛老师对科研和教学满腔热忧，激励着越来越多的学生投身科研。在课程设置上，葛老师也用心良苦、力求创新，邀请国经所优秀校友杨锐博士和周海冰博士开设价值投资精品课程，为学生扩大视野、开阔思路，获得了强烈反响和一致好评。

各方面无微不至，尽心尽力。葛老师非常注重与学生进行交流和沟通，每周召开研究生的讨论会，和学生讨论最新的学术热点问题，了解学生的研究兴趣和学术进展，并为学生答疑解惑。"在每周的讨论课上，我都会向老师汇报我本周的研究进展和下周的研究计划，并向老师请教我在做科研中遇到的各种问题和困惑，老师总是耐心聆听并提出他的见解和建议。"2018级博士生关乾伟说道，"老师还会经常为我们指出世界经济和国际投资领域最前沿和最重要的热点问题，为我们进行学术研究开拓了思路，使我受益良多。"在葛老师每学年初组织的国经所研究生交流会上，鼓励学生畅所欲言，并悉心倾听同学们对学习情况、课程安排、实习就业、学术科研等各方面的建议和困惑，比如部分课程与本科生课程内容重复度较高、学习和实习时间存在冲突等问题，老师都一一记录，并与学生进行交流讨论，同时关注学生的学业压力、就业压力和身心健康，为学生指点迷津。对于已经毕业的学生，葛老师也时刻心系其发展情况。"葛老师对我说，以后在工作上遇到任何困难都尽管和他说，他一定会尽力帮助我，真的让我非常感动。"已经毕业的2017级硕士生解洪秀虽然不是葛老师指导的学生，但对葛老师充满了感激和敬意。

亦师亦友　师恩如海

视如己出，用心对待每一位学生。葛老师不仅在学习上对学生们悉心指导，还经常与学生谈心，密切关心学生的生活，竭尽所能地帮助学生解决生活中遇到的困难。"到办公室和老师交流，老师经常会为我泡一杯咖啡，让我觉得十分温暖和亲切。"2016级硕士生文晨润满怀感激地说，"在葛老师面前，我从不感到拘谨约束，我常常感觉老师就像我的朋友一样，不论在学习和生活中遇到的任何问题我都很愿意向老师倾诉，老师总是能给我提供很好的建议。"葛老师不仅关心我们的学习与科研，还时常提醒我们多锻炼身体，"锻炼和研究，相得益彰"。这样的体贴和关怀，让同学们心里倍感温暖。

桃李满天下，"葛门"是永远的家。教学十余载，如今葛老师的学生或治学或入仕或经商，学、仕、商三途均多熠熠生辉之杰出人才。尽管"葛门"学子遍布五湖四海，却永远以师门为荣，以师门为家。"师生关系和师门情谊是研究生生涯中所能获得的最珍贵和最坚固的联系。"葛老师说，"校门内大家互相帮助和指导，出校门后亦可互相帮扶和关照，为学生建立一个充满凝聚力、爱心和温情的师门至关重要。""葛门"就是这样一个温馨的大家庭，大家一起聚餐总是欢声笑语，老师在场时气氛从不拘谨，在学习生活和工作中遇到任何困难都可以向彼此求助。葛老师始终关注着每个学生的成长轨迹，在教师节、谢师宴或其他重要场合都会邀请已毕业的学生返校参加师门活动。对"葛门"的学生而言，对老师的感激、对母校的热爱深植在每个人的心中。

葛老师是治学严谨、教导有方的良师，是学生科研道路上的引路人；亦是平易近人、和蔼可亲的朋友，是学生人生旅途上的指引者。遇此良师益友，实属人生之幸！

经济学院学工办主任　雷珍妮
经济学院 2019 级世界经济专业博士生　陈江滢

绿色化学最前沿的攀登者
——记化学学院何良年教授

严谨如斯,在科研之路上引领学子披荆斩棘,学真知;温暖如斯,在成长之路上指引学生一步一印,做真人。

人物简介

何良年,1983 年毕业于汉江师范学院,1988 年和 1993 年先后考入华中师范大学、南开大学攻读硕士、博士学位,1996 年获理学博士学位。1996 年至 2003 年分别在武汉大学、日本产业技术综合研究所做博士后。1998 年入选湖北省高等学校跨世纪学术带头人。2003 年回国,被聘为南开大学教授,2004 年被批准为博士生导师。2009 年成为楚天学者特聘教授,2011 年入选英国皇家化学会会士,2016 年受邀担任 Bentham Science 出版社大使。

现任 *Green Chemistry and Sustainable Technology* 等丛书编辑、主编等职务,*Journal of CO₂ Utilization* 等多种国际学术期刊编委,离子液体清洁过程北京市重点实验室、油料高值化利用省部共建国家重点实验室学术委员,广东省低碳化学与过程节能重点实验室学术委员会副主

任,中国化学会绿色化学专业委员会委员,加拿大、奥地利、德国和欧盟科学基金的海外评审专家,Wiley、ACS、Elsevier出版公司的书评专家等。撰写英文专著1部、中文书籍3部以及英文书籍章节20部,获得中外授权专利30项,发表学术论文280多篇,受邀在学术会议上做报告80余次。率先开展二氧化碳化学研究,编写的《二氧化碳化学》《绿色化学基本原理》由科学出版社出版,推动了本领域的发展。2019年发起并组织了中国化学会首届二氧化碳资源化利用大会,获中国化学会优秀学术交流组织奖。2014—2020年入选中国高被引学者榜单,2014—2020年入选英国皇家化学会"Top1%高被引中国学者榜单",2014年"二氧化碳化学转化反应研究"获天津市自然科学三等奖,2017年"蓖麻油衍生物基础油合成与应用研究"获军队科学技术进步三等奖。参与承担国家自然科学基金项目、国家基础研究"十二五"科技支撑项目、天津市自然科学基金重点项目、国家重点研发计划等。

人物风采

元素有机化学国家重点实验室,这个习近平总书记参观过的实验室,饱含了一代代为国家科研事业发展鞠躬尽瘁的南开化学人的心血。今天走进这里,走近的是绿色化学最前沿的攀登者——何良年老师。

系家国情怀,勇当绿色化学"领跑者"

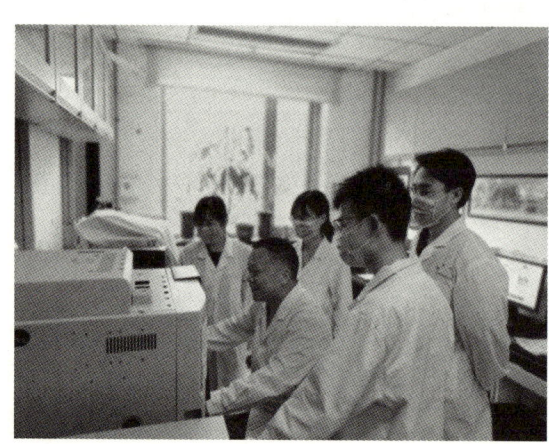

"二氧化碳转化的研究,是绿色化学的前沿,与环境保护、可持续发展密切相关,非常有意义。我们的课题研究处于国际前沿,需要不断拓展深入下去,发现新问题,迎接新挑战,提出新策略。"

何老师师从陈茹玉院士,求学期间,在恩师的言传身教、耳濡目染之下，何老师对科学研究有了深入的理解，与此同时，一份属于南开化学人的家国情怀、社会责任感也逐渐明晰。2003年，留学日本的何老师毅然决然选择回国执教南开，建组伊始，何老师便对课题组未来的研究方向有了明确而坚定的答案。

社会发展进程中，化学极大程度地改变了人类的生活和生产方式，在带来便利的同时，近代化学工业的快速发展也对自然环境造成了一定危害。因此，有效利用资源和能源、保护环境、发展倡导绿色化学是时代所需，也是当今化学科研工作者必将面对的问题。基于此，何老师决心投身绿色化学研究领域，并致力于开展二氧化碳转化方法学、高值化利用策略以及环境友好介质中的催化反应等相关研究。

二氧化碳作为储量丰富、安全稳定的可再生资源，可通过化学转化实现资源化利用，不仅可以被固定，还可以转化为高附加值的能源、材料及化工产品。但是，如何将具有热力学稳定性及动力学惰性的二氧化碳合理有效转化并加以利用，仍是当前绿色化学研究领域极具挑战性的课题。面对这一难题，何老师迎难而上，带领课题组学生一做就是18年，其间所遇困难坎坷不言而喻。当被问及为什么选择如此具有挑战性的研究方向时，何老师回答："二氧化碳转化的研究，是绿色化学的前沿，与环境保护、可持续发展密切相关，非常有意义。我们的课题研究处于国际前沿，需要不断拓展、深入下去，发现新问题，迎接新挑战，提出新策略。"

何老师将对绿色化学的挚爱传递给一批又一批的学生，为该领域的发展培养了一批又一批的接班人。课题组专注于二氧化碳资源化利用、绿色化学、生物质能等领域研究，获得30项专利，且在SCI学术刊物如 Angew Chem Int Ed、Energy Environ Sci、ACS Catal.、Adv. Sci.、ChemSusChem、Chem Commun、Green Chem、Org Lett 等上发表学术论文280多篇，其中以封面论文在 ChemSusChem、Energy Environ Sci、Green Chem、Adv Synth Catal、Chem Eur J、Chem Asian J 等刊物上发表20篇，40多篇论文作为亮点评述，入选 hot paper 及 most accessed article。

基于这样优秀的专业背景，何老师又主动担当起更多的社会责任，现任天津市公安消防总队灭火救援专家组成员、天津市反恐怖专家咨询组专家、天津市工业尾气资源综合利用技术工程中心技术专家、天津市公安消防总队应急救援专家组专家，每项工作都倾注着他的心血。何老师深知化工相关的安全事故，如果处理不当，危害太过严重，能用所学的知识与技为社会服务，是个人价值的体现，也是这个时代所受教育的结果。

怀满腔热忱，做好躬身科研"践行人"

"论文是给别人看的，实验记录一定实事求是，实验数据多少就是多少，万不能误人子弟。我们科研工作者，对待工作要怀揣一颗炽热的心，对待学术要抱有一颗虔诚的心，对待科研要保持一颗敬畏的心！"

学术论文凝聚的是自己科研学术工作的精华，是科研工作者展示给社会的最终成果，这个成果必须经得起所有人的检验。这是对科研负责，同时也是对自己负责。躬身科研的何老师对待工作始终怀揣一颗炽热的心，对待学术始终抱有一颗虔诚的心，对待科研始终保持一颗敬畏的心。学为人师，行为世范，这份严谨扎实的学术态度也贯穿于他教育教学工作的全过程中。

对待科研，何老师十年如一日地潜心学术，孜孜以求。课题组学生的工作时间是早八点到晚十一点，年近花甲的何老师，却始终是实验室来的最早、走的最晚的，每天工作时长甚至超过 15 小时。是什么动力支撑何老师对科研如此满怀热情？何老师说："一方面，科研的兴趣与研究的意义促使我想做些更有价值的事情，这是我当年高考所立下的志向，也是国家发展给予我的最好机遇，如今这么好的科研条件与环境，我们应当珍惜；另一方面，实在是需要做的事情太多，课题规划、项目申请、修改论文，编写书籍、组织专刊、审稿、作为刊物的主编与编委所需要承担的工作，教学、元素所的部分管理工作（先后负责工会、奖学金、安全、党总支、仪器平台等），不投入大量的时间实在难以完成。当然了，我的生活比较单一，家庭方面没有负担，有时间保证。"

在学术研究上，何老师着力培养研究生自主学习能力，告诫学生一定要有严谨的科学态度。何老师会在组会上向学生连连发问："你们的实验报告是否如实记录？别人能否按照你的记录将实验重复出来？你的反应物料守恒吗？副产物是什么？产物都做了哪些表征？有文献支持吗？一定要利用多方面证据确保万无一失。你做的课题有意义吗？多问问自己为什么，不要盲目跟风，要有自己的创新点。"每到投稿论文、毕业论文修改时，何老师更是奋战到深夜，对论文内容斟字酌句，大到立题、实验细节，小到句式、标点，何老师一丝不苟，精益求精，力争做到零错误。因此，何老师获得南开大学优秀硕士学位论文指导教师称号。

何老师在学术研究上要求颇为严格，这是因为科学研究容不得丝毫马虎。于公，保证学术廉洁；于私，则是保障个人安全。有机化学的实验操作复杂烦琐，如若实验操作前不对反应原料、反应体系以及后处理过程了解充分，就有可能发生安全事故，危及生命健康。何老师始终将学生安全置于首位，时常敦促学生注意实验细节，小心谨慎。他经常会去实验室"探班"，如果发现错误操作，会非常严厉地教育学生。何老师每次都会提醒大家："实验操作时通风橱一定要拉下来"，因为通风橱作为重要的安全后援设备，在实验化学烟雾、尘埃和有毒气体产生时可以有效地排出有害气体，保护工作人员和实验室环境。在何老师的指导与督促下，实验室从未发生过安全事故，并且整体整洁、物品摆放有序，因此每次"科技周开放日"活动期间，课题组"绿色化学实验室"都会作为重点参观对象向大家展示。治学严谨的严师何老师，就是这样以春风化细雨的谆谆教导引导着学生，带领整个课题组学风端正、上下一心，为一流"南开化学"添砖加瓦。

何老师还曾任南开大学元素有机国家重点实验室的安全负责人，他建立并完善了元素所安全管理规章制度，从实验室安全培训到"五双"制度严格落实，从危险化学品的管理管控到实验操作的规范化监督，从实验室安全检查常态化到应急预案的制定，何老师始终亲力亲为。在他的严格管理下，元素所安全情况显著提高，且何老师课题组的实验室几乎每年都是南开大学优秀实验室，元素所安全管理规章制度也被化学学院其他系所广泛学习和借鉴。

秉明烛之心，化身立德树人"大家长"

"教书育人、做合格教师，是我对职业的不懈追求，做与学生一起成长的良师益友，无上光荣。我喜欢做教师，这些是最基本的，没有任何可以值得刻意颂扬的。学生简单的一句'何老师好'，就是对我三十多年教师生涯最好的回报，让我颇有成就感。"

何老师对科研事业矢志不渝的追求在潜移默化中影响着学生。课题组2018届博士毕业生李雪冬曾谈到，科研之路艰辛又曲折，自己在研究生工作前期遇到了种种困难，实验进展不顺利，是何老师一次次耐心地教导他走出困境，何老师曾对他说："做科研要耐得住寂寞，越是困难就越要迎难而上，经得起失败的打击，才能受得起成功的喜悦。"课题组2020届博士毕业生周智华同学说："感谢我的导师何良年教授六年来对我的悉心指导，六年里何老师慢慢教会我如何选择研究课题，教会我遇到困难如何继续研究，教会我怎样写作科技论文，这期间我的点滴进步都与何老师的无私付出息息相关。不仅如此，何老师还教会我许多做人的道理以及做事的方法和态度，给予了我很多丰富科研经验及生活阅历的机会，何老师兢兢业业、勤勤恳恳的工作态度深深地影响到我，我会永远铭记在心，以何老师为榜样。"说起何老师的时候，学生的眼中总是透露着感激与崇敬，足以看出何老师在学生们心中的地位。

严师出高徒，十八年间，何老师培养了众多优秀学子。其中，首位博士生杜亚获上海市"东方学者"的支持，在南开大学深造期间获得了全国青少年科技创新奖；博士生杨珍珍、刘晓放获南开大学特等奖学金并被授予"南开十杰"称号；另有八位学生获得"南开大学优秀毕业生"，九位学生获得"研究生国家奖学金"。毕业的学生如今已奔往世界各地，在新加坡生物工程与纳米技术研究所、美国田纳西大学、西北工业大学、郑州大学、中国科学院山西煤炭化学研究所、中国科学院上海高等研究院等研究院所及高校任教，成为该领域的中流砥柱，这是对何老师最好的肯定和回报。

在科研教学中秉持严谨教风的何老师，生活中是对学生满怀真情、无微不至的"大家长"。因为担心学生学习时间久身体吃不消，何老师每周都会带大家去体育馆打羽毛球，与学生一决高下。球场上的何老师一改组会上的严肃神情，打起球来更像个"老顽童"。他让学生不要让着他，只管当作对手来打，学生却心想"就算使出浑身解数也打不过您啊"。赢了球的何老师会拍拍学生肩头开玩笑地说："还得再努力一点呀。"

"玉壶存冰心，朱笔写师魂。谆谆如父语，殷殷似友亲。"这是何老师和学生间最真实的写照。每到新年伊始、中秋佳节、新生入学等特殊日子，何老师总会请大家聚一聚、聊一聊，拉家常，谈理想，聊人生。节假日还会组织全组学生一起外出郊游，带学生参加学术交流活动，如同一位大家长，让身在异乡的学生们倍感温馨，体会到家一般的温暖。在课题组十周年与十五周年纪念活动上，何老师嘱托已毕业的研究生脚踏实地，秉承"促进绿色化学学科进步、服务于可持续发展"的理念，继续创新研究，成为国家栋梁之材，为绿色化学做出自己的一份贡献。对于在读研究生，他鼓励大家将课题组坦诚相待、温暖友爱的氛围延续下去，珍惜学习机会，以饱满的热情专心于学业，以真才实学报效国家、服务人民，在实现中华民族复兴的事业中体现个人价值。努力奋斗，不负青春！

化学学院辅导员　李雨鑫
化学学院 2018 级化学工程专业硕士生　任方煜

福泽广厦千万间　莘莘学子俱欢颜
——记商学院黄福广教授

他持之以恒，潜心教学；言传身教，倾心育人。正如他的名字那样，福泽广厦千万间，莘莘学子俱欢颜！

人物简介

黄福广，教授，博士生导师，曾就读于北方交通大学、天津大学、南开大学，1997年进入南开大学商学院财务管理系任教，研究方向为公司财务、资本市场、风险投资等。主持和参与国家自然科学基金、国家软科学研究计划、教育部人文社会科学规划项目等研究项目，在《管理世界》《金融研究》《南开管理评论》《管理科学学报》等重要学术期刊上发表论文数十篇。曾获南开大学研究生敬业奖教金二等奖、南开大学优秀社会科学研究奖、商学院优秀党员、教育部优秀教材二等奖、天津市优秀论文一等奖等奖项。主要学术观点包括：（1）政策与经济环境不确定条件下的

投资评价方法存在差异；（2）金融契约刚性条款与软治理结合的效率性；（3）小企业多轮次融资缓解融资约束等。积极探索教学方法和课程计划改革，通过教学研究，提出并实施了财务管理教学计划改进。数年承担较高教学工作量，教学质量受到学生好评。

人物风采

理论结合实践，绝知此事要躬行

作为南开商学院知名的财务管理老师，黄福广是个孜孜不倦追求学问的学者，有着深厚的理论基础和丰富的投资理论研究成果，2020年上半年疫情期间，黄福广就已有5篇论文被期刊录用，其中《经济政策不确定性与风险承担：基于风险投资的证据》《国有资本如何有效参与风险投资——基于引导与直投的比较证据》《标的企业风险资本、协同效应和上市公司并购绩效》等论文分别被《管理科学学报》《研究与发展管理》《南开管理评论》等录用。近五年来，他还主编了由中国经济出版社出版的《风险投资基金》，以及由清华大学出版社出版的教材《投资学》。

另外，黄福广曾在铁道部建厂局设计院任助理工程师和驻外使馆二等秘书的社会工作经历也使得他更加能够关注生活，将理论与实践相结合。他在教学中不仅上课思路清晰、语言流畅，表述精要、幽默，还经常会结合校园内学生熟悉的事件，深入浅出，启发学生进行思考，他提出的话题经常引发学生的热烈讨论。

在向学生介绍利用访谈法选择判断市场时，黄福广会拉家常般说起自己曾经的经历：他在学校打印店与店主聊天，询问能否打折，店家却忙推辞。黄福广细问原因，才发现

原来是"洛阳纸贵",他一回家就立刻研究起了上市的造纸公司财务数据,并由此发现了不错的投资机会。同样,在向学生介绍判断优质公司的方法时,他便以上海家化为例,还顺便向学生推荐了经过长期观察发现的质优价廉的无添加护发洗发水。他的学生介绍道:"黄老师生活中会留意观察商品的销售情况,他在逛超市时就发现了某品牌的酸奶非常不好买,货架经常都是空的,并曾经向我们推荐。我们大家心痒难耐,一番好找买到,喝了发现真是无添加优质酸奶,纷纷调侃黄老师真是诚不欺我。"这样的教学方式很受学生好评和欢迎,他所教的一名会计专业硕士学生说道:"黄老师是一个很幽默风趣的人,他在上课的时候总会把他所经历过的事情作为活生生的例子讲给大家听,这样的授课内容既生动又具有说服力,不仅让我们更好地理解理论知识加深印象,也培养了我们将理论与实践结合起来的思考方式。"

传道授业解惑,克勤尽力育英才

黄福广对于学术是严谨的。课堂上他提出的专业问题,如若学生的回答含糊其词,他会要求学生认真回答。毫不夸张地说,黄福广会一个问题接一个问题细致地顺着逻辑提问,直到引导学生推导出最终结论。对于学生的课堂作业展示,黄福广会毫无保留地给出自己的看法和见解,他要求内容必须逻辑清晰,数据必须出处明确,推理过程必须支撑有力。在指导学生论文时,他同样细致而认真,既能循循善诱又能一针见血地抓住重点,在最短的时间内用最有效的话把学生点拨明白。黄福广常跟学生讲:"财务人一定要记清楚、弄明白每个概念,不能含混。你们一定要掌握好基础的东西,要把自己定位成一个具有学术素质的人。做学问要踏踏实实地去做,不要有功利目的。而在这看似枯燥、清贫的过程中,你也会得到意想不到的乐趣。这才是一个研究者该有的心态。只有这样,才能做好自己,做好学问。"

对学生高标准严要求,黄福广对自己更是如此。在课堂下,他认真钻研、负责备课,在课堂上他兢兢业业、克己奉献。每次上课黄福广都是早来晚走,极其认真,多次牺牲吃饭和休息时间为学生答疑解惑,原本应该在12点就结束的课程,会因为在课上与学生的讨论交流,最后近1点才结束。曾有一次黄福广在课上突然身体不适,但他仅匆匆离开短暂休整,在调整好之后便迅速返回教室继续上课,要不是有同学路过发现,学生们都不知道这些课堂背后的细节。这无数勤恳的细节，都反映出黄福广无私奉献、克勤尽力的良师风范。

黄福广的学生有很多，对于不同类型的学生他从不一概而论，而是注重因材施教。"每个学生都有自己的独特的个性，应该结合他们的个性，循循善诱，加以引导。"黄福广说道，"教师有教师的个性，学生有学生的个性。导师和学生的关系非常密切，相处的过程也是个性与个性相遇的过程。这就有必要要求个性化培养，也就是要求导师必须了解学生在性格特征、知识结构、能力结构等方面的优势和问题，以便因材施教。此外也有必要了解学生的日常生活情况、人际关系、家庭情况等。要知道自己的学生适合于研究什么问题，或者对于研究某个问题而言，学生需要补充哪些方面的知识和进行哪些方面的能力训练。从而真正做到关注学生的学术兴趣，尊重学生的学术选择，引导学生的研究方向。"

作为良师，迄今为止，黄福广指导过的硕博毕业生已超过百名，可以用"桃李满天下"来形容，这些学生不仅在学校获得各类奖学金、优秀学生、优秀毕业生等荣誉，在工作中也异常出色，成为各领域领军人物，其中不乏会有学生作为优秀校友来为在校学生分享学习、工作等方面的经验。

亦师亦友，春风化雨润无声

"好雨知时节，当春乃发生。随风潜入夜，润物细无声。"黄福广不仅是学生传道授业的严师，在生活中也是"友直，友谅，友多闻"这样的益友，他对学生的教育和关爱就如同春雨一般，于无声中孕育着改变。

黄福广会在读书日带领着学生沉浸在阅读中，他一直鼓励学生多读书、读好书，他坚信"世界上任何事情都可以浮躁，唯独教育不可以"；同时黄福广也会在课外时间亲自带领学生参加体育活动，他常与学生交流羽毛球球技，每周三和周六晚上在商学院的多功能厅，就经常能看到他与学生们切磋球技、挥汗如雨的身影；而每逢节假日来临之际，黄福广就会组织自己的学生们聚餐、游戏，他坚持"要学就学个踏实，要玩就玩个痛快"。黄福广的一名博士生说道："他就像我们身边的一位叔叔伯伯般亲切，引导着我们，团聚着我们，常常有返校的师兄师姐来看望老师，大家一起聚会其乐融融！"

黄福广之所以深受学生们的欢迎，正是由于他和学生之间亦师亦友的关系。"南开是一个大家庭，大家相互友爱。"黄福广说道。在他的带领下，师生一起学习,一起研究,他对学生既有全方位的引导,又有发自肺腑的关心,这也使得学生越发地爱戴他。

老师惦记着学生的发展,学生也回馈着老师的恩情,饮水思源,代代相传,相互促进,相得益彰。至今黄福广的电脑中仍然保存着和每一届学生的合影,还有中秋佳节聚会上学生们为他精心录制的节日视频,毕业多年的学生也经常会返校看望黄福广,分享生活近况,足可见其师生之间浓浓的情谊。

黄福广自己就是南开的博士生,数十载的南开情深深环绕着他。他是南开大学成长的见证人,更是南开大学的建设者。二十余年的教学生涯里,黄福广一直坚持着南开人文主义的情怀,包容着学生不同的特点,指引着他们在自己的学术路上探索,为社会输送了一批又一批的人才。

黄福广,正如他的名字那样,福泽广厦千万间,莘莘学子俱欢颜。数十载辛勤耕耘,硕果累累,荣誉满目,仰之弥高,钻之弥坚。幽默风趣,谦虚和蔼,亦师亦友,润物无声。学生的成才,离不开父母亲属的关爱,更需要良师益友的佐助。良师益友,是人生路上最宝贵的财富,他们的存在,如灯塔般陪伴指引着学生前行。在求学道路上,能遇到像黄福广这样的长者,更是莫大的幸运。

商学院辅导员　毕媛
商学院 2017 级会计专业硕士生　党冰清

春风化雨拳拳赤子　心怀天下殷殷志士
——记环境科学与工程学院鞠美庭教授

春风化雨温润如玉的育人者，心怀天下为国为民的环科人，攻坚克难砥砺前行的科学家。

人物简介

鞠美庭，男，1962年出生，博士，教授，博士生导师，从事固废资源化、环境管理及产业生态学等领域的教学和科研工作。现任南开大学环境科学与工程学院党委书记，教育部高等学校环境科学与工程教学指导委员会副主任委员，生物质资源化利用国家地方联合工程研究中心主任，天津市循环经济与低碳发展重点研究基地主任，天津市生物质固废资源化国际联合研究中心主任，天津市生态道德教育促进会会长；国家级教学团队负责人，国家级精品课程负责人，国家级资源共享课程负责人。曾获天津市有突出贡献专家、天津市教学名师、天津市劳模、天津市优秀教师、天津市师德先进个人、南开大学教育教学杰出贡献奖等荣誉。

在教学方面，曾获天津市教学成果一等奖（排1/2009，排

5/2018），以北京大学环境科学与工程学院张远航教授为主任委员的鉴定委员会对鞠老师教学成果的评价是："该教学成果在促进本科生能力和素质培养方面成效显著，其教改思路在全国高等学校中具有很好的示范推广价值。"

科研方面，鞠老师在生物质资源化技术、环境管理以及产业生态学等方面的研究取得了一系列成果。迄今为止，鞠老师主编出版专译著23部、发表论文200余篇。近五年来，他又在 *Applied Catalysis B: Env.* 等环境领域主流刊物上发表SCI论文40篇；获得国家授权发明专利30项；有关技术已在尚誉盛公司、铁马公司、芭田公司应用，近三年累计新增销售收入三亿多元，新增利润四千多万元。曾获天津市科技进步一等奖2次（排1/2019，排1/2013）、中国产学研合作创新成果一等奖（排1/2017），以及天津市专利金奖和中国专利优秀奖。

人物风采

如果你走进鞠美庭老师的课堂，不仅能见到一位意气风发、侃侃而谈的老师，还会注意到那些全神贯注、如痴如醉的听众。这些听众大部分是刚刚开始大学生活的南开学子，还有一些则是慕名而来的旁听生。当问到为什么来旁听鞠老师的课程时，有一位同学这样回答："鞠老师的课堂有着如沐春风般的人文关怀，鞠老师的人格魅力让人忍不住想要亲近。"

不忘初心　教书育人

1985年，23岁的鞠老师第一次走上讲台，成为一名光荣的人民教师。在从事教育和科研工作的三十多年中，他既是为同学们传道授业解惑的良师益友，又是忧国忧民，致力于解决重大环境问题的科研战士。在一次和本科同学的座谈会上,鞠老师这样讲道:"有的人一生也没找到自己喜欢的职业,而我很幸运,选择当一名教师真是再好不过了。"

刚刚成为老师的那几年,鞠老师陪着他的学生一起学习、一起锻炼。每次上课前,鞠老师都认真地备课、规划板书内容,力求使课堂内容井井有条。鞠老师热心地帮助每一位在学习和生活上有困难的同学:他亲送每一位生病的学生去医院看病,还自费支持失去双亲的学生继续完成学业……春风化雨,润物无声。三十年多来,鞠老师把每个学生都当作自己的孩子来关怀和教导:他支持学生追求自己的理想和热爱的事物,尊重学生每一个微小的诉求和幼稚的想法,宽容地对待学生的冒犯和过失。在教导学生的过程中,鞠老师善于因材施教,既能"晓之以理"又能"动之以情",让学生明白是非对错并加以改正。

鞠老师主讲过十几门课程,无论教授哪一门课程,鞠老师都保持着满腔热忱去讲好每一堂课,怀着强烈的责任心去指导每一个学生。在鞠老师的课堂上,老师和学生的手机一直都保持着关机状态,这是鞠老师和同学们在正式开课前便讲好的"约定"。鞠老师曾坦言:"在我看来,没有什么比上课更重要的事了。"正因如此,鞠老师的课程总是得到学生的青睐和一致好评。他主讲的本科生课程"环境学基础"是国家级精品课程和国家级资源共享课程,连续多年在学生的评教打分中名列前茅。同学们都说:"鞠老师的课堂既能高屋建瓴地解读国际形势和国家战略,又能细致入微地讲解知识和生态原理,所以我们喜欢听。"天津市教委专家组对鞠老师主讲课程的评价是:"主讲教师为人师表、教书育人,学生学习兴趣高、满意度高。课堂内容丰富,系统性强,注重培养学生的创新思维,增强了同学们分析和解决问题的能力,重视学生综合素质的培养,师生交流多,教学效果好。"

鞠老师是一位把学生的事放在心上、放在第一位的老师。老师心中有他所教导过的每一位学生。鞠老师在课堂上展现的人格魅力吸引了大量优秀本科生继续在他的课题组学习深造。白新宇是鞠老师带的 2019 级硕士生,他的毕业论文被评为 2019 年度全国高校环境类专业本科生优秀毕业论文。在接受采访时,他回忆道:"自本科入学以来,鞠老师一直不厌其烦地为我答疑解惑,我在专业选择、课程学习等方面都获得过老师的指点,成为鞠老师的学生是我最大的幸运。进入课题组以来,我同鞠老师有了进一步的接触与交流,鞠老师始终以身作则,用自身的认真与勤恳告诉我们什么是工作和学习的态度，什么是应有的目标和追求。当和鞠老师聊起科研过程中遇到的难题时，鞠老师总是这样鼓励我：'遇到困难远好于一帆风顺，克服的困难是宝贵的人生财富。'每次和鞠老师聊天总能感受到老师的殷切期望，学生唯有砥砺前行，不负期待。"

初心宛如一粒种子，在鞠老师成为教师的第一天，他的心愿便是用自己的热忱和关爱去呵护每一个学生茁壮成长。三十余载的辛勤付出，这份初心已长成参天大树。鞠老师不仅在用言传身教引导着越来越多的青年学子成长为脚踏实地、志存高远的奋斗者，更在以身体力行为继往开来的青年教师树立教书育人的榜样。

矢志不移　攻坚克难

鞠老师的科研小组目前正从事生物质固废资源化、产业生态学、环境风险评价、生态环境规划和生态文明建设等方向的研究工作。知中国，服务中国。在科研工作中，鞠老师始终着眼于中国社会发展的最迫切需要和先进技术的最前沿，特别注重理论研究与实践应用的结合，致力于解决我们国家面临的重大环境问题。

长期以来，我国广大农村地区产生的大量秸秆类生物质被当作固体废弃物处理，造成了严重的资源浪费和环境污染。针对生物质固体废弃物处置这一科学难题，鞠老师对"生物质固废资源化技术研发及应用"项目进行了总体设计，并率领科研团队展开了持续的科研攻关，指导研究团队成功研发出高效微生物降解菌群、高效酵母菌群、功能化离子液体、新型碳材料固体催化剂。鞠老师指导研究团队在产学研合作的基础上自主研发了以生物质为原料生产有机肥料、生物有机肥和复合微生物肥料的技术，并自主研发了能在 6 小时内对厨余垃圾进行资源化利用的无臭处理技术和系列化的生物质固废反应装置，他主持的"生物质固废生产肥料关键技术及装备研发"技术的鉴定结论是"达到国际领先水平"，并荣获 2017 年中国产学研合作创新成果一等奖。2019 年，鞠老师课题组完成的"城乡有机垃圾高效低费处理处置关键技术研发及应用"项目又荣获 2019 年天津市科技进步一等奖。

鞠老师带领团队历经十几年努力，于 2019 年 2 月 1 日被国家发改委批准在南开大学设立该国家级工程中心，并被南开大学批准成立"实体研究机构，作为学校中层单位管理"，他本人也被任命为该国家级工程中心主任。该工程研究中心将在生物质绿色发酵技术、生物炭基靶向肥技术、生物炼制技术、生物质生产化工原料技术、生物质高值利用智能化技术等方面攻关，计划再用十年时间从生物质资源化领域内的并跑者成为领跑者。

言传身教　桃李芬芳

鞠老师不仅在教学和科研工作中勤勉奋进，求真务实，富有创新精神和强烈的社会责任感，还非常注重帮助学生树立正确的世界观、人生观和价值观，推进学生德、智、体全面协调发展。在教书育人的过程中，鞠老师始终坚信身教胜于言传，他认为教师做什么比说什么更有力量，教师用自己的道德品质和文化素养为学生树立的优秀榜样，是任何教科书、任何奖惩都不能代替的教育力量。聂一凡是鞠老师带的博士，非常勤勉刻苦，经常因为实验加班到深夜。面对镜头时，聂一凡又露出她标志性的阳光灿烂的微笑："鞠老师是一位宅心仁厚的老师，平时的科研生活虽然很苦，我却觉得很幸福。2017年秋天，我来到鞠老师的课题组，学习工作两年后，我很希望留在组里继续读博。由于鞠老师的博士招生名额已满，在了解到我有读博的意愿后，鞠老师主动帮我介绍和联系了院内外的博士生导师。我本来怀着非常不舍的心情准备好离开课题组了，事情却在研二的下学期出现了转机。鞠老师为我争取到了一个博士名额，得知消息的我连着高兴了好几天。"鞠老师就是这样，总是会尽自己最大努力，帮助学生获得更好的学习和工作机会。

鞠老师非常擅长帮助学生建立科学的认知模式和方法论。鞠老师总是相信自己学生能行，这份信任和宽容也给了他的学生无法撼动的决心。回忆起硕士即将毕业时的迷茫，鞠老师的博士生叶顿这样讲道："当时我正纠结于留在国外继续深造还是回国读博的抉择中，就在此时，鞠老师向我抛出了橄榄枝：'回来吧，做我的博士生，我们一起努力。'我回答鞠老师说由于研究方向的差异担心自己不能胜任。鞠老师却这样跟我讲：'我非常相信你的能力，研究方向的区别是相对次要的，你回国后我们多在一起商量探讨，我有信心我们一定可以找到属于你自己的研究领域。'简短的几句话，让我相信能够做鞠老师的学生是正确的选择和幸福的事情。后来的博士生活也印证了这一点。"科研之路，道阻且长。但在鞠老师的鼓励和引导下，他的学生总能不断地鼓起勇气攻坚克难，攀登科研高峰。

鸟随鸾凤飞腾远，人伴贤良品自高。在鞠老师的悉心教导下，许多学生都投身于建设美丽中国的光辉事业，并将解决国家重大环境问题、建设生态文明作为自己的终身使命。2015级博士生侯其东曾荣获天津市知识产权创新创业发明与设计大赛一等奖、南开大学研究生特等奖学金和"南开十杰"等荣誉。2011级博士生刘金鹏曾荣获南开大学优秀毕业生、南开大学优秀博士学位论文培育基金、研究生"党员青年先锋"学术科研先锋、南开大学优秀学生干部等荣誉。2010级博士生李维尊曾荣获南开大学优秀毕业生、教育部博士研究生学术新人奖等荣誉。桃李不言，下自成蹊。今天的环科院里常常能见到这些年轻老师们忙碌的身影，他们在南开大学环科院默默奉献着青春，在科研一线义无反顾地攻坚克难。他们和鞠老师一样，言行都坚守着南开人卓尔不群的君子品格，心中常存着与国家命运休戚与共的大任担当。

　　除了日常的教学和科研工作外，鞠美庭教授还承担着大量的管理和社会工作。他曾担任过主管教学及实验室建设的副院长、南开大学科技处处长，目前正担任南开大学环境科学与工程学院党委书记、国家级工程中心主任。即使日常工作繁忙，但每年鞠老师都会抽出几天时间，带领课题组的老师、硕博生一起为大一新生召开几场答疑解惑、分享经验的座谈会。从人生规划、学习方法、科研生活到社会实践，大家边吃边聊无所不谈。面对那些刚刚步入大学校门、脸上还带着些许迷茫和青涩的本科新生，鞠老师的回答更像一位和蔼可亲的学长在分享自己的经历和见解，像灯塔般引导着懵懂的学弟学妹们寻找人生的方向。

　　德高者怀远，才大者博见。每当环境学基础这门课程即将结课的时候，鞠老师总是这样劝勉每一位初入南开的同学："能否建成生态文明社会，取决于我们每一位同学是否具有冷静睿智的头脑、高瞻远瞩的目光、宽广博大的胸怀、仁慈宽厚的爱心，以及承担全球义务的肩膀。"时代的大潮奔流不息，盛世的中国屹然独立。总有殷殷志士不知疲倦地立德树人，总有拳拳赤子当仁不让地破解难题。"既美其道又善其行"是鞠美庭教授不懈的追求，也是他的真实写照！

环境科学与工程学院辅导员　李科
环境科学与工程学院2019级环境工程专业硕士生　张文进

探寻物理世界的女科学家
——记物理科学学院李宝会教授

为谁斑斑双鬓染,笑看桃李芬满园。她每天迎朝霞来,伴月夜归,将自己几十年的青春奉献给了科研工作。她对待科研兢兢业业,对待学生循循善诱,亦师亦友,有师如此,何其幸运。

人物简介

李宝会,女,民进会员,1965年生于天津。南开大学物理学院教授、博士生导师。1984年至1994年本科、硕士、博士均就读于南开大学物理系,1994年留校任教至今。李宝会教授2009年获国家杰出青年科学基金资助和第六届中国青年女科学家奖;2010年获国务院特殊津贴;2011年获天津市自然科学二等奖;2015年获"天津市劳动模范"称号;2016年获"天津市三八红旗手标兵"和"京津冀年度影响力女性"称号;2018年获得"天津市师德先进个人"称号。

李宝会近年来综合运用凝聚态物理方法以及分子模拟技术,阐明了典型软物质自组装材料的微观形态及其演化规律,预测了丰富的新

型自组装形态,对软物质体系的一些基本问题,如受限体系中的结构受挫、复杂自组装结构的形成机理等进行了深入探讨,获得了系列结果,推动了软凝聚态物理的发展。她在学术刊物发表论文被 SCI 收录 100 余篇,被 SCI 他引 1600 余次。她曾获得教育部新世纪优秀人才支持计划(2005 年)和国家杰出青年科学基金(2009 年)等人才基金的资助,并获得国家自然科学基金培育项目以及多项面上项目的资助。自 2014 年 8 月和 2015 年 4 月至今,分别担任国际著名学术期刊《科学报导》的编委和国际著名学术期刊《欧洲物理快报》的共同编辑。自 2016 年 12 月任南开区政协委员、南开大学校务委员会成员,以及物理学科学术和学位委员会成员。

人物风采

已经是快中午一点了,在南开大学的一食堂里,李老师一边吃饭,一边给一名学生指出论文中的问题,李老师即使非常忙的情况下也会挤出时间来为学生指导,她对待科研总是一丝不苟、精益求精。她总是能一针见血地指出问题的关键,这一点让实验室的学生都非常佩服,而在这背后是李老师几十年如一日的努力和对科研孜孜不倦的追求。她说:"科学是老实人的事业,搞自然科学的,要懂得'差之毫厘,谬以千里'的道理。"在她的实验组,硕士生和博士生大约有 20 人,除了指导学生科研,李老师还要为本科生和研究生讲课,因此,时间对于李老师来说是非常宝贵的。事实上她每天都会很晚才去食堂吃饭,好像对她来说,吃饭成了最不重要的事。晚上十点半,李老师办公室的灯光一定还是亮着的,在学生的记忆里她一贯如此,即使是回到家后,学生也经常看到李老师凌晨发来的邮件。

严而不厉的良师

从求学者到教学者，在南开待了 36 年的李宝会老师，俨然已经把学校当成了第二个家。1984 年，李宝会以优异的成绩考入南开大学物理系固体物理专业，4 年后继续攻读凝聚态物理专业的硕士和博士，并在南开求学 10 年之后留校任教。1994 年参加工作以来，她坚守教学科研一线，主讲本科生课程"普通物理实验"和"软件基础与计算物理"、硕士研究生课程"计算物理"，以及博士生研究生课程"凝聚态物理中的计算方法"。有人曾说："一位好老师，只要用心、坚持地做好每一件平凡的小事，做到极致了，就是不平凡。"从教多年，她对待每堂课都十分的用心，反复完善自己的课件和授课内容。在她看来"讲好课"是教师的首要职责，一定要把课讲好，一定要让学生学到"实实在在"的知识。李老师在教学上的投入与努力，为她赢得了学生的称赞。硕士生王新说："李老师的课非常有趣，会给我们讲 MonteCarlo 和赌城的关系，告诉我们如何用口香糖开椰子。"硕士研究生张嘉伟说："之前上过李老师的课程，正是因为被李老师认真负责的做事态度和渊博的知识所折服才选择加入李老师的课题组。"

李老师不断努力拼搏，所有的青春年华全部投入给了她的科学研究和学生。对待科研中的问题，她从来都是谨慎认真的，对任何问题都反复地推敲。"李老师在科研上非常严谨，记得上一届的师姐写毕业论文时，李老师连续三天与她们一起逐字逐句的修改论文，大到结构框架，小到标点符号都修改得十分仔细。"实验室的一名学生说。她培养出了一大批优秀毕业生，她的学生目前大都就职于国内著名高校、科研院所，并承担着重要的科研任务，为国家的发展和建设做出了许多积极贡献。其中，她与加拿大麦克马斯特大学史安昌教授合作指导的博士生于彬在国际学术期刊《物理评论快报》上发表了高水平论文，并获得"南开十杰"的称号。

温柔如水的益友

李老师不仅是良师更是学生们的益友，生活上李老师对待学生也如同对待自己的孩子一般关心、照顾。李老师最让人难忘的就是那嘴角永远保持着的极具亲和力的微笑。课题组每周都要进行一次组会，每次组会李老师都会参加，与学生交流课题的研究动态。她是一位有温度的老师，很少说一些大道理，但是她做事的态度、科研中的一丝不苟都言传身教、潜移默化地影响着学生们,这种影响是让学生受益终生的。有一次,李老师从楼梯上摔下来把脚崴了,结果正好赶上毕业生要答辩,李老师拄着拐杖也依然选择了线下参加学生的答辩,看着李老师的身影,学生们都非常感动。"李老师为人和蔼、做事认真、谦逊平和,她会尽力帮助有求于她的人。她是我们青年教师的榜样与楷模。"与李老师共事的青年教师王铮这样说。

李老师是一名智慧型的老师,她具备学习、处世、生活、育人的智慧,既授人以鱼,又授人以渔,在学习中会给予学生以帮助和指导。李老师认为,实验中常常会遇到意想不到的困难,但在困难之后总会得到成果,这种经历不仅有助于培养信心,还能磨炼一个人的耐心。在李老师的带领下,学生们接触到了更丰富更精彩的世界。"德高、鸿儒、博学"这六个字是实验室的硕士生周天寒对李老师的评价,他说:"我们在李老师面前就像一群孩子,她鼓励我们探索,包容我们的无知。李老师对我们面临的毕业压力看在眼里、记在心里,之前有段时间我的实验数据不理想,她耐心地对我指导,同时也不忘叮嘱我注意自己的身体,这让我非常感动也不再气馁。教诲如春风,师恩似海深。"

"我只是一名普通的女科研工作者"

从讲师、副教授到教授,从获得"教育部新世纪优秀人才支持计划资助"到"国家杰出青年科学基金资助",再到获得"中国青年女科学家奖",李宝会老师在科研道路上不断前进。"这些资金支持,特别是国家杰出青年基金,对我们科研工作者来说是非常重要的。有了充裕的资金支持,我们才能及时更新硬件设备,才能做好具体的工作。"在李宝会看来,资金的支持对一个科研人员来说是非常"实惠"的。在获得各项基金支持的同时,李宝会的努力也得到了社会的认可。2010年,她获得了"中国青年女科学家奖",而这一奖项只向年龄在45周岁以下,在相应领域做出卓越贡献的女性颁发,这一年全国只有5人获奖。相对"女科学家"这个称号,她更愿意称自己只是一个"女科研工作者"。"女科学家,这真的是一个太高的荣誉称号。帽子太大了我会晕的,还是脚踏实地的称呼才会让我感到安心。"谈到这个问题,李宝会总会淡淡一笑。

近年来,李宝会综合运用"凝聚态物理方法"以及"分子模拟技术",阐明了典型软物质自组装材料的微观形态及其演化规律,并预测了丰富的新型自组装形态。她的研究为可控地制备新型纳米器件、纳米反应器提供了有力的理论依据。李宝会在"低对称截面柱状孔可抑制螺旋结构的形成"课题方面的工作，被美国科学基金委 2007 年高分子发展报告大篇幅引用，并且是该报告引用的国内的唯一文章。"他们对有趣的胶束结构作了很有价值的预测，这无疑将启发实验学家去观测。本工作为获得这些新型胶束提供了系统的指导方针，这无疑是卓越的科学研究。"《美国化学会会志》审稿人高度赞扬李宝会课题组对溶液自组装体系形态结构的研究。

  生活中亲切和蔼，学术上一丝不苟，就是对李老师最生动的总结。梅贻琦先生说："所谓大学者，非谓有大楼之谓也，有大师之谓也。"这样的大师，既是学问之师，又应该是品行之师。她严于律己，宽以待人，她用自己的一言一行阐释着自己立身的准则。"师恩难忘意深浓，桃李人间茂万丛。历苦耕耘勤育李，谆谆教诲记心中。"在这美丽的南开园里读书是幸福的，得遇良师，三生有幸。

物理科学学院团委书记 李凡一

物理科学学院 2017 级凝聚态物理专业博士生 刘志瑶

筑梦引路拳拳心　立德树人映芬芳
——记人工智能学院刘景泰教授

他是学生成长路上的引路人、筑梦人、"大先生"，教书育人三十余载，桃李芬芳，映照他"立德树人"的拳拳初心。

人物简介

刘景泰，男，汉族，1964年5月生，中共党员，天津市重点学科控制科学与工程学术带头人。现任南开大学控制学科学术分委员会主任，南开大学机器人与信息自动化研究所所长，天津市智能机器人技术重点实验室主任，计算机与控制工程国家级虚拟仿真实验室教学中心主任，中国新一代人工智能发展战略研究院特聘专家，天津市智能科技产业专家咨询委员会委员。曾任国家863计划智能机器人主题工业机器人专题专家组成员。

1979年考入天津大学自动化系来到津城，1986年5月到南开大学工作，与卢桂章先生一同创建了机器人所的前身"人工智能与机器人实验室"。2006年他在美国加利福尼亚大学伯克利分校学术交流一年，之后出版了《伯克利札记：一位

中国科学家的访美观察》，剖析了中美科研与创新体系的异同。1986年起，先后主讲本科生和研究生的自控原理、汇编语言程序设计、机器人学导论课程，这些课程被许多学生誉为"在南开听过的最好课程"；2018年开始为大一新生开设自动化与智能科学概论课程，每堂课都引起学生热烈响应，入选南开大学2019年首届"课程思政"优秀典型（1/10）。主持完成了国家863项目、攻关项目、国家自然科学基金、天津市重点项目等20余项，在学术期刊和会议上发表论文百余篇。曾获国务院特殊津贴、全民科学素质行动计划纲要实施工作先进个人、教育部宝钢教育基金优秀教师奖、天津市优秀教师奖，以及天津市技术发明一、二等奖和科学技术进步二等奖。

人物风采

勤勉为公，立身有责，刘景泰老师从人工智能领域的带头人到无私奉献的人民教师，心怀对国家和对学生的热爱投身教育事业，化作护花的春泥，在执教三十多年的时光里坚守初心，将培养人工智能领域人才的时代责任扛在肩上。鬓间华发渐生，却也育得桃李满园。

业精善学：人工智能领域的砥柱担纲

身为教师，首先要做到自身学识渊博，自己有"一桶水""一汪洋"，才能"使人昭昭"。处于日新月异的人工智能领域，刘老师始终秉承"学无止境"的为学之道，做到"跟得紧""跑得快"，密切关注学科动态、深入探索学科前沿，成为学生学习知识的探索者和思维创新的引路人。

从事教学科研35年，刘老师以对人工智能的深切热爱、过人的学术天资和坚持不懈的刻苦钻研，取得了丰硕的学术成果，书写了学者的传奇故事。1986年初入南开大学，1991年便被破格聘为副教

授,并在 7 年之后再次被破格晋升为教授,这是对他高昂的学术热情、严谨的教学态度、出色的教学能力和科学的育人之道的充分肯定。

术业有专攻,必有所成。35 年来,刘老师始终把研究方向集中在机器人学和与其紧密相关的学科上,终在该领域崭露头角。1997 年,年仅 32 岁的刘老师被遴选为国家 863 计划智能机器人主体工业机器人专题专家组成员,为我国智能机器人的研发制造贡献力量。善学而不止,必有精进。为了深入了解和学习其他国家的学科技术,2006 年,42 岁的刘老师造访美国加利福尼亚大学伯克利分校著名机器人学者肯·戈德保教授(Ken Goldberg)实验室,进行了为期一年的学术交流。在这里,他就机器人技术在网络时代大背景下的可能发展趋势进行了深入探究,形成了一系列富有建设性的思想,并与美国加利福尼亚大学伯克利分校、德州农工大学、罗格斯大学等的相关实验室建立起长期的合作关系。从伯克利访学归来,刘老师将访学期间与南开学生的交流记录精简为一本《伯克利札记——一位中国科学家的访美观察》。这本书从一位资深教师的角度出发,剖析了中美科研、教学与创新体系的异同,坚持"只有心有所得,方可言之于声"。这本书吸引、启迪了众多读者。由于刘老师在人工智能领域做出的巨大贡献及取得的丰硕教育成果,他获得了教育部宝钢教育基金优秀教师奖、南开大学捷成树人奖教金、南开大学特别奖教金等荣誉奖项。

潜心育人:以"责任"与"爱"培养智能高端人才

刘老师不仅学术造诣高深,是国内机器人学界的"矩儒宿学"、南开大学相关学科带头人,在教育、教学方面更是勤勤恳恳、兢兢业业。他以启迪学生为己任,用真理的力量感召学生,以深厚的理论功底赢得学生,用高尚的人格感染学生,在培育社会主义现代化建设主力军的路上发挥着自己的光和热。

随着时代的发展,以互联网、大数据、人工智能为代表的现代信息技术日新月异,对经济发展、社会进步、人民生活等各方面都有着重大而深远的影响,这也要求教师响应时代使命的召唤,为培养人工智能领域人才贡献力量。

传道授业,育人为先。刘老师将自己的教书育人之法归纳为"真懂""真教""真情"三个层面。"真懂,就是对自己所教的内容有正确的把握,对其来龙去脉了如指掌;真教,就是善于因材施教,深谙'不愤不启,不悱不发，举一隅不以三隅反，则不复也'的道理，面对学生成竹在胸；真情，就是真正地热爱学生，把每个学生视为己出。"这是刘老师从教以来的深切感悟。以此为指导，刘老师将理论知识放在首位、将学生个性置于关键、将身心健康作为保障，力求丰富学生的专业积累、开阔学生创新视野，使每一个学生亲身感受到技术创新的乐趣。在教授研究生和本科生的机器人学导论、机器人学等课程期间，除了教给同学们应掌握的技术和知识，刘老师还特别注重将在外学习到的宝贵经验、机器人领域的最新研究成果引入教学内容，让学生充分了解机器人和自动化学科的魅力。不仅如此，执教 30 多年的经历使他积累了丰富的教学经验，善于将教材中的知识用生动的方式传授给学生们，对于一个知识点总是能举出很多例子供学生领会，学生们提到的问题也会耐心讲解，因而上他的课会让人有学而忘时、沂水春风之感。

在进行理论学习的同时，实践教学也要及时开展。2007 年夏，刘老师结束了在美国加利福尼亚大学伯克利分校的交换学习，回国后便亲自筹划了系列学术交流活动，创办了"南开大学先进机器人与 MEMS 系列学术讲座"。截至目前，该讲座已坚持举办 175 期，邀请来自中、美、法、瑞、加、新多国百余位机器人一线领域的顶级专家和知名学者走进南开，为南开师生带来极富含金量的前沿讲座，成为具有一定影响力的学术活动。在刘老师的带领下，他的课题组与还与美国加利福尼亚大学伯克利分校、德州农工大学、罗格斯大学、纽约大学和日本国立情报研究所、瑞典皇家工学院、香港中文大学、北京大学、清华大学、浙江大学、上海交大等国内外科研单位建立了广泛而紧密的合作关系，而他的学生们也昂首前行在这条成才路上。

教育是一门"仁而爱人"的事业，爱是教育的灵魂。刘老师始终坚持"以德树人、以爱化人"，启迪学生走好科研路上的每一步。博士生周磊由于疫情影响不能按时返校开展科研，使得他在一篇对于其未来研究方向至关重要的论文的理解上产生了误差。刘老师敏锐察觉问题所在，连续几个下午在线上会议带着他逐行逐句的细抠论文直到彻底领悟，为之后的研究扫平了障碍。"在刘老师带领我阅读论文的过程中，我为刘老师敏锐的洞察力、对科学问题的发现力深深地折服，同时也为他不厌其烦地为我们传道授业解惑的精神所感动。"周磊如是说道。

除了学习上的教导，学生的生活也是他时刻记挂在心上的。"生活中有什么问题一定要告诉我。"这是刘老师对每一位学生说过不止一次的话语。

当学生遭遇生活困难，他总是主动施以援手。课题组的学生史安东的父亲今年在工厂发生事故住院，母亲也因为过于焦急引发肾结石住院，而史安东自己也做了鼻炎手术。一连串变故让史安东极度灰心丧气，刘老师知晓后安抚鼓励他振作精神，并号召组里同学向史安东提供学习上和生活上的帮助，与他一起共同渡过难关。"在课题组的一年多里，不管是大事还是小事，都能感受到刘老师对学生的满满爱意。"2007 年起，刘老师主动承担起人工智能学院本科生班导师的工作。10 多年来，不论工作科研多么繁忙，刘老师也要平均一个月主持召开一次班会，既授业，又解惑。"学习重要，感情问题也很重要。"刘老师经常自诩说可能是因为年龄大了，对学生们的感情问题尤为关注。每逢节假日，学生们更能感受到刘老师的温暖。考虑到一些学生不能回家，刘老师会邀请学生去家中做客。"没想到刘老师还有一手好厨艺。"学生们常常一致赞叹。在刘老师家中做客的必备环节是大家一起包饺子，畅谈人生和未来，让大家完全忘记了"独在异乡"的孤独和科研中的疲累。

"鹤发银丝映日月，丹心热血沃新花。"在刘老师的悉心指导下，近年来多位同学不负所托，获得了国家留学基金委批准的留学资格，并在全国科技比赛上取得了优异成绩。

以身作则：学生成长成才的榜样表率

身为人师，刘老师不仅是传授知识的教书匠，更称得上塑造学生良好品格、品行、品味的"大先生"，将立德树人的伟大使命贯彻教学，以自身的模范行为持续影响和带动着学生向前发展。

刘老师非常注重从师生交流中培养学生良好的科研素质。他强调问题意识，反对"被动接受"的学习状态，鼓励学生积极思考、大胆发言，特别鼓励打破条条框框，提出问题。他经常和学生一起学习理论知识，一起深入实践研究，不仅加深了自己对知识的理解，也让学生明白科研不能只注重与表面，需要深入，需要静下来去搞清楚，教给学生"重要的不是结果，而是钻研的这个过程"的道理。在平时工作中，无论任务如何繁重，和研究生们每周一次的例会他一定不会缺席，经常是直接从机场赶来。因为在他看来，"例会不仅仅是一次简单的工作汇报，重要的是一起交流，引发思想上的碰撞"。在组会上刘老师总会讲述一些他的工作经验和见闻，这对学生的专业知识学习和之后的工作都有很大帮助。他时常告诫学生要养成理科生的思维，"对数字要敏感"，"对逻辑要清楚"，"善于将生活中的知识运用到机器人设计中"。除了言语上的教导，刘老师更是身体力行，在自己的生活中践行这些思维准则。

"纸上学来终觉浅，绝知此事要躬行"，人工智能作为应用性学科，意味着要进行大量的动手练习，必须投入到实践中去。在人工智能学院楼的一楼大厅摆着一台 PUMA 机器人，吸引着往来学生的注目。这台机器人是由刘老师拆卸后重新组装的，其中的工作量不言而喻，目的就是告诉学生们：勤动手，做一名务实开拓的践行者，决不能因为害怕麻烦而不去做。有一次，刘老师为了祝贺组里的博士生入党，带领新入党的博士和自己的全组研究生，把机器人所使用的厕所彻底做了一次大清洁。几个小时下来，同学们对于"完美源于细节"有了真切的认识。

"不能闭门造车"，这是刘老师对学生的另一个要求。要了解最前沿的知识，学习他人的经验，站在巨人的肩膀，进行更加深入的科学研究。每参加完一场讲座，刘老师都会与学生们深入交流探讨讲座中的知识和报告人的讲演方式，耐心细致地指出需要大家学习和改进的地方。

不仅如此，刘老师还引导和鼓励学生们在学习之余多多锻炼，提倡头脑丰富和身体充实并行。他有时会在课后休息时间为学生们展示几个瑜伽动作，甚至直接在教室中来个倒立，对于各种高难度动作"信手拈来"。这既活跃了课堂氛围，又潜移默化地引导着学生树立锻炼身体、养成健康体魄的观念。

教师承担着塑造灵魂、塑造生命和塑造新人的时代重任，这意味着教师必然要以身作则，做到学为人师、行为世范。刘老师在教学过程中一直将为人师表作为自身行为圭臬，不仅为学生树立了"仰之弥高，钻之弥坚"的良好榜样，也在无形之中提升学生的品行修养，使学生从内心深处认同其教育理念、教育方法和教学内容。

时光荏苒，35载匆匆而过。"合格的学科带头人""诲人不倦的人民教师""活跃在技术创新前沿的知识分子""关注教育体制改革的教育者"……这既是时间的积淀赋予刘老师的头衔，也是刘老师投身教育事业、传递"正能量"的见证。

人工智能学院辅导员　郑月阳
人工智能学院 2018 级控制科学与工程专业硕士生　符裕

探寻生命之美　培育公能之才
——记生命科学学院乔明强教授

正德厚生，尽人之性，学海徜徉，生命至上；踔厉奋发，求真维新，精业笃行，臻于至善。三尺之上，教之以事，兢兢业业，当是良师；三尺之下，喻诸以德，勤勤恳恳，亦谓益友。

人物简介

乔明强，男，生于1963年，中共党员，南开大学微生物学系教授，博士生导师。1984—1987年毕业于南开大学生物系，获理学学士学位和硕士学位；1987—1992年就职于南开大学分子生物学研究所；1996年获芬兰赫尔辛基大学理学博士学位；1992—2001年任教于芬兰赫尔辛基大学；2001年至今任教于南开大学生命科学学院。曾任南开大学国际学术交流处处长，港澳台事务办公室主任，南开大学生命科学学院副院长，南开大学经济与社会发展研究院副院长等。主要研究方向是病源细菌功能基因组学与耐药机理，生物源性抑制病源菌多肽的生物合成与产业化，真菌疏水蛋白性质、功能与应用研发，合成生物学，

益生菌与食品安全。参与了 20 多项国家和地方的科研项目，发表国内外核心刊物文章 130 余篇，其中 SCI 收录 90 余篇，论著(英文)1 本，参与翻译分子生物学词典一本。获得 2003 年支援西部对口学校"全国先进个人"荣誉称号，2006 年入选教育部新世纪优秀人才资助计划，2007 年、2008 年、2009 年连续三年获得南开大学"良师益友"荣誉称号，2009 年被评为"天津市优秀留学人员"，2011 年获"中关村高端领军人才"荣誉称号。

人物风采

在南开大学生命科学学院学生的心目中，乔明强老师绝对是"男神"级别的存在。他严谨的治学态度，以兴趣为前提的育人理念，对学生无微不至的关怀，都深深地感染着每一个人。学高为师，身正为范，从教 20 年来，乔老师兢兢业业，秉持立德育人的信条，引领学子们在生物学领域探寻生命之美，培养出一大批公能兼备的英才。

治学态度：石以砥焉，化钝为利

"路漫漫其修远兮，吾将上下而求索"，成功总是与风雨相伴。用青春筑梦，仅仅用了三年时间提前修完大学四年学分的乔明强，却因为客观原因未能如愿提前进入研究生的行列，最终以本科顺利毕业。1987 年研究生毕业后，本计划为国家服务两年后就出国深造的他，因教育部出台的新规定而改变了留学计划，服务年限延长三年，一波三折，终于，在 1992 年 8 月，梦想照亮了现实，他实现了内心深处向往已久的留学

梦，前往芬兰赫尔辛基大学攻读理学博士学位。

时间的磨砺与考验，让乔明强感触良多，他说："直面困难，泰然处之，善于从事物积极的角度去思考问题，就会得到不一样的结论。漫漫人生路，总是与挫折相伴，但我们要始终相信，阳光总在风雨后，一切都会变好。"不仅如此，乔明强非常感谢那段不平凡的日子，是那些时光磨砺了他的心智，也使他更加懂得时间的珍贵。在日后的求学生涯中，也更有定力沉下身子，苦心孤诣数载，悉心钻研了微生物学、遗传学、生物化学3个学科的高级专业课程。多年知识的积淀，曲折经历的锻造，为他的科研生涯打下了坚实的基础，也为他在分子生物学领域的卓越研究奠定了基础。

师者，所以传道授业解惑也。作为教师，乔明强老师治学严谨，一丝不苟，在科研和教学岗位上兢兢业业，几十年如一日，成为学生成长道路上的榜样。他经常鼓励同学们，要努力实现自身的充分发展，在科研工作中要培养批判性思维，敏锐地捕捉科研创新点，善于发现新的东西。如今，乔明强仍在生命科学领域孜孜以求地探索，引领着学子们拓展生物科学知识的边界。高山仰止，景行行止，乔明强的研究生们在导师的指导下，勤奋进取，努力钻研，行而不辍，争取为国内微生物学的发展进步贡献自身力量。在导师榜样力量的带动下，乔明强实验室的绝大多数硕士生都选择继续深造，到国内外知名高校攻读博士，远赴芬兰赫尔辛基大学、丹麦哥本哈根大学等名校交流学习，为报国强国而读书。

育人理念：持我兴来趣，采菊行相寻

"知之者不如好之者，好之者不如乐之者。"兴趣是指引生物学人前进途中拨开迷雾的灯塔，能够引领前进方向，驱除成长中的迷茫，坚定科研工作者探究未知领域奥秘的信心与勇气。乔明强经常跟学生强调，兴趣是最好的老师，要找到自己的兴趣点所在，他曾跟学生说："研究生阶段是一个相对自由的学习阶段，导师只起辅助和指导作用，更多的在于培养学生独立思考和解决问题的能力，所以，正确看待读书的意义，就显得尤其重要。"

兴趣是学习的原动力，乔明强强调："要勇于并善于在研究中发现兴趣，培养兴趣，如此，必将收获满满；相反，缺乏兴趣的科研是枯燥的，是乏味的，是缺少灵魂的，是令人痛苦的。"所以乔明强十分尊重学生的意见，不给学生的科研生涯设限，而是鼓励实验室的学生，抓住机会，珍惜时间，在有限的时间里尽可能地拓展兴趣。在找到兴趣点后，更要深入创新，刻苦钻研，争取在自己心之所向的领域里耕耘出一份成就。

尊重学生的兴趣，促进学生的个人发展，是乔明强一以贯之的育人理念。在 2015 年的夏令营活动中，一位学生初见乔明强老师就被其人格魅力所吸引，半个小时的交谈让他从对科研工作感到迷茫转变为充满兴趣和期待，让他重新了解了科研，认识了科研，并被科研的魅力所吸引，这在无形中对他的学习和生活给予了莫大的鼓励。在研究生复试期间，乔明强老师更是不厌其烦地帮他答疑解惑，这份情谊让学生铭记在心。在乔明强的实验室中，还有一位博士研究生在本科时就开始摸爬滚打，创建自己的公司。该学生读研阶段，乔明强不仅没有因为担心他创业影响科研进展而阻挠，还十分支持其创业，时常询问公司的发展现状如何，出谋划策的同时尽己所能给学生提供帮助。

师生情深：春风化雨，润物无声

在生活中，乔明强平易近人，关爱学生，时常专心倾听同学们的疑难困惑，并尽己所能给予中肯的意见和建议，倾其所有，知无不言。乔明强老师的亲和力以及别具一格的人格魅力给生科学子们留下了深刻的印象，大家公认乔老师是生科院的"男神"之一。

乔明强爱好广泛，会唱歌，会跳舞，排球、羽毛球、乒乓球样样精通。他常常跟学生强调，"身体是革命的本钱，要搞科研得先有个强健的体魄"。平日里，乔明强经常组织学生进行羽毛球和排球的练习，并组织实验室学生开展一年一度的羽毛球比赛，督促学生们加强身体锻炼。十年来，在乔明强的陪伴下，生科院男排多次拿到"校长杯"的冠亚军和"激扬杯"的冠亚军。

作为长者，乔明强对学生嘘寒问暖、无微不至，关心每位同学的日常生活。他能够记住实验室中每位学生的性格特点和兴趣爱好，并因材施教。他曾多次参与学生们组织的"导师有约"、优秀党员座谈会等活动。活动伊始，乔明强老师总是主动活跃气氛，消除学生们的紧张感，充满亲和力的笑容让学生们倍感亲切。对于学生们提出的问题，不论是涉及学习、科研的，还是关乎生活、工作的，他都会认真解答，毫无保留地分享自己的见解与经验。学生们纷纷表示与乔老师攀谈是一件很愉快的事情。

平日里，乔明强老师经常去实验室，和学生拉拉家常，了解学生的家庭情况，主动询问，为学生排疑解难。当得知学生遇到困难时，更是尽其所能地施以援手，帮助学生。乔明强实验室设立了"3M 助学金"，由乔老师出资，每年向实验室中经济困难的学生提供一定额度的助学金，以缓解学生的生活压力。2016 年 9 月，当得知实验室一位博士研究生的母亲病重的消息后，乔明强老师当天下午就送去了关怀与资助，并对学生许诺："放宽心，有其他需求及时说，我一定尽力帮忙。"后来，乔明强又多次安排实验室发放"3M 助学金"给这位学生，直到 2018 年该学生母亲病故。该学生多次往返于学校和家中，乔明强也一直都给予其理解与尊重。时至今日，回忆起那段日子，这位受助学生仍充满了由衷的感激与敬佩："那段灰色的时光，是乔老师无微不至地关心我。不仅给予我经济上的支持，还有精神上的鼓励，陪伴和帮助我度过了难熬的日子；让我虽然面对着学习和生活的双重压力，仍对未来满怀信心。人生中能遇到乔老师，无疑是幸运的。"

人生导师：立德树人，倾心育人

师也者，教之以事而喻诸德也。乔老师以他独有的亲和力与人格魅力，建立起融洽的师生关系，更通过言传身教，激励同学们在求学期间乃至未来的人生道路上，不断锤炼品德修为，追求卓越的人生境界。

作为党员，乔明强坚守党性，在教学和工作中时刻弘扬党的理想信念。乔明强于 1986 年 5 月在南开大学入党，回忆起自己的入党历程，乔明强说："中国共产党是一个充满高度凝聚力、一心为民的组织，她给予我的，是百折不挠、砥砺奋进的信心与决心，参加入党积极分子的培训和学习过程中，让我懂得了愈难愈开、磨砺出彩的珍贵，经过不断努力成为优秀党员。"从教多年，他始终坚持立德树人的教育理念，忠诚于党的教育事业。

作为一名教师，乔明强老师之所以深受学生爱戴，是因为他不仅在专业知识上为学生答疑解惑，更以身作则，教会学生如何为人、如何处事。乔老师关注学生的全面发展，不仅在学业规划、专业知识学习、创新能力培养方面为学生保驾护航，更以言传身教的方式，助力和带动学生思想品德素质的全面提升。认识乔明强老师的人都会发现，他经常面带笑容，语气温和，认真地对待每一位学生。乔明强时常跟实验室的学生强调："做科研是人生的一部分，人与人之间的相处也是人生非常重要的必修课，实验室是一个大家庭，每个人都是这个家庭的一分子，我们有共同的事业、共同的目标，只有精诚团结、群策群力，方能不畏万仞高山、攻坚克难。"他的实验室一直都充盈着浓浓的祥和之气，许多学生在参观过乔明强老师的实验室之后都不自觉地产生了向往之情。

乔明强老师用行动向我们诠释了身为人师、立德树人的深刻含义，为人处世正直豁达、心怀恩慈，科研工作勤耕不辍、上下求索，教书育人兢兢业业、以身垂范。有这样的良师益友在侧提携，帮助学生在思想品德、学业规划、专业学习、创新能力培养等方面全面提升，实为幸事。春秋代序，南开已走过百年，在新的起点上，前辈们仍在坚守，后浪们愈益奋励，必将引领南开生物学开拓新局，踵事增华。

生命科学学院辅导员　李鹏琳
生命科学学院2018级植物学专业硕士生　白玮丽

不计辛勤一砚寒　牢记使命育桃李
——记电子信息与光学工程学院孙桂玲教授

长路漫漫三十载,诲人不倦如一日,学贵得师；贵师重傅记初心,英才济济笑开颜,亦贵得友。

人物简介

孙桂玲,女,1964年1月生,博士,教授,博士生导师,南开大学电子信息与光学工程学院副院长,天津市教学名师,天津市教学团队负责人,负责的专业必修课"信号与系统"获国家首批一流课程,多次获得天津市优秀教师、天津市教委系统优秀共产党员、天津市"师德先进个人"、"宝钢优秀教师奖"、南开大学校级"优秀共产党员标兵"、南开大学"十佳"良师益友、"魅力课程""劳动竞赛示范岗"等荣誉称号。现任教育部全国大学生电子设计竞赛专家组专家、天津市通信学会副理事长和副秘书长、天津市互联网协会副理事长、华北地区EDA/PLD技术研究会副理事长。

多年来,孙桂玲投身教育,致力于无线传感器网络、物联网与信号处理领域研究。2004年获教育部颁发的全国大学生电子设计竞

赛优秀指导教师荣誉；2012 年"多维多参量光纤光栅无线传感器网络系统"荣获天津市技术发明唯一二等奖(排名第二)；2015 年"电子技术类课程及实验、实践教学团队"获天津市级教学团队称号；2013 年至 2015 年分获天津市优秀硕士学位论文指导教师荣誉；2013 年及 2018 年"构建电子信息类多层次实验教学体系，培养学生实践创新能力""多元协同的电子信息类'456'人才培养模式探索与实践"项目获得天津市教学成果二等奖（排名均为第一），2019 年度获天津市工程专业学位优秀指导教师称号。2009 年、2015 年和 2019 年分获"挑战杯"天津市大学生课外学术科技作品竞赛优秀指导教师称号。

主持国家级教改项目 1 项，省部级重点和一般教改项目 11 项；承担并完成国家"863"、国家重点研发计划、国家自然科学基金、工信部、天津市科技重大专项与工程项目、天津市科技支撑重点项目等 20 余项国内外领先水平研究课题，发表论文 150 余篇；申请发明专利 67 项，授权发明专利 16 项（转让 3 项）。孙老师为国家的科技发展和人才培养做出了突出贡献。

人物风采

无论是寒冬的黎明，还是盛夏的夜晚，孙老师办公室的灯光都如星火般点燃莘莘学子求知探索的心灵。书架上整齐的书籍、竖立的奖杯和一份份教学科研资料，点滴记载着孙老师对教育和科研事业的深情厚谊。办公桌前，孙老师的身影倒映着的，是严谨治学的科研理念，是漫漫长路不断求索的创新精神，更是三十年如一日的兢兢业业、初心不改。

砥砺前行，孕育教育事业的累累硕果

无论经历过多少个日光月色、黎明深晚，自从搬到津南新校

区工作以来，612路早班车总会迎来孙老师神采奕奕的笑容，夜晚的梨园月色也始终见证她匆匆离去的背影。孙老师始终以她的实际行动，向我们传达着拼搏向上的精神与乐观豁达的态度——对于学生们而言，她不仅是传道授业的老师，更是以身作则的典范。

多年来，孙老师始终坚持在教育科研第一线，"学海无涯，但乐在其中"是她的座右铭。她爱岗敬业，一丝不苟，不但主讲了本科生校级示范精品课"信号与系统"以及"计算方法"课程，而且承担着多项科研课题；她锐意进取，开拓创新，在多年教学工作基础上不断总结经验，率先引入"大班授课，小班研讨"的教学新模式，充分激发了学生的主动性、创造性和内在潜力。孙老师始终如一地在教学改革的道路上砥砺前行，并取得了丰富的成果：主持多项国家级、市级教改项目，其中国家级教学改革项目"智慧城市专业建设探索与实践"获立项（全国共612项，南开大学3项）；2017年主持的"电子信息与科学技术"专业成功入选天津市应用型专业，为教学改革的发展贡献了力量。

至今为止，孙老师已培养博士研究生12人，硕士研究生86人，指导本科毕业119人。孙老师注重在实践中提升学生的创新能力和综合素质，她指导学生参加的"互联网+"全国大学生创新创业大赛、"挑战杯"天津市大学生课外学术科技作品竞赛、天津市大学生物联网创新与工程应用设计竞赛、天津市大学生"电脑鼠走迷宫"竞赛等，均取得市级特等奖和一等奖的好成绩；作为全国大学生电子设计竞赛优秀指导教师，从1999年至今，孙老师指导学生获得全国一等奖7项，全国二等奖6项；她培养的多名硕博研究生获得过优秀毕业论文奖和优秀毕业生称号，每年均有2到3名学生获得研究生国家奖学金、校一等奖学金等奖励。

同时在科研方面，孙老师也为国家的科技发展和人才培养做出了突出贡献。为了给组内学生提供更高的科研平台，孙老师积极带领课题组申请和完成科研项目，奔波劳碌不辞辛苦。她常常赶很早的飞机出发，很晚返回学校，只为不耽误第二天的工作。孙老师常说："如果组里没有足够的项目，学生们就没有更多的机会去锻炼，所以我要尽最大的努力去争取。"在孙老师的不断努力下，她带领课题组主持完成国家自然基金课题（"压缩传感理论应用于大规模高密度无线传感器网络中关键技术研究""融合压缩感知与低秩理论的无线传感器网络图像获取关键技术的研究"）、国家重点研发计划子课题（"可见光通信关键技术及系统研发"）、国家"863"计划子课题（"高带宽 GaN 发光器件及可见光通信应用研究"）、工信部课题、天津市科技支撑重点课题、天津市基础研究重点课题、横向课题等众多项目。当前组内发表相关研究论文 150 余篇，其中 SCI、EI 收录 120 余篇，申请发明专利 67 项，授权 16 项，3 项已成功转让。

孙老师作为学院的副院长，在从事教学科研工作之余还要处理学院的相关行政工作。教学和行政的双重身份使得孙老师身上的负担更加繁重，但是她从未因此放松任何一边，总能保质保量地完成所有工作，并把一切都安排得井井有条。同学之间常常开玩笑，说孙老师其实是有"超能力"的"未来战士"，总是能将有限的时间发挥出无限的价值。

孙老师不仅以她扎实高深的专业素养教授我们专业知识与技能，而且也在不断以自身对科研的热情、对工作的严谨向我们传达着"学高为师，身正为范"的内涵。她对工作的努力与奉献令我们感动，她在教学和科研领域的卓越成果更令我们敬佩。广大学子将以孙老师为榜样，继承这种持身正直、不懈拼搏的崇高品质，在各自的人生道路上烙下坚实的足印。

谨重严毅，在细水长流中描绘绚丽色彩

在日常生活中，孙老师给学生们的印象总是笑容可掬、和蔼可亲的；在工作时，孙老师却始终保持着严谨而高效的态度。在八里台校区时，孙老师就时常在办公室工作到晚上十点后才回家；搬到津南校区以来，她仍坚持赶最早的班车，每天七点半准时到实验室，忙碌于教学、科研等工作中，中午常常只能在办公室简单地吃上几口饭。在申请科研项目时，办公室仿佛成了孙老师的"家"，繁杂的资料也成为她唯一的伙伴；会议室与办公室相隔短短十余米，却是孙老师整整一天的活动范围。组里的所有项目，孙老师都亲力亲为，她从不会缺席任何一次的讨论会，项目的要求和细节她都会反复确认，并不断提出新的想法与思路，完善每一个步骤。有时，学生们只顾着完成项目要求的任务，而孙老师则会思考项目本身的完整度以及实用性，并在完成要求之外加入新的功能。每当此时，学生们总会问老师："为什么要做对方要求中没有的额外工作呢？"孙老师则会不厌其烦地教导大家："不能为了完成任务而工作，而要真正做出有价值的成果。"为了完善项目申报书，孙老师不惜牺牲自己的休息时间，一遍又一遍地修改，甚至是标点符号也不轻易放过，同学们有时会抱怨道："评审也不会看得这么仔细。"每当此时，孙老师总会语重心长地说："永远都不要给别人认为你不认真的机会，即便只是一个小小的标点符号，也会体现出你对这件事情的态度。"对于实际操作的每一个环节，她更是一丝不苟，有时还会亲自动手指导学生们焊接电路的方法与技巧，分享专业技能上的经验，教导学生们"细节决定成败"的道理。

即便工作任务繁重，孙老师也从来不会放松对组内学生的管理和教育：学生的每篇论文总是要修改 7 遍以上，每个细节错误都会被及时纠正。课题组的研究生说，孙老师经常在晚上 11 点多还在为他们反馈论文修改意见，并且对论文中每一处细节都进行了详细的修订和批注。她常常不顾休息，即使在出国开会等情况下，依然彻夜为学生修改论文。孙老师常说的一句话就是"我少休息一会儿没关系，不能耽误学生们的科研"。不管学生们因为科研学习中不经意的疏忽，还是因为一些急事耽误了原本应完成的工作进度，孙老师都不会批评他们，而是主动为学生们提供帮助，共同商议给出最有效的解决方案。当学生在科研和生活中遇到困难时，她会毫不犹豫地为学生解决问题，第一时间为学生们创造良好的科研学习环境。为了提高学生的科研能力，孙老师向学生传授专业的科研方法，教育学生珍惜当下美好时光，不要虚度光阴，在有限的时间里，要尽自己最大的努力认真学习、服务社会。孙老师给予学生们的也不仅仅是学业上的帮助，她经常与学生们分享她宝贵的人生经验，教导学生们为人处世的道理，为他们人生旅途拨开迷雾、指点迷津。

"言传身教，身行一例，胜似千言。"孙老师如学生们的明镜，以己之身，传授着严谨的态度、拼搏的精神和对教育工作的热爱。

桃李满园，让漫天星光照亮整片天空

在日常生活中，孙老师也对学生们展现出毫无保留的体贴与关爱。每次开组会时，孙老师都会为学生们准备水果和零食；当学生们忙于科研时，她总会贴心提醒别忘了吃饭；出差回来，也经常会带回特产和组内学生分享。孙老师的存在，让实验室总是充满家的温暖。正因孙老师对学生以诚相待，毕业后大家无论是参加工作还是出国学习，都始终与课题组保持着密切联系——"亦师亦友亦如母"，学生们每每回忆起与孙老师之间的点滴，都会有这样的感慨。

孙老师特别重视培养学生的全球视野，每年都会推荐 10 多名学生出国留学，为他们争取出国深造的机会。作为博士生导师，孙老师也鼓励组内博士硕士参加各种国际会议，同时支持学生与国外高校进行联合培养，目前组里已有 7 名博士生先后被推荐到英国帝国理工大学、美国哥伦比亚大学、美国 UIUC 大学、美国 UCLA 大学等国际知名高校进行研究学习。她积极地为学生提供一层又一层的广阔平台，而学生也没有止步不前，秉承着孙老师拼搏的精神和对科研工作的热爱，一次次在平台中展现自我，搏击长空。

孙老师传一届届南开学子"公能"校训之精神，授一代代电光人服务中华之本领。她积极推动组内农业项目，经常亲自带领学生实地了解情况，对接贫困县，旨在为祖国的脱贫攻坚事业贡献力量。有一次，孙老师带着学生们去山上安装设备，晚上与对方公司一起吃晚饭时，突然通过手机监测，发现设备出了问题。孙老师立刻放下碗筷，冒着晚上的寒冷，带着学生前去查看问题所在，直到恢复正常才继续回来吃饭。孙老师常对学生们说："我们的研究方向要时刻紧跟国家科研战略发展目标，要始终以'知中国，服务中国'的南开精神为奋斗方向。"

孙老师因材施教，与时俱进，为国家的发展输送了大量的高素质人才。在孙老师的教育和培养下，如今许多毕业学生已进入国内外著名高校、企业、机构和政府部门进行研究和工作，包括美国高通、美国苹果、谷歌、亚马逊、字节跳动、腾讯、公安部、中国银行总行、中国农业银行总行、渣打银行和河北工业大学等。学子们散落在世界的各个角落，运用自己在南开园所学习的专业知识和技能，为世界的飞速发展贡献自己的力量。而每每相聚时，他们都会回忆起新生见面会上，大家带着对未来的忐忑与期望，聆听孙老师的谆谆教诲——"我希望我培养的每一名学生，未来在自己的工作岗位上都能独当一面"。

科学需要不断探索、不断接近真理，教育亦如此。孙老师心怀学生、投身教育，以自我革新的勇气、勇于担当的精神、久久为功的毅力，迈好新时代中国强师之路新步伐，书写教师队伍建设的崭新篇章。

电子信息与光学工程学院学工办主任　曹旭

电子信息与光学工程学院 2017 级电子科学与技术专业博士生　李洋洋

志逸四海　耕读卅载
——记文学院王志耕教授

志逸四海，讲台三尺，才德双全，惟师一字；耕读卅载，桃李廿秋，春风十里，挚友始终。

人物简介

王志耕，男，1959年生于河北任丘。现为南开大学文学院教授，博士生导师，兼任北京师范大学文艺学研究中心专职研究员（2016—2020年）、厦门大学讲座教授（2020—2023年）。主要讲授课程有：西方文论、西方文学、俄苏文学等。1982年，毕业于河北师范大学中文系，获学士学位，后留校任教。1988年获华东师范大学世界文学专业硕士学位，师从王智量教授。1991—1993年分别以国家教委公派访问学者和校际交流访问学者身份于俄罗斯弗拉基米尔师范学院和伏尔加格勒师范大学进行访学。1997—2000年就读于北京师范大学文艺学专业，获博士学位，师从程正民教授。

2001年，王志耕老师受聘于南开大学文学院。从教多年来，发表学术论文200余

篇，出版个人专著四部、合作专著多部，其中《圣愚之维：俄罗斯文学经典的一种文化阐释》《俄罗斯民族文化语境下的巴赫金对话理论》两次入选"国家哲学社会科学成果文库"等；同时从事翻译工作，已有译著200余万字，包括《塞万提斯传》《普希金诗选》《生活之路》《亘古不灭之光》等。曾获第七届教育部高校优秀社科成果三等奖，五次获河北省、天津市社科优秀成果奖；2004年入选教育部首批新世纪优秀人才支持计划。

人物风采

"传道、授业、解惑"，是为"良师"；"友直，友谅，友多闻"是为"益友"。王志耕老师以其渊博的学识和清正的人格，成了学生眼中追求完美、要求严格的良师，润物无声、提供默默支持的益友。

完美主义者——"志耕大大"

志耕老师在生活中总是娓娓道来、谈笑风生，但一站到三尺讲台之上，大家会惊叹他瘦削的身体里竟然能爆发出如此充沛的激情与能量！每一次为本科生讲授的"外国文学史"课程结束时，同学们都会不约而同地为他献上热烈的掌声，那是一份敬意、一种肯定，仿佛刚刚大家不是上了一节单调的文学史知识课，而是在他的引领在经历了一次知识与思维的双重飞跃。那些对文学的沉吟、对生活的求索，对文化的反思、对社会的关怀吸引着众人共赴一场精神盛宴。抛出的问题是攀登学术峰峦的道道台阶，他让课程变成了一条纵览文化蜿蜒的路，把一部部经典化作解

开那些人类困境的"钥匙",他让文字具有温度不再冷冰,把课堂重新交还给了真正的思想。正是这种激情澎湃的课堂氛围与纵横捭阖的深度,使每一位学生对于这位文学院的"大胡子"老师都赞不绝口,甚至还给他取了一个既亲切又带着敬佩的绰号——"志耕大大"。

"追求完美"是这个"志耕大大"广为人知的"小缺点",他自己也总是用"完美主义者"来调侃自己。正是这个"小缺点"督促着他在教学上不断地精益求精、日新月异。尽管每年都要讲同一门课程,但是志耕老师每年都会不断地更新并完善课程的内容。从最新的学术动态到最近的读书心得,学生们感受到的是这门学科鲜活的脉搏;从历史掌故再到典籍拾遗,大家又深刻了解到做学术需要何等的工夫与毅力。并且他还会对每节课全程进行录音,课后将录音整理成文字稿,这一方面是方便学生回忆学习,另一方面也是对自己课堂教学的自我监督和订正。每一个学期下来,十余万字的讲义凝结了老师追求完美与注重细节的辛勤工作,大到时代背景、社会动态,小到人物细节、引文出处,志耕老师都会在讲义中清晰地注明,不仅严格遵照学术规范,而且详略得当、深入浅出。老师用自己对细节的"完美主义"为我们做出了榜样——做学问就要精确到分毫,这是志耕老师常对学生们强调的学术素养,也是老师多年来自己恪守的教学准则。

这一份严谨与认真,也体现在志耕老师对学生的培养上。每次为学生修改论文,大到结构与立论观点,小到词语使用和错别字,甚至具体到标点符号,志耕老师都会细致地做出批注。每当收到老师回复的邮件,点开标满红色批注的文章,我们都会感到汗颜,同时鞭策自己不论在做学术还是做事上都要更加认真仔细。在老师的影响之下,很多毕业的学生也进入各大高校任职任教。记得一位师兄曾说:"那些向王老师求学的日子注定会鞭策我在职业生涯中不能轻松。"正是王老师严谨的态度让我们无论对待学习,还是自己从事的工作时,都要时刻提醒自己认真负责,不要懈怠,百尺竿头,更进一步。

"桃李不言,下自成蹊。"从未以名师自居,只是将汗水与激情播撒在自己的课堂上,感染和培育着一个个文学青年,勤恳、严谨而沉默,守望着每一个学生茁壮成长,桃李飘香。

"用情怀与汗水滋润文学研究"

志耕老师总是教导学生:"文学研究要坐得住冷板凳,因为它是用书堆起来的。"同时他也强调人文学科研究者的家国情怀与社会责任感,要求学生们将文学研究作为一面观照社会的镜子。因此,在志耕老师看来,每一个文学研究者都是在用情怀与汗水滋润文学这片沃土。而他这样教导学生,也是这样要求自己。

有一句经话常挂在志耕老师嘴边,它同样也铭记在每一届学生们的心中:"我们研究外国文学,不是为别国研究他们的文学,而是要通过研究外国文学与文化,汲取营养以滋养我们自身的文化。外国文学研究的出发点与落脚点,应该是我们自身的文化。"这句话既根植于志耕老师扎实的外国文学研究之路,同时也贯穿于他三十年来兢兢业业的教学生涯。他要求每一个文学人蓄养浩然之气,培养自身健全的人格和明辨是非的能力,将一名知识分子对国家和社会的责任感与使命感贯彻始终。所谓外国文学研究,最终还是要回归到中国的现实境遇中来。老师的学养、品格和治学风范深深地触动着我们,不仅传授知识,更影响了每一个学生的价值观。

在学业上,老师经常要求我们多看、多思考、多动笔,认为文学研究除却天分以外,更多的是靠积累、靠勤奋。志耕老师更是身体力行,他每个学期坚持为本科生开设专业课,而双休日则为研究生上课,白天承担了日常教学任务,而晚上则是他备课、科研和为学生指导论文的时间。因此在三十年的教学生涯中,志耕老师养成了熬夜的习惯,我们总能在深夜收到老师发来的研究资料和修改意见,每当此时我们既感动、又心疼,同时也动力满满;而大量高水平的论文、专著和译作更是老师这些年来笔耕不辍的最好证明,如此"高产"的志耕老师正是学生在学业上最生动的榜样!

师者,传道、授业、解惑,而言传身教。在三十年中,志耕老师培养了三十多位博士生,近六十名硕士生,为学生开设了十余门专业课。在这些数字的背后是他对文学研究的情怀,对教师这个职业的尊重与热爱,对学生的悉心培养和对自己的高标准要求。老师用情怀与汗水不仅滋润了文学研究的土壤,更让这样的人文精神在学生们心中生根发芽。

不会说"不"的有趣灵魂

科研上严谨治学,生活中的他却并不古板,恰恰相反,志耕老师生活中风趣幽默、亲切随和,并且爱好广泛。

在讲授名著经典《安娜·卡列尼娜》时,他曾这样描述里面的人物卡列宁:为人正派,工作认真,重视家庭,每晚准时回家吃饭……后面开玩笑地补上一句:"这不就是我嘛!"的确,志耕老师不喜热闹,鲜少参加聚会聚餐,他更愿意把时间精力放在学术研究和教育事业上。对学生的事情尽心尽力,但是对自己的事却鲜少计较,"利万物而不争"是对老师生活最好的写照,那种云淡风轻、与世无争的超脱令人不得不心生敬佩。

在老师的公共邮箱和网盘中,常年保存着各种书单目录、重要课程的音频文件、老师搜集到的各种学术资料以及他亲自撰写的"考研考博备考八股""研究生培养的思考"和"论文选题及写作八股"等。这些资料既包含了他对即将进入科研状态的学生们的建议与期望,也流露出他对每一个学生身心健康的关心与体贴,常常让人心安、感动。

与老师打交道,感觉到的是他真心诚意地关心着身边的每一个人。老师常说:"我这个人不会说'不'。"的确,对于朋友、学生,甚至素昧平生的人的求助,他总是有求必应,即使自己再忙,也会抽出时间。同教研室的老师因特殊原因研究无法结项,他放下手中的工作帮其完成;学生有了经济上的困难,他主动提供支持与帮助;素昧平生的文学爱好者发来邮件请教问题,他也会花上整整一个下午为其搜集资料,讲解讨论……

闲暇之余,志耕老师对各种爱好也很难说"不"。与人们对高校教师的刻板印象截然不同,志耕老师的生活丰富多彩:他喜爱曲艺,年轻时曾登台演出京剧老旦,谈话的时候更是各种相声包袱信手拈来,甚至还能模仿上一两段。虽然清瘦却精通各种体育运动,年轻时是篮球好手,如今也是学校里的乒乓球高手,他经常开玩笑说自己是"运动员出身",2019年还代表南开大学参加了全市教职工运动会。

所谓"文明其精神,野蛮其体魄",老师正是将二者有机结合,生活中的豁达与治学中的严谨是志耕老师生活的不同侧面,凝结了他对于生活和事业的热爱与期待。

"人只要追求精神生活，就是'益友'"

志耕老师常常强调人要保持独立的人格，这是他对每个学生的要求与希望，也是他在教学中遵循的基本原则。志耕老师充分尊重每个学生的不同个性，给予他们独立思考的空间，并且默默地为他们提供支持。

他真诚地希望每一个学生都可以做一个真正幸福的人。在志耕老师的眼中，学历的高低、事业的成败对人生来说不是第一重要的，家庭的温馨、家人以及自身的健康才是一个人一生最宝贵的财富。他曾说："人的最高的幸福是能够在自己感到较为舒适的位置上自得其乐，其实这也就是人生的最高成就。"对于很多学生来说，面对着学业和家庭两方面的需要，平衡它们之间的关系成为生活中的一大困扰，尤其是在进入博士研究生的学习阶段之后。志耕老师睿智的人生态度不仅给予学生很多温暖的力量，更带给他们关于人生的思考：认真而又快乐地学习、积极而又从容地生活就能够成为当下最好的自己，成为一个幸福的人。

当大家问到志耕老师对"良师益友"的看法时，他曾说："我要对自己的良知负责。我相信托尔斯泰的说法，人只要追求精神的生活，人与人之间就是彼此相爱的，就是'益友'。"而他的另一位"偶像"——康德的一句话也反复被老师提起："世界上有两件东西，仰之弥高，钻之弥坚，一个是我们头顶的星空，另一个就是我们每个人心中的道德律令。"星空代表伟大而永恒的自然，吸引着每一个人不懈地进行探索与研究；而道德律令则需要每一个人做一个有良知、有原则的人，将自己精神世界的完善作为衡量事物的不二标准，不忘初心，这才能够不随波逐流，培育健全的人格。而老师是这样说的，更是这样做的，同时也这样要求自己的学生。在志耕老师的影响下，他的学生在各个行业、各个领域辛勤耕耘，将这种对知识与精神的不懈追求传承下去。

"经师易遇，人师难遇"，关心学生精神追求，注重他们心灵成长的老师却更难得。志耕老师传递给学生的不仅是知识，更是对追求精神生活的坚持。良师难寻，益友难觅，而能够遇到志耕老师这样的良师与益友是我们每一个学生都感到无比幸运的事情，老师的人格春风化雨，滋润着我们的精神世界。

通过研究外国文学、文化观照中国的现实境遇，志耕老师自觉承担知识分子关怀社会的职责。他用数十年的辛勤努力告诉我们如何做一个文学、文化的研究者。在南开园里辛勤耕耘，志耕老师总是为学生们点亮一盏关照他们行路的灯。慈祥又严肃，谦逊又超脱，他勤勉的治学风范、刚正的人格魅力触动和影响着每个学生，让他们在学业和人生的道路上勇往直前。

文学院团委书记　晏京
文学院 2017 级比较文学与世界文学博士生　冯雨菁

潜心为学 诲人不倦
——记文学院查洪德教授

粹然学者,黾勉朴醇。卅年一日,坚白无磷。导人向学,善诱循循。鸢飞鱼跃,满座如春。

人物简介

查洪德,男,1957年生,河南内黄人。文学博士,南开大学杰出教授,文学院古代文学专业博士生导师,享受国务院特贴专家。兼任中国辽金文学学会副会长、中国元代文学学会副会长、中国古代文论学会常务理事、《文史哲》编委等。1999年获曾宪梓师范教育教师奖,2001年获全国优秀教师,2004年获全国模范教师,同年作为"河南省优秀教师代表巡回报告团"成员在全省各地作先进事迹报告,2005年调入南开大学,2014年入选教育部长江学者特聘教授。主要从事元代文学、中国古代文论研究。主持并完成国家社科基金重点项目1项,一般项目2项,代表著作有《理学背景下的元代文论与诗文》《元代诗学通论》《元代文学通论》等,《元代诗学通论》入选国家哲学社会科学成果文库,并获全国高校人文社科

优秀成果二等奖,荣获第四届全球华人国学成果奖;在《文学评论》《文学遗产》《文艺研究》等权威期刊发表学术论文百余篇,被《新华文摘》《中国社会科学论文文摘》、中国人民大学复印报刊资料、《高等学校文科学术文摘》转载、摘录的达40多篇次。在他指导的博士论文中,两篇获天津市优秀博士论文,其中一篇获全国百篇优博论文提名。培养的博士、博士后,已取得突出的学术成就:1人入选教育部青年长江学者,3人入选省级英才学者、省级有突出贡献的专家、省级学术带头人等称号,多人取得令人称道的成果,成为所在单位的学术带头人或学术骨干;累计主持包括国家社科基金重大项目在内的13项国家社科基金项目、4项教育部人文社科基金项目、6项省级社科基金项目,国家社科基金项目立项数占近些年全国元代文学研究立项数的70%强;学生成果获省级1等奖、2等奖多项。在读学生多次获评"南开十杰"、周恩来奖学金、国家奖学金、叶氏驼庵奖学金、人文科学青年学者奖等奖项。

人物风采

查老师常常提起他很早就有做一名教师的理想。1977年恢复高考,查老师作为第一届学生进入了校园,当他从安阳师范学院的前身安阳师范专科学校毕业时,有诸多就业机会可供选择。怀着成为一名教师的愿望,查老师选择了留校,如他自己所说:"受中学老师的影响,我的理想就是成为一名好老师。"查老师曾说,他早年心中的偶像有"二陶":陶行知、叶圣陶。要做陶行知那样的好老师,做叶圣陶那样的好语文老师。查老师多年耕耘在教师的岗位上,追求着当初的理想。

立志为师

查老师有着非比寻常的奋斗故事和治学之路。他回顾自己的人生经历时说:"我所有的人生坐标都指向行政,但我每次的选择都是学术。"正是矢志不渝的追求和终日乾乾的奋斗,才有了后来的成就。老师的经历和奋斗历程一直激励着学生们。

查老师踏入事业的第一步,是当年毕业分配,那时给他的选择大多是去省、地(地委行署)党政机关,但他选择了留校。他以为自己可以当教师了,但组织分配他去教务处做行政工作,且一干就是8年。行政工作的繁忙和紧张,查老师用一句话概括:假期中的星期天没有休息过。后来他决然辞去教务处的职务,到了学报编辑部。工作的前十几年,有无数次省、市机关考察、调动,他全部拒绝。查老师常常说起自己年轻时做行政工作,事情太多,极其疲惫。放不下学术,但没有时间读书。他曾幽默地说:"有人说,天才是善于利用零星时间的人。我不是天才,但我只能利用零星时间。"没有平台和条件,有的只是自己的刻苦与勤奋。在安阳师院工作二十多年,在面临重要工作变动时,查老师再次毅然放弃,认为那不是自己所长,来到了南开。来到南开,他有一种归属感,没有了杂事干扰,可以全身心读书思考了。查老师把吃饭睡觉以外的时间都用来读书写作,常常看书到深夜。据查老师的爱人说,老师每天晚上在办公室,都是门卫师傅来敲门、关灯时他才离开。由于自己早期条件的匮乏,查老师常常勉励学生要趁着年轻多读书,尤其是在校学习的几年,有着极其优越的条件,可以心无旁骛,一定要珍惜。如今老师已年逾六十,依然以勤学苦思的标准要求自己。去年《元代文学通论》出版,这是一本超过100万字的学术著作,代表了目前元代文学领域最新最重要的创获,引起了学术界和媒体的持续关注。《光明日报》刊发了著名学者陶文鹏先生的书评:"作者在书中既论述了元代文学的分期发展嬗变,指出元代文坛的风气,又研究了元代文学的各体各派,对各体裁、各时段、各地域作家的创作特色和成就做出中肯评价,是宏观、中观、微观研究的有机结合,此外,许多章节论题和观点发人所未发,具有重大学术价值。"

查老师的审慎勤奋还贯穿于他的整个教学活动中。他每年都要为学生们审核修改各种论文,既有一众学生亟待修改的期刊论文,还有几十万字的毕业论文,常年都是逐字逐句、反复修改,有时修改十数次才能敲定。

已经毕业十年的任红敏至今还保留着老师批改后的文稿,"全是密密麻麻的批注,查老师认真严谨的态度将会激励我一生,鞭策我一生"。写文章要千锤百炼,这一点,查老师的学生理解得既深刻又特别,因为其中包含了更多一层含义:一锤一炼,都倾注有老师的心血。

在查门,每年要举行四次读书会,每个学生都要介绍自己近期读书学习的情况,老师不管多忙,都会准时出席,并为学生们解疑答惑。有时刚刚入门的博士生,或已经有了理想工作的毕业生,都难免因感觉良好,而稍有懈怠,查老师也会再三叮嘱:"人一生做不成几件事,你们一定要趁着年轻多读书,充实自己。不仅要活得幸福,更要活得精彩。"业精于勤是查老师几十年治学之路的概括,也是他教导学生的核心理念。在查门,大多数学生都能三年按期毕业,这固然是学生勤奋努力的结果,更离不开查老师言传身教的影响。近年的毕业生王亚伟说道:"查老师身正学高,克己勤勉,诲人不倦,使我受益终生。"正是查老师勤勤恳恳、孜孜不倦的为学态度,以身作则,才有了学生们积极追随老师脚步,奋发向上。

以心对心

在如何教学上,查老师即使耕耘多年,也从没有因为熟稔此道而有所轻怠。因此听过老师讲课的学生大多会有这样的感觉:信息量大,且具有趣味。这些看似自然而然的课堂呈现,其实得益于长期的默默思量。学生们不会想到,查老师早年在诸如夸美纽斯、赞可夫教学论研究,叶圣陶、张志公等前辈的语文教学思想,甚至如斯霞、于漪等全国中小学教学名师的教案等方面下过功夫,这些先进的教育理念早已融入他的思想中。

作为一名老师,表达能力和教学效果息息相关。在上课时,查老师会注重观察学生,将学生表情兴奋、两眼放光、走神、眼神游离等默记于心,课下斟酌,调整讲课内容和讲课方式。故而他能抓住学生的心理,当紧张则紧张,当轻松则轻松,用明白晓畅的语言说清楚那些艰涩难懂的理论。他的课堂从来不是高谈阔论,而是深入浅出,平易亲切,常引得听众会心一笑。每年有来自全国各地的高校、文化团体邀请他去做学术讲座,不管是人才汇聚的高校,还是业余的文化团体,他都颇能掌控场面,将一场讲座的效果发挥到佳处。查老师始终认为,教学是心对心的感动,老师尽心,讲课才能入学生之心。

查老师多年开设"理学概论"和"中国诗学"等课程。看名字,就知道是特别难讲的课，但查老师却能讲得极具魅力。这些课已讲授多次，而他每次都当新课上。每次课前他都要重新阅读材料，修改课件，补充论据，并给学生们整理出翔实的阅读资料，年复一年，精益求精，追求炉火纯青的境界。此外，他还督促同学们课前认真准备，以期更有效地进行课堂讨论。当学生们在交流中面露窘色时，查老师或循循善诱，或机智巧妙地予以化解，他的课堂总是活跃而充实。

热爱教学，也注重对学生教学能力的培养，是查老师的一大特点。他常常引导学生的，不仅仅是如何读书，积累学术成果做一名学者，还有如何讲课，做一名传道授业的老师。他跟学生说："你们毕业了很可能到高校工作。你既是学者又是老师。你首先要做一个好老师，好老师当然也必须是好学者。做个好老师，其实很简单：学生在校时和你在一起感到愉快，你的课他喜欢上，你的话他愿意听，毕业多年还会想念你。"他也经常将多年来的讲课经验与学生分享，要求学生细心揣摩。他说："讲课必须明确是讲给谁听。到什么山上唱什么歌，对象不同，讲课（讲话）的语言、方式也不同，不仅深浅详略不同，甚至语气节奏都应该不同。不考虑对象，讲课（讲话）只能失败……会议上的发言，要做好准备，不仅准备讲什么，还要准备怎么讲，有时候怎么讲可能更重要。想好如何表达，万不能使人如坠云山之中。"每次的读书会也成了训练契机，让学生多注重发言技巧，认真思考，锻炼自己的演说能力。

既是严师，又是慈父。在和学生的交往中，查老师和蔼可亲，从来不说重话，每次看见学生都亲切微笑，无论是学术还是生活，他对待学生都是有名的"有求必应"。刘嘉伟是查老师在南开的第一个研究生，提起老师指导自己硕士论文的经历，他印象深刻："我的硕士论文以元代诗人迺贤为研究对象，当我检索各种论著文献，所得七零八落之时，导师把我叫到办公室，递了一个文件袋，说'这是我写《辽金元文学研究》时搜集的资料，你拿去用吧'。"刘嘉伟小心地打开，看到里面全是迺贤研究的论著复印件，竟然还包括了报纸上的文化随笔，学术会议上提交的未刊稿，老师自己整理的研究综述稿。顿觉一种说不出的感动与鼓励涌上心头。查老师正是以自己的方式表达着对学生细致的关爱。在读博士生梁建功深有感触地说："跟随老师的这几年，我最大的感受是春风化雨、润物无声。这种感受我觉得更多的是来自老师对待学生的一颗真诚与平和的心。"故而学生们常以朱光庭见程颢如坐春风的故事比之，感慨老师的和蔼温厚。

经年的杏坛讲学和学术耕耘，查老师可谓是硕果累结。面对别人的称赞时，他总是谦虚地说："我的荣誉都是学生带给我的。"他为他的学生而自豪，因此也常常兴奋地向别人夸耀："我的一个学生，33 岁就做了教授……去年我的学生有 4 人申请到了国家社科基金项目，今年虽然只有 2 个国家社科，1 个教育部社科基金项目，但是占到了元代文学方向的百分之百……"执教三十余载，查老师招收的博士、博士后、硕士已有 40 余人。学生的成就，离不开老师的培育。查老师的工作理念，如他自己所说："在高校工作，一个人不管有多少身份，第一身份永远是老师。不管你要应对多少方面的需要，学生的需要，永远应该放在第一位。"这是查老师多年教学生涯的真实写照。

深耕厚学

查老师学术视野宽广，见解独到，常能一针见血地指出问题所在。他早年译注的《近思录》至今重印了近二十次，他的《元代诗学通论》入选国家社科基金文库（并荣获教育部第八届优秀成果奖、第四届全球华人国学成果奖），他的新著《元代文学通论》一出版就在媒体和学术界产生了持续且强烈的反响，连续登上《光明日报》"光明书榜"和《中华读书报》"月度好书榜"。《中华读书报》发表了一篇一万多字对他的专访，公众号推出后，一天阅读量达三千多次。他以自己切实的研究改变了元代文学研究的面貌，刷新了人们对元代文学的认识。凡此种种，均反映了他独到的学术精神和治学方法。

查老师谈到自己的治学体会时说："20 世纪元代文学研究得出的不少结论，是按照某种先验观念推论出来的，不符合历史的真实，其中一些影响至今。面对这样的问题，今天的我们，应该以求真的精神、下深细的功夫，依据历史文献，做出客观的判断。秉持求真的精神，不少以往深信不疑的成说，应被重新审视或推翻。"比如说元曲的主题是反传统、反封建，元曲家是"浪子文人""市井文人"，丧失了士人品格，这些都不符合文学史的实际。元代文学的整体价值应重新审视。

老师平时给学生说得最多的，是学术求真的重要性。查老师深耕元代文学数十年，他的学术研究从不刻意求新，而是以客观的态度追求文学史的真实。他叮嘱自己的学生，做学问应以求真务实为理念，具有独立的思考能力，不盲从书本和权威，人云亦云，要依据文献，做出自己的判断。

他说"做学问也许不需要特别大的本事，但需要老实"，要从原始文献入手，一切从文献中来，要像警察破案那样"回到第一现场"，做出尽量客观的判断，破除那些不符合文学史实际的、不客观的，甚至本身不能成立的成说。何谓"客观"，查老师谨慎地表示："如何客观评价，却不是一件容易的事，甚至说是很艰难的事。这就需要奠定求真的决心，拿出求真的勇气，下足求真的功夫，追求文学史的真实。""虽然学术求真永远不可能重现历史真实，但是学者仍应尽己所能无限地接近历史的真相。"老师的心得恳切朴实，但却精准深刻，为学生的治学道路奠定了坚实的基础。

关于读书，查老师有几点重要思考，常令大家颇受启发。首先是读书门径，老师对"系统读书"有自己的解释：所谓系统，有"书的系统"，有"我的系统"，研究生读书必须建立"我的系统"。既要读人人皆读之书，又要读人所不读之书，开辟自己独特的研究领域，形成自己的学术个性。其次，读书时如何理解也很重要。查老师提到，研究古代文学，应把握古人思路。这个问题对现在的人来说，是一个难题。古人的思维圆融无碍，原是活泼泼的，今人有时生解、硬解古人，把"活蛇"弄死，原因是不了解中国思维。查老师指出"研究中国文学而不了解中国思维，总是隔一层，就只能是自说自话，与古人无关"，希望学生博闻广识，了解古人的思维方式。此外，老师还告诫学生在读书时须怀谨慎谦和之心，以平和心态对待学术。研究生是读书的，读了书，思考问题，有问题需要解决，为解决问题写论文，写了论文，解决了问题，达到研究生毕业的要求，具备了学术研究的能力，拿到了学位。这是水到渠成。如果反过来，为拿学位写论文，为写论文去读书，那就把学问做倒了，那就有可能走捷径，急功近利，弄虚作假，学术将不胜其弊。不仅做不好学术，还坏了心性。以上种种是老师深耕厚学几十年的治学心得，也是老师对学生耳提面命的真诚告诫，值得我们涵泳咀嚼。

为人师富有人格魅力和敬业精神，为学者追求泓涵演迤与精益求精，这是查老师的人生旨趣，也于无形中影响着学生们。而正是这种潜移默化的塑造，构成了薪火相传的力量。

文学院团委书记　晏京
文学院 2018 级中国古代文学专业博士生　宋万鸣

第二部分
精研学问无遗力　更待雏凤放清声

　　陆放翁在冬夜里沉醉于书山文海，将"古人学问遗无力"的感慨成诗送给儿子，深情而富有哲理。李义山则在看到后辈才思敏捷时坚信"雏凤清于老凤声"。这些句子中看到的是治学为人的孜孜不倦，更看到鼓舞后辈的满心热切。南开的老师们也是如此，他们投身学海便一生勤恳，倾心教育从此兢兢业业，为国育才坚定公能日新，学生为本素来求新求变；他们在自己的学科领域中奋力攀登，以求科研报国、激励后辈；他们在立德树人中师范以行，只为学人进益、成材柱天。在这一篇章中，我们将一起领略南开师者业精于勤、潜心学术、致力于教育事业的敬业精神。

明路程师　育人育心
——记计算机学院程明明教授

他开放包容，充分赋予学生自主选择科研道路的自由；他乐于分享，常以自身经历潜移默化地影响学生；他育人育心，是学生人生中的指路明灯。他给计算机赋予视觉，也给学生开阔视野。

人物简介

程明明，1985 年生。2012 年在清华大学获得博士学位，之后在英国牛津大学从事计算机视觉研究，并于 2014 年回国任教，现为南开大学教授、计算机系主任，国家"万人计划"青拔、"优青"获得者。他的主要研究方向是计算机视觉和计算机图形学，在图像场景理解方面取得了多项具有国际影响力的创新性成果，有效地解决了视觉显著性物体检测、候选物体快速生成，以及智能分析与交互技术中的若干关键问题。在相关领域顶级（CCF A 类）国际期刊和会议上发表学术论文 50 余篇。相关研究成果受到了国内外同行的广泛关注与认

可，论文 Google Scholar 引用 20000 余次，一作论文单篇最高引用 3800 余次，入选 Elsevier 2016—2020 中国高被引学者榜单。其显著性物体分割技术被应用于华为公司旗舰手机，为华为产品的智能拍照效果提供了支持，并在华为 Mate10 发布会上展示。多项技术被普林斯顿大学、布朗大学等国际著名大学的图形学和视觉课程列为课程内容。研究成果被英国 BBC、德国《明镜周刊》、美国《赫芬顿邮报》等国际媒体撰文报道。

人物风采

程明明老师开放包容，充分赋予学生自主选择科研道路的自由；他乐于分享，常以自身经历潜移默化地影响学生；他育人育心，是学生人生中的指路明灯。在科研上，他给计算机赋予视觉；在教书育人上，他给学生开阔视野。

机会只留给有准备的人

程老师勤于科研，有着严谨求实的科研作风以及开拓创新的科研精神。他以科研报国为目标，也以培养一流科研人才为己任。程老师很多时候都在办公室里与学生讨论学术问题，经常错过午饭时间，学生们很心疼，而他却认为辅导学生更重要。不管工作日还是节假日，每天晚上直到十点多，他的办公室仍然亮着灯光。

"机会往往只留给有准备的人"，他经常教导学生做科研一定要紧跟科技发展前沿，时刻做好准备，并且要打破常规，做出创新点。他经常说，做实验的时间是有限的，人的精力也是有限的，除了努力做实验，还是要抽时间好好想想所研

究内容的问题在哪、如何提出解决思路，设计出好的实验。

多年来，程老师身兼多职，却从不吝惜时间指导学生。对于学生们的科研工作，他十分关心，总是希望可以为同学们做更多，为同学们创造更好的学术交流平台。程老师经常不厌其烦地指导学生反复修改论文，连英文单词用法都会细细斟酌，并且还积极鼓励学生到国际顶尖学府继续深造，成为具有国际化视野的计算机领域研究学者。他致力于为学生创建纯粹的学术氛围，专注于研究学术难点，成为学生科研道路上的引路人。

机会只留给有准备的人，程老师不辞辛劳地帮助学生夯实基础，做足准备。他相信在中国由计算机大国向计算机强国迈进的时代下，要做足准备，修炼自身，才能把握住大时代下千千万万的机会，所以当下他带着学生们不懈奋斗着！

学生强则国强

全世界最大的网络支付市场，在中国。

全世界速度最快的超级计算机，在中国。

全世界正在建设的最大量子计算研究中心，在中国。

一个个标志性工程的实现，正在助力中国朝着世界人工智能领域全球领跑者的目标阔步前进。

"我们赶上了好时代，参与和见证着中国人工智能研究不断攀登。但国家科技的发展、赶超，不是一代人能完成的。真正领跑全球的目标，要在同学们这一代的手里实现。"程老师说，"教书育人是教师的天职。我要努力教，大家要努力学。只有这样，才能为同学们将来承担重任积蓄充足的力量。"在多年的教学生涯中，他默默耕耘，用心指导一批批优秀的学生。

让学生从喜爱科研到具有优秀的科研能力，是他践行"学生强则国强"信念的实践。程老师十分注重对学生科研兴趣的培养。除了实验室日常的课题讨论和组会之外，还会定期进行全组讨论，就学生近期的科研进展和科研体会进行分享和交流，激发大家的新想法。

程老师也会和同学们分享自己的一些成长体会。一次分享会上，程老师聊起他在英国做研究的亲身经历，用自己对科研的热爱感染着学生，用自己的行动为同学做引领示范。在他不断的引导和启发下，学生们对科研越发向往和痴心。

除了培养学生科研兴趣，程老师还非常注重培养学生综合能力。"一名顶尖的科研工作者，仅仅会做实验是远远不够的，必须具备创新能力、专注能力和沟通能力。"他通过建立实验室日常制度，促进学生交流讨论，培养学生研究兴趣，帮助学生在科研道路上走得更加有力。他常说："兴趣是可以培养的。"他不断摸索并改善培养学生的方法，"导师应该和学生讨论，共同摸索，寻找科研中的制高点"。程老师一直认为，"共同摸索"是很重要的，导师不能简单地把任务扔给学生，让学生独自摸索，而是需要多和学生交流讨论找到解决科研问题的方法。通过这种合作式探索，帮助学生提高科研技能，培养科学、高效的科研习惯。

"领跑者必须有超越平凡的能力、素养和品质。我们要培养的，是未来能承担重任的栋梁。因为，只有同学们未来强大了，国家才能更强大。"

亦师亦友，一路随行

在生活中，程老师将自己定位为一个"引导者"和"辅助者"：在学生困惑的时候给予引导，在学生脆弱的时候给予支持。他会主动找学生谈心，关心学生的生活和心理，并给予必要的帮助。不管公务多忙，科研任务多繁重，程老师都会从生活中的点点滴滴，来教导学生做人的道理。比如，教育学生们无论何时都要替他人着想，只有这样未来的路才能日益宽广。

他常常给同学们讲述自己的人生经历，以及从中感悟出的做人做事的道理。这当中传递出的真诚，这种言传身教的教学理念，就像春雨绵绵、润物无声，潜移默化地影响着同学们。在生活中，程老师褪去了老师的角色，平易近人，和同学们打成一片。他经常带着学生们一起锻炼，有时打打羽毛球，有时一起跑步。为了鼓励同学们多参加体育活动，程老师经常带头组织大家一起参加学院一年一度的羽毛球比赛。良好的师生关系，使得实验室团队更有凝聚力，更有战斗力，取得的科研成果也更加丰硕。"得天下英才而教育之"，老师与学生相互融合、交流探讨、教学相长的师生关系应该是最高境界，也是程老师一直在追求的。

程老师不仅关注学生们的学业、身体，同样也关注学生们的心理健康。曾经有位刚刚入学的研究生新生，由于对学习和工作环境的转变颇感不适，内心产生了深深的迷茫。程老师发现后便多次找他面谈，鼓励他，为他提供了许多符合其兴趣、适合其能力的课题，在比较短的时间内就带领该生重树信心。以情动情,将心换心,程老师总是站在学生的角度去分析问题、解决问题,学生也打心底里感激他。对于承担社会工作的学生,程老师也赞赏有加。"双肩挑很锻炼人,但一定要协调好时间,努力把两方面事情都做好,我们鼓励学生全面发展。"他支持学生的选择,鼓励学生发现自己的兴趣。儒雅的学者,严慈的良师,体贴的学长,真挚的朋友。他为同学们解答的不仅是知识之惑,更有人生之惑。所谓的因材施教,便是如此。

程老师不仅是在学习、科研上谆谆教导学生的好教师,更是在生活中体贴、关心学生的好导师。一切的一切,只是因为程老师不仅仅把学生当作学生,更把学生看作自己的家人。从学生的角度思考学生的人生,这是程老师为人师表的根本出发点。他用每一个行动,真切诠释了"良师益友"的含义。他坦言,正如"良师益友"评选的活动所表明的,作为老师,是有两种身份的——良师和益友。只有这两种身份都做好了,同学才会发自内心地认同老师。同学们投票选出的奖项含金量最高,同学们的认可就是对老师最大的褒奖。对于他来说,当选为"良师益友"既是对自己科研生涯的总结,也是对以后科研工作的鞭策。

程老师高瞻远瞩的目光、心系科技发展的情怀,令学生们敬服;他对待学术专注严谨、一丝不苟的态度,是学生们学习的榜样;他对学生的关心照拂、温和细致,令人感动。他的一举一动,一言一行,无不深深感染、影响、温暖着每一位学生。他用实际行动,向我们展现着"良师益友"的真谛。一生之中,能够遇到的无论是严师还是慈父,都是一种幸运;一生之中,能够遇到的既是良师又是益友,更是一种幸福。

计算机学院 2020 级计算机科学与技术专业博士生　高尚华
计算机学院 2016 级计算机科学与技术专业博士生　刘云

满园桃李皆赞"郝" 独有温情育人心
——记商学院郝臣副教授

三尺讲台,他谆谆如父语,殷殷似友亲,传道授业解疑惑;十年为师,他俯首苦耕耘,一心谋治理,不忘初心勤钻研。播雨耕云,他桃李吐芬芳,教德如润雨,语重心长育栋梁;呕心沥血,他妙笔频生花,处北斗之尊,志将治理谱华章。

人物简介

郝臣,1978年出生,汉族,黑龙江大庆人,中国共产党党员。2007年获得南开大学博士学位,同年起在南开大学商学院财务管理系、中国公司治理研究院任教至今。这期间他潜心保险公司治理领域,先后发表了100余篇学术论文,主持了多项国家级和省部级课题,独著国内第一本保险公司治理领域的学术著作《中国保险公司治理研究》,还出版了《保险公司治理对绩效影响实证研究》《治理的微观、中观与宏观》《公司治理手册》《国有控股金融机构治理研究》《中国保险公司治理发展报告》等著作。他带领团队提出并界定保险公司治理学这一公司治理学分支学科的内涵及该学科的研究对象、内容和方法,编写国内保险公

司治理领域首本教材,是保险公司治理领域重要的突破者和领军人。他的研究成果先后获教育部高等学校科学研究优秀成果奖(人文社会科学)二等奖,天津市社会科学优秀成果一等奖,中国企业改革发展优秀成果一等奖、二等奖等。主编《现代企业学》《商学导论》《保险公司治理》等教材,他也是国家精品课《公司治理》教学团队的核心成员。指导各类研究生 139 人,学生所获奖励和荣誉颇丰。其中,获研究生周恩来奖学金 1 人,获国家奖学金 4 人,获南开优秀硕士论文 4 人,获远东宏信奖学金 2 人,获浦发励志奖学金 2 人,获一等奖学金 3 人,获二等奖学金 14 人,获三等奖学金 4 人;获三好学生称号 13 人,获优秀生生干部称号 7 人,获优秀毕业生称号 8 人,获优秀党员称号 6 人;第九届挑战杯大学生创业大赛全国金奖 1 人,第十届挑战杯大学生创业大赛全国铜奖 1 人等。

人物风采

求学于南开,执教于南开,从青涩学子到学界"男神",郝臣与南开共积淀、同成长。尽数十余载,他育才修己实为典范。课堂教学深入浅出、趣味学术双向把控,科研指导一丝不苟、思想词句力求精到;领域研究严谨专注、公司治理深耕不辍,研究内容紧跟前沿、不断进取锐意开拓。他是郝臣,是郝老师,更是"好"老师。

慷慨付出——他把最暖的爱传递给学生

在每年研究生综合导师双向选择中,郝老师总是热门人选之一,甚至有的考生从得知自己被录取的那一刻就开始盼望能成为他的学生。在寻找毕业论文或者科研项目的指导老师时,郝老师也是很多学生心中的

"首选"。同学们私底下经常说:"如果不提前联系郝老师,郝老师就被别的同学选走啦。"这皆是因为他爱学生,教学、科研和生活中弥漫着郝老师特有的爱。

幽默风趣做好教学,舞台表演更添魅力。郝臣每学年都超额数倍完成基本教学工作量要求,且为了教学效果,往往把大课分解为小班授课。课前课后付出更多的精力努力,只为能够有效提高学生的听课效率。"上课不但需要脑力,还需要好的体力。"他经常开玩笑说,"每一堂课都是老师的舞台,学生就是观众,一定把戏演好。"他的讲授总是深入浅出,鞭辟入里,从实际案例出发,让学生们不必困惑于抽象的概念,而能在轻松的氛围中学到知识。郝臣从教十年先后为本科生讲授商学导论、财务管理和公司治理等课程,据教科办统计有67个班次、5053名同学修过郝臣的课程;为多个专业25个班次、926名研究生讲授公司财务、金融机构治理研究和金融市场与理财工具等课程。

严谨细致勤于指导,尽心尽力做好科研。每周五晚上是固定的小组研讨时间,郝臣会让学生上台做论文进展汇报,其他同学提意见做点评,他再进行最后的总结和点评。他辅导过的一名学生说:"每周五晚上都是我们快速充电的时间,郝老师总是听得很认真,点评得很专业,也让我们听到了更多的见解,修改论文的时候根本不愁没有思路。"这样的教学方式让学生在汇报和点评的过程中都学到了知识、增加了自信。此外,即使是深夜或者假期,郝臣也会及时将修改意见回复给学生,避免影响论文的再次修改。

真诚主动关心学生,全面解答各种困惑。在郝臣心里,自己带的不仅是一群热爱科研的学生,还是一群尚未步入社会的孩子,他总是尽己所能为每一位学生解答生活或者学习中的困惑,并适时提供必要的帮助。曾有新生向郝老师诉说自己进入大学以来遇到的困惑,他耐心劝解,鼓励学生多与家长和朋友沟通、迈出大学校园里许多个"第一步"。也有毕业生站在求学和就业的人生岔路口上向他寻求帮助,郝老师结合自己的人生阅历,带着对学生的关怀和期待,总能给予人最温暖的支持。本科生遇到人际、读研、就业问题会找他,研究生遇到同样的问题也会向他诉说。他经常在午饭时间、午休时间捧着手机回复消息,帮同学们疏导心理,或者提出建议。"在家里遇到事情我经常向爸爸求助,但是在学校,我问的最多的是郝老师,他总是愿意帮助每一个学生,无论我们遇到了大问题还是小问题。"郝老师的一位学生感慨。

严谨求实——他把最实的学识教授给学生

很多校外优秀学生参加商学院保研即是慕"好老师"之名而来,想跟着这么一位乐观有趣、平易近人的老师学习,也许多半是期待科研之路不那么枯燥。但当他们真正开始看文献、写论文,就发现"好老师"变"坏"了——他不再微笑着和同学们互相调侃,而是不留情面地逐字逐句指出他们的错误之处,并给出相应的修改意见。第一次修改论文的时候,有几个学生觉得自己被"好老师"和善的外表和风趣的课堂给欺骗了。

无论是毕业论文还是学年论文,郝臣都坚持高标准严要求,提倡学生通过阅读大量期刊,结合团队研究的大方向,从中选择自己感兴趣的研究课题。他不断引导学生自主制定研究思路和大纲,再针对性地进行深度辅导。郝臣经常说:"授之以鱼,不如授之以渔。"对于学生来说,在写论文的过程中掌握科研的基本流程和方法才是最重要的,不能为了写论文而写论文,要有自己的思想、自己的思路和自己的方法。

论文修改是郝臣的学生最受"折磨"的事情。他要求研究生的毕业论文要修改十到二十次才可以参加最后的答辩,正式答辩之前还要在团队内部进行预答辩,直至论文从内容到形式符合团队的"内部标准"为止。即使是对本科生毕业论文的指导,郝臣也从没有降低对学生的要求,从立意选题、阅读文献,到构造框架、收集数据,再到分析结果、初步成文,最后到修改润色、成稿定型,每一个步骤都紧抓落实,决不允许有马虎、钻空子的情况出现。

对于郝臣的一系列严格要求,学生们头疼是真头疼,但成长也是真的迅速。经他指导的一些本科毕业论文常被答辩老师称赞是"准硕士学位论文",学生在本科毕业之际就基本掌握了科研的基础方法,可以按照自己的方法、方式研究自己感兴趣的领域,并得出一定的成果。研究生在第一学年的科研水平就会有质的提升,在进行毕业论文设计的时候,更是创新不断、质量卓越。甚至有只打算读硕士的同学,经过"好老师"的"锻造",决心继续读博士,走科研之路。

郝臣在教学过程中,把"松"和"紧"运用得恰到好处。教学质量、科研水平保证一流,教授方式、课堂状态保证舒适,乐中有学,严中有学,学中有乐,学中有严,学生获得了良师,也获得了知识,更获得了使其受益一生的思考方式和处事态度。

亦师亦友——他是当之无愧的灵魂工程师

郝臣始终将"传道，授业，解惑"作为教学工作的首要任务，并将价值观的塑造和专业知识的讲授有机结合在一起，引导学生树立正确价值观。他在学生中的影响力并不仅仅局限于在校生，很多学生在毕业后多年仍不断受益于他的教诲。毫不夸张地说，在郝臣的学生心中，他一直都是"男神"般的存在。

郝臣始终坚持"宽以待人，严以治学"，他关心每一位学生的成长和发展，但决不允许自己或者任何一位同学在科研中存在侥幸心理。他的这种态度对学生有着潜移默化的影响——无论是在校生还是毕业生，无论毕业后是继续深造还是参加工作，他的学生们都秉承这一理念，勇敢地迎接生活中的机遇和挑战。一位已经就业数年的学生至今仍十分感谢自己遇到一个"好老师"："研究生以前我都不是一个追求极致的人，但好老师一直都告诉我，做科研、做事，要做，就尽全力做到最好。如果不是郝老师的告诫，也许，我现在仍然在一个平凡的岗位上过着极其平庸的生活。"

郝老师指导的学生涵盖本科生、科学硕士和专业硕士(包括 EMBA、MBA、MPAcc、MEM 和 MV 等)。为了和学生们更好地进行交流，他建立了"郝团队"微信群。他时常在群里分享团队近期的学术研究成果，也时常与就职于不同工作岗位的学生讨论专业性问题，鼓励大家多学习、勤思考。除此之外，郝臣还经常和学生们分享与团队研究方向相关的新闻时事，并与已经工作的学生结合自己的所见所感进行讨论，一起交流思想，群里的研究氛围非常浓郁。神奇的事情是：即使大部分人已经在不同的岗位上有所成就，这个群还是很像一个学生学习群，准确来说，比学生在学习群的讨论还要细致、广泛、认真。"当我看到郝老师新的消息，我就明白，我还有很大的学习空间，我还需要一直学习下去。"一位已经就职于金融行业的学生深有感触，"在这个群里，我不仅学习到了这个行业的知识，还同时了解了不同行业的新发展，这让我觉得很充实，和老师、同学的交流让我有一种回到研究生课堂的感觉。"

有学生答辩通过、顺利就业等的好消息，郝臣也会在群里带领大家送去祝福。郝臣曾说"希望郝团队能够在南开大学 100 周年校庆之时突破百人大关"，哪知老师太受欢迎，提前一年多便已达成目标。目前郝团队成员已经 139 人，如果算上指导的本科生学年论文 54 人和毕业论文 111 人，郝团队正在朝着 400 人的大团队发展。

在谈到教师这个职业时，郝老师曾说："教师是最快乐的职业，因为教师天天和学生在一起，受到学生的尊敬；和学生像朋友一样相处，自己也能保持年轻的心态。"郝臣老师用他慷慨付出的精神，博得了学生的敬重与喜爱，用他严谨求实的态度，培养出莘莘学子。

教学中，郝老师锐意创新，生动的教学方式让学生不仅学到知识并且感受到学习的乐趣，拥有着大批"粉丝"。生活中，郝老师关爱每一位学生，与学生一起玩耍，一起成长，造就了专属于郝老师的"独有温情"。科研中，郝老师细致严谨，潜心领域钻研，也严格要求学生，与学生共同进步，一起探索研究的奥秘。

他是良师，也是益友。传道，授业，解惑，他毫不吝啬地将自己的学识、见解和生活体验传授给每一个学生，是当之无愧的好老师！

商学院学工办主任　卢彤菲
商学院 2015 级企业管理专业硕士生　崔光耀

潜精研思　亦师亦友
——记数学科学学院江一鸣教授

循循善诱、深入浅出，带领学生走进数学世界；钻坚研微、精进不休，保持初心攀登知识顶峰；温文尔雅、春风化雨，培育英才奔向美好未来。

人物简介

江一鸣，男，安徽潜山人，现为南开大学数学学院教授、博士生导师，数理金融与精算科学系主任。1999年保送南开大学数学试点班（陈省身班，现为伯苓班），主要研究方向为概率论与随机过程、随机偏微分方程及其在金融中的应用。现已主持国家自然基金3项，教育部基金1项，横向科技项目1项，包括几类随机（偏）微分方程的理论性质与参数估计、几类噪声驱动的SPDE及其应用、Levy过程和自相似过程驱动的随机偏微分方程、分式噪声与Levy过程驱动的几类SPDE的研究。此外，参与国家自然科学基金2项，教育部重大项目1项，包括典型类随机过程的现代理论研究及其在信用风险中的应用、超过程及相关SPDE的研究、金融信用风险和保险风险的量化研究，已正式发表SCI国际论

文 21 篇。曾为英国牛津大学访问学者（2013 年—2014 年）。

人物风采

作为一名潜心钻研的数学学者，也作为教育工作者，江一鸣老师始终牢记初心，保持着对数学的热爱，保持着从不间断的探索学习。在多年的执教生涯中，江老师扮演着亦师亦友的角色，培育了一批批优秀的学子，在各行各业发光发热。

严谨治学　倾囊相授

江老师自留校以来，执教数学学院从本科生到研究生的诸多课程。针对不同的课程以及不同年级的授课学生，江老师会选择不同的授课方式。

对于本科生的概率论课程，江老师注重课堂教授，尽量在课堂上通过浅显易懂的举例，让学生们深入理解理论知识，指引学生做到举一反三，融入实际。同时在课堂上，江老师特别注重与学生的沟通交流，充分表现出"以学生为主体"的教学理念。为了加强与学生的联系，江老师会采取一对一交流的方式，针对性地了解每位学生，并在教学过程中不断创新，达到良好的教学效果。此外，江老师还时常为同学们推荐一些好书、教授一些查阅文献的方法，鼓励学生从小问题出发，多思考，多延伸，不断激发和增强学生对学科的兴趣和热爱。

对于研究生的随机偏微分方程课程，江老师更加注重学生的自我学习与小组讨论。江老师提到，对于研究生学生而言，更为重要的是提升对科研的

热爱与自我学习能力，同样的，课题组学生之间的讨论交流也极为重要，同学之间可以更好地针对学术问题进行讨论，指出对方的不足之处并进行解决。

不仅如此，在课堂教学以外，江老师还利用互联网媒介进行网络授课，录制公开课视频，例如随机分析的视频课程。江老师说："录制这一视频课程主要是为了让不同专业背景的人能够理解抽象的数学概念，虽然随机分析的理论性和专业性都比较强，但作为金融等领域的基础课程，其实这门课并没有想象中的晦涩难懂，我希望通过条理清晰的讲解帮助大家理解，让大家对这门所谓高深莫测的课程有直观的了解。"江老师身先士卒，勇于创新，紧跟时代发展的脚步，进行创新性教学，他的努力也得到了极好的反馈。一位学习过随机分析视频课程的同学说："在本科大四的下学期，我偶然有幸在网络上听到了江老师的网课，当时便被这样一位平易近人、逻辑清晰、思维敏捷，教学深入浅出、循序渐进的年轻老师所吸引，也让我对随机分析有了更加深入的理解。"

江老师通过丰富的教学形式，提高了学生对数学知识的兴趣，增强了学生对数学科研的信念，成为很多学生数学学习道路上的引路人。

此外，江老师对学生的学习有着严格的标准。"基础没打牢，不要妄想再进一步"是江老师时常挂在嘴边的话。江老师非常注重学生对于基础知识的学习，要求学生在学习过程中，对每一个看到的定理、证明、甚至是习题，都要做到烂熟于心。江老师常常告诫自己的研究生："为学先为人，做学问必须踏踏实实，不能浮躁，不能急功近利，更不能违反科学道德，还要注意方式方法，认真钻研，更要不耻下问，将'求'与'问'落到实处。"

除去稳扎稳打的基础学习，江老师也会时常鼓励学生对感兴趣的课题项目加以研究，通过竞赛和课题的研究学习，可以达到锻炼学生自身科研能力的目的。江老师指导学生参与"百项""国创"等科研项目，参加数学竞赛、建模竞赛，在江老师的帮助下，学生们屡获奖项。在本科教学期间，江老师曾指导学生正式发表论文三篇。

潜心科研　一丝不苟

江老师的一位研究生曾说过："江老师本身就是一个很好的榜样，其生活科研热情令我敬畏。"江老师常说："时间就是财富，充分利用时间，能学到许多别人没有时间学到的东西。不要把时间浪费在一些不重要的娱乐活动上，不要受到太多外界的诱惑，还是要潜心在学习上，把时间用在真正值得的事情上。"江老师潜心从事科研工作，周末和节假日几乎从未休息过，每天八点就到办公室一直工作到晚上。江老师勤勉的工作态度、渊博的学识和强大的人格魅力感染着身边的每一个人。在繁忙的工作之余，江老师常常通过打羽毛球来强身健体，锻炼良好的体魄，保持健康的身体。江老师的生活科研热情体现在点点滴滴的小事中，这或许源于其内心强大的驱动力。

江老师之所以如此年轻有为、学术有成，正是由于他的天赋加勤奋。从参加数学竞赛保送到南开试点班，再到南开数学系直博并用四年时间提前博士毕业，他的聪慧天资令人惊叹，而他的勤奋却更值得我们每一个人学习。正如古人云"勤览经典，以自新益"，江老师从不消闲享受寒暑假及节日，是真正实践了用别人喝咖啡的时间来读书学习的人。

在科研工作中，江老师始终保持谦虚严谨的学习心态，不断提升自己。在条件允许的情况下，江老师每年都要参加学术交流活动，了解学科前沿发展，与他人交流，不断丰富自己的知识，和他人学习探讨，在交流中碰撞思维的火花。

江老师在学术方面的特色还在于敢于质疑、敢于拓展、敢于从零开始，江老师的思维敏锐性和对相关问题举一反三的能力更是令大家折服。江老师常说："人与人之间的最大差别不是智商而是思维，而思维是可以培养的。对一个问题，有了正确的思维方式和方法，问题就解决了一半。"

平易近人　循循善诱

江老师对学生的教导不仅仅停留在传授严谨的理论知识层面，在学习生活中，学生们都把江老师当作阅历丰富的朋友，互相倾诉，互相讨论。

对于一些基础薄弱的学生或是语言不通的留学生,江老师会耐心教导，循循善诱，并时常通过微信、邮件等与学生多加交流、沟通。江老师常说："作为老师，如果能够为学生做一些事情，提供一些帮助，我个人认为是非常快乐的。"无论何时，只要学生有需要，江老师都会耐心细致地给予指导，尽心尽力地帮助学生。一位曾经有幸被江老师指导过本科毕业论文的学生说："在整个论文完成的过程中，从选题到搜集资料，从阅读文献到写作，每一步江老师都会认认真真地给予指导，还会时常关注论文的进度，当发现停滞不前时，一定会在繁忙的工作当中抽出时间和学生好好聊聊，搞清楚学生的困惑，并给出行之有效的建议，这些建议总会使学生有一种豁然开朗的感觉。"

对于研究生学生，江老师会在每周一次的讨论班让学生轮流报告学习进度和近期学习心得，提出许多在汇报过程中学生没有注意到的问题，其主要目的正是让学生学会发现问题，引导学生自主解决问题，同时还会引导学生考虑一个问题是否还有其他更好的解决方法，逐步培养学生的创新思维和举一反三的能力。与此同时，江老师会采用鼓励和批评相结合的教育方式，让学生在悲观的时候感受到被支持的力量，在懈怠的时候感受到肩上的责任。江老师经常对学生说："失去兴趣的学习是痛苦的。"因此，江老师从来不会在学业上对学生施加紧迫的压力，而是循序渐进地引导学生，激发学生对学习的兴趣，从而使他们更快地投入学习。江老师认为，研究生的学习要重基础，一定要把基础打好，在此基础上才能学到真本事，掌握真正有用的知识。只要有一技之长，不论是以后继续做研究，还是投入社会工作中，都会有自己的立足之地。江老师还经常教导学生："要做一个有远见的人，不能只图一时之乐而荒废了在学校学习的大好时光，现在能学到的都是自己的，要好好珍惜还在学校的日子，多学多看书。以后不论在哪里，做什么事，都有自己的资本。"

在学习之余，江老师会时常主动关心学生的生活情况，每天来来往往和老师打招呼的学生有很多，老师都会亲切地回应和交流。有学生身体不适，江老师知道后一连几天都在询问他的情况，让学生在学校里感受到了家人般的关怀。

不仅仅是一位严肃的老师，作为学生的朋友，江老师具有独特的人格魅力，为人亲和，亦师亦友，亦兄亦友，经常关注学生的思想动态和生活状况，以平等、开放的心态去面对学生，帮助学生分析各种问题，坦诚交流，无微不至。对于很多刚刚从本科升入研究生阶段的同学，他们在这个阶段会面临很大的迷茫与不适应，对新环境的不习惯、对新的学习方式的不适应，这会让他们有一种无助感，而江老师会针对每个学生不同的性格特点、学习特点，进行有针对性的分析与指导，让学生能够沉下心来做好自己当下的事情，有继续坚持下去的勇气，并为他们提供一些适合当下学习的建议，提醒他们想好自己未来的方向，明确目标，为之奋斗。很多时候，这些内心没有明确目标的同学，在与江老师交流之后，会对自己的学习方向有一个较为清晰的目标。江老师总是会用他自身的经验，为同学们规避一些曲折的道路方向，希望学生可以走得更远，走得更稳，希望每一个学生都能有美好的未来。每每看到毕业生们都有了自己优秀的未来，江老师总是会在心里为他们感到开心，为他们祝福。

  江老师切实做到了言传身教、诲人不倦，学生们也用自己脚踏实地的学习来回报老师的付出。从事各行各业的学生是江老师最为欣慰的成就，自任教起，江老师共指导硕士研究生 36 名、博士研究生 4 名，已经毕业的学生们处在不同行业的不同岗位：有继续深造的学生，也有从事风险管理的证券工作者；有致力于信息技术研发的工程师，也有从事教育行业的高中教师。他们每个人都很感谢江老师的谆谆教导。

  江老师是潜心科研、认真严谨的教授，也是平易近人、循循善诱的引路人，江老师尽力传授给每一个学生丰富的知识和做人做事的道理，用他自己的努力帮助学生走向更为灿烂光明的未来。

数学科学学院团委书记 贾 盛
数学科学学院 2018 级概率论与数理统计专业硕士生 田 洋

笃行求索　经邦济世
——记经济学院李磊教授

笃学求索，兢兢业业。踏实认真的您唯真求实以身作则勤勉守正化作标杆，师者之德，大抵如斯乎。

春风化雨，润物无声。和蔼可亲的您亦师亦友拨开学生心中迷雾授道解惑，桃李不言，下自成蹊也。

人物简介

李磊，男，1980年出生，安徽宿州人。1997年至2001年在浙江大学对外经济贸易学院国际经济与贸易系学习，获经济学学士学位；2004年至2006年在暨南大学管理学院产业经济学系学习，获经济学硕士学位；2006年至2009年在南开大学经济学院国际经济研究所学习，获经济学博士学位；2009年至今在南开大学经济学院国际经济研究所任教；2014年至2015年在美国哥伦比亚大学做访问学者。天津市"131"创新型人才工程第二层次人选，天津市宣传文化"五个一批"人才，南开大学"百名青年学科带头人"。现任南开大学经济学院国际经济研究所教授、国际

经济研究所副所长、博士生导师。主要研究领域为全球化与劳动力市场、中国对外直接投资、全球价值链,先后主持国家社会科学基金、国家自然科学基金、教育部人文社会科学项目等国家、省部级课题多项。荣获天津市社会科学优秀成果奖,商务部商务发展研究成果奖,安子介国际贸易研究奖等省部级奖项,并连续三届荣获南开大学优秀本科生论文指导教师奖。先后在《经济研究》《管理世界》《经济学季刊》《世界经济》《金融研究》等期刊发表论文数十篇。

人物风采

在采访李老师之前就已经有所耳闻李老师喜欢和学生在一起,在学生中人气很高且深受好评,很多毕业的师兄师姐还会经常回到学校,与李老师聊天、打球、唱歌。采访当天,李老师放下手头忙碌的工作不断朝我微笑,几句简单的问好,几句简单的寒暄,几个轻松的话题,瞬间让采访的氛围变得自然随和了起来,随后李老师开始畅谈他对这份职业的热爱和对育人的理念。

以真诚之心陪伴,亦师亦友

2012年评上副教授之后,李老师便开始了他的硕导生涯,作为一个平易近人、亲切和善又爱好广泛的年轻老师,与学生之间的距离迅速拉近。"我一直喜欢和学生在一起。"采访中李老师提到,"那时候刚参加工作,不像现在这样比较忙,时间也比较宽裕,所以经常和学生们一

起打篮球、唱歌，同时兼任国际商务专硕的项目负责人，所以和专硕的同学联系十分密切。"话语中能感觉到李老师对那段快乐时光的怀念。如今虽然工作越来越忙，家庭事务繁多，李老师仍会抽出足够的时间与学生进行交流，因为他喜欢和学生在一起。

除了体育文娱活动，李老师会拿出更多的时间带学生进行学术活动交流，李老师会定期组织开小组学习会，让学生们定期分享各自的学习心得，与学生们交流探讨相关研究内容和方向。这一方面可以帮助学生快速找出各自研究内容的不足，扩充学生的知识储备；另一方面可以培养学生的学术交流能力，提高学生的学术演讲能力。在李老师发表的论文中，有很多都是和学生一起合作发表的，包括博士生、硕士生，甚至是本科生。李老师并不认为带学生做学术会浪费他的时间，相反带学生做学术也能对他有促进作用，他认为做学术一定要多跟别人交流，跟别人交流与讨论能够激发一些新的火花，在与博士生、硕士生和本科生的交流讨论中很有可能产生一些新的启发，扩充完善自身的知识储备，不断更新对相关领域的研究体系，所以李老师很喜欢带学生做学术。李老师和学生在一起探讨，更像是朋友之间的交流，李老师尊重学生对同一问题的不同看法，正是在这种活跃的氛围下促进了李老师与学生的共同进步。

"和年轻人在一起，大家可以互相学习、互相进步，学生活跃的思维能够帮助我获得新的灵感与视角，我也非常愿意看到学生的进步。"李老师提到，"学习上的积累、生活上的阅历和与外界的积极交互都对学术研究有着莫大的帮助，我喜欢和学生在一起，共同学习，共同进步。"

以责任之心教书，谆谆教诲

在教学方面，李老师承担了本科生和研究生的多门主干课程。无论工作多繁忙，李老师总是能够保质保量地完成教学任务，他的课总是那样生动活泼、细致入微，选过李老师课的学生都表示收获了很多书本上没有的知识。李老师教授本科经济学原理和中级宏观经济学课程，这两门课程都是关于宏观经济学的，与现实结合比较紧密。李老师强调在教学方面一定不能脱离现实，教学要理论联系实际，李老师在教学上非常注重案例教学方法，通过案例引入引起学生的兴趣，激发学生对于学科进行探索和自主学习的能力，培养学生的以经济学视角看待问题的思维，不论学生毕业后是选择继续学习深造还是进入社会参加工作，李老师所教授的经济学理论对学生在日后学以致用起到了重要导向作用。除了教学方法外，李老师还时刻考虑学生的想法。去年受新冠疫情的影响，学校采用网络授课的形式进行教学，李老师考虑到单一授课软件的局限性，选择使用两个授课软件同时授课，在实现高效上课的同时，保证学生在课下可以重复听到课堂内容，这些细节尽显李老师对学生的关照。

李老师还教授两门研究生课程，即科硕的经济学论文写作方法与专硕的国际商务研究方法，这两门课都是关于研究方法的，主要传授学生统计、计量与数据分析知识，提高学生分析问题的能力，培养学生的经济学思维。李老师在课程重点方面会有所侧重，科硕侧重如何用学到的知识与方法，用逻辑清晰的思路写作一篇学术论文，专硕则侧重如何用这些方法写作一篇案例和研究报告。李老师表示，课程的目的是让学生可以学以致用，单一的教学内容并不适合多样的学生，对于课程作业是提交学术论文还是案例和研究报告，学生可以根据自身今后的规划自行决定。学生在课后普遍表示课程干货多，能够做到学以致用。有许多学生正是通过这门课程对科研产生了兴趣，很多学生也会与老师进一步交流，例如在选题、论文写作方面有疑惑都会向老师请教，李老师也非常乐意对学生进行指导。如果学生对进一步深造感兴趣，无论是指导学生发表学术论文还是帮忙写推荐信，老师都会给予指导与帮助。当问及李老师选择研究生有什么标准时，李老师说："每年有学生想选择我作为导师时，我都要和他们面谈一次，首先就会询问学生想做什么，对于以后有什么打算，只有先了解学生的大致情况才能因材施教。"

"选择教师作为自己的终生职业是自己做的一个非常正确的选择，我很喜欢这份工作，也十分享受这个过程。"李老师说，"因为学生都很年轻、阳光，和他们在一起我感觉自己也能保持年轻与活力，能够帮助到学生，培育其成长也是让人感觉很有成就感的一件事情。另外，和学生沟通与交流本身也让自己受益颇多，对学生的指导与培养不单单是付出的过程，其实在这个过程中自己也收获了很多。学生在过程中收获了知识会让老师很有成就感，同时在合作的过程中学生也激发了老师自己的想法，对于自己的学术研究与职业发展也有裨益。"

李老师认为每个人都年轻过，也都曾经迷茫过，作为一名高校老师也常常能在学生们身上看到自己当年的影子，从而可以从学生的角度来考虑问题，提供力所能及的一些帮助。授道解惑，既是老师的责任，也是一件快乐的事情，选择做一名高校教师是他最正确的选择。

以宽容之心育人，因材施教

在育人方面，李老师会用自己的亲身经历指导学生，做出正确的选择。"认识自己是最难的。"李老师说，"人在年轻的时候可能会比较迷茫困惑，认识自己是最难的，不一定每个人都适合读博做科研。世界上的工作是多种多样的，各种各样不同的学生可能适合各种各样的行业和工作，趁着年轻的时候可以多做些尝试，以便早点明确自己的兴趣与方向。"李老师提到他在本科毕业后曾经在商业银行工作过一段时间，觉得那份工作并不适合自己才决定去考研，在读研的过程中多尝试做科研才慢慢地明确了自己的兴趣所在。正因为走过这样一段"弯路"，李老师十分理解学生年轻时的迷茫与困惑，也鼓励与支持学生多去做些尝试。对于想要毕业后直接工作的学生，李老师也支持学生去参加一些校外实践，在实习中更直观地认识某个行业与职业，通过尝试早点确立自己的职业发展规划。对于想要继续读博的同学，李老师会先带学生从一些简单的课题开始做起，培养学生对相关选题的兴趣，深刻地理解相关选题的研究背景、研究意义、研究方法等，逐步培养学生的经济学思维，开拓学生的研究视角，为以后做科研打下坚实基础。李老师认为对于学生来说，硕士阶段不过是其人生中一个短短的过程，其指导理念更趋于"多元化"，不一定非得要求学生在硕士期间只致力于科研。李老师强调："对学生的培养关键是要因材施教，因为每个人都是不一样的，都是独立的个体，作为老师要多站在学生的角度去考虑，在尊重学生选择的基础上给予必要的指导与意见，相信学生在各个领域都将有着自己的精彩。"

李老师与南开大学是有缘分的，他本科就读于浙江大学国际经济与贸易专业，其本科导师毕业于南开大学国际经济研究所，这让李老师与南开大学国际经济研究所产生了缘分，并促使他后来选择在南开大学国际经济研究所攻读博士学位。李老师常常教导学生，不管是学术研究还是其他工作，没有任何一件事是能够轻易完成的，如果不能全身心的投入，就不能做得更好。多年来，李老师勤勤恳恳做研究、踏踏实实搞科研的态度也深深感染了众多学生，培养了一批又一批优秀的学生。李老师语重心长地说："千万不要浪费自己的时间，因为一个人的生命是有限的，时间是有限的，随着年纪越来越大感觉时间越来越少，留给自己专注做一件事的时间也越来越少,所以在年轻的时候要好好规划好自己的时间,种一棵树最好的时间是十年前,其次是现在。人的一生是很短暂的,还是要把自己的人生活得有价值一点,将来对自己有个交代,把时间好好利用起来,多做实事,多做有意义的事。"

谈及对学生的期许,李老师指出:"学生们不要虚度自己的人生,要使自己的人生活得有价值,不管从事什么行业,不要辜负了自己,不要辜负了时间,对社会能够做一点贡献。大部分人虽然过的是平凡的人生,但在平凡的人生中也可以活出亮点,珍重时光,脚踏实地。"李老师的育人态度深深感染着一批又一批的学子,帮助学生们树立正确的人生观、价值观,助推学生们成为社会的栋梁之材。

踏实认真、亲切和善,他是学生的榜样又是学生的益友。他说做一个传道授业解惑的教师是他的责任,也是他的快乐。他热爱着教学,热爱着学生,南开园散发着芬芳的桃李是这位辛勤的园丁最为骄傲的果实。

他一直和学生在一起。

他就是学生最爱的李磊老师!

经济学院学工办主任　雷珍妮
经济学院 2017 级国际商务专业硕士生　周浩宇

师表无私　耕耘不倦

——记软件学院师文轩副教授

为师，他孜孜不倦，用汗水浇灌、爱心滋润，带领学生踏上看似枯燥乏味的软件征程；

为友，他真情关切，如阳光温暖、春风和煦，指引大家走进实则丰富多彩的代码世界。

人物简介

师文轩，男，博士，中共党员。1996年9月，考入南开大学自动化系；2000年9月，成为南开大学模式识别专业研究生；2007年9月，在南开大学计算机应用专业攻读博士；2003年7月至今，担任软件学院教师。近年来主要从事数据挖掘、机器学习及区块链方向的研究。

自2003年工作以来，承担南开大学本科生和研究生的软件工程、智能移动开发、计算机网络等专业课程的教学任务，多次指导学生竞赛项目和毕业论文。参加并完成了国家自然科学基金、天津市科技攻关计划、企业合作项目等多项课题。带领学生完成知识图谱、区块链等科研方向前沿领域的探究与开发。曾获得泰达·华博杯华侨华人创新创业大赛二等奖，全国2014年创业大赛创业实践挑战赛银奖，天津市 2014 年创业实践挑战赛金奖等荣誉。参与编写多本教材，发表多篇论文，如《知识图谱在问答系统中的应用综述》《区块链技术综述》《Android 开源项目开发技术与案例教程》《垃圾邮件的概念漂移及过滤技术研究》等。2000 年至今参与了近 20 项科研项目，包括"智能移动开发"、教学内容和课程体系改革（教育部—谷歌公司产学合作协同育人项目）、面向异构信息网络中近似图匹配的深度学习方法（高等学校博士学科点专项科研基金）、易生活健康管理平台等。并同时担任中国计算机学会 CCF YOCSEF 天津分会委员和谷歌开发者社区（GDG）天津社区组织者等社会职务。

人物风采

今年，已经是师文轩老师在软件学院工作的第 17 个年头。课堂上、机房里、实验室中，总能听到师老师耐心生动的话语，看到师老师辛勤教导的身影。温润如玉是他独有的气质，严谨踏实是他一贯的态度。时光飞逝，却始终无法改变他工作中饱满高亢的热情，生活中爱生如己的温情。"你说，师者传道授业解惑；我说，师者临惑行业悟道。无学棣不以为师，无历练难以为习。"这是师文轩曾发在朋友圈的一段话，也代表了他作为一名教师的见解与感悟。

知行合一，言传身教

正所谓，良师难做，春风化雨润草木；益友难为，润物无声植树人。每一位初识师老师的人，都会被他温润如玉的气质所打动。"我参加了夏令营后就决定选择师老师作为研究生导师，他平易近人，博学又有耐心。"一位参加了夏令营并最终选择保研至南开大学软件学院的学生说道。在软件学院，师老师一直都是十分"抢手"的热门老师，无论是本科生毕业论文指导，还是研

究生选择导师，师老师的名额总是立刻被选满。这不仅是因为他对待教学认真、对待学生亲切的态度，更是因为他对待专业严谨勤恳的精神，以及看待前沿领域敏锐的目光。尽管近年来师老师指导的学生数量不断增加，但他对待每一位学生都一视同仁，不因学生们的论文题目难易不同而有所区别，更不因论文数量增加而在质量上有所下降。他会在毕业论文开题前给予学生充分自主选择的空间，将学生感兴趣的研究方向与毕业论文完美结合；他会在毕业论文书写过程中对学生进行耐心指导，在启发学生的同时给出专业的修改意见。他指导的学生论文，几乎每年都能获得院级优秀毕业论文的荣誉称号。

师老师很温慈，但不会纵容学生。对于学术上的事情，他容不得半点马虎。本科生毕业设计期间，有些学生贪图速度而忽略了质量，师文轩便耐心地和他们沟通，反复对论文上的纰漏提出修改意见，哪怕是诸如用词不恰当等小错误，都会细心指出来。面对这样认真负责的老师，学生自然是没有浑水摸鱼的道理了。16级硕士研究生程书芝在回忆起研究生生涯时曾说，"我的本科专业不是软件工程，跨专业读研对我来说并不容易。是师老师的耐心指导让我充满了信心，尤其是在最终进行毕业选题和毕业设计时，师老师给予了我非常大的帮助……我们每周都会一起讨论进度，他会认真听取我的想法并且给我提一些修改意见。"他对学生们春风细雨般的教诲，让同学们不仅在学术上有所长进，在为人处世的方式以及治学科研的态度等方面也有了更多的认识。同时，师老师指导的研究生也是硕果累累，他指导的硕士研究生分别在中国科技论文、KSEM、CCKS等著名的期刊或会议上发表过论文或演讲展示。这之中的每一篇都倾注了师老师的关爱与心血，更是记录了学生们在师文轩指导下绽放的思想火花。

与此同时，师老师担任着南开大学区块链协会及南开大学 iOS Club 这两个社团的指导老师。作为社团的指导老师，师老师在充分尊重学生兴趣的基础上，为社团内的各种活动提供了强力的支持。在师老师的指导及帮助下，南开大学 iOS Club 成功举办了多届学生主题沙龙，组织学生成员们前往上海参加了冬令营项目；南开大学区块链协会与清华大学等全国知名高校的区块链协会联合成立了"区块链技术社区"，社团成员参与完成的区块链项目更是入围华为云区块链开发大赛决赛、入选"2019 知行南开文化科技创意作品竞赛"项目、获得第四届区块链开发大赛优秀奖等。

作为谷歌天津社区的主要负责人，师老师也为天津市的软件开发团队创建了许多学习和交流的平台。师老师参与组织 Node js 相关活动和虚拟现实相关活动，让更多的人接触到了谷歌目前最前沿的开发技术和研发成果，而"女性开发者活动"则更具有深远的社会意义。这些活动都在一定程度上促进了天津市的 CS 交流与发展。他的学生也通过这些事看到了所学专业的价值，坚定了未来努力的方向，明确了自己要追逐和超越的目标。"桃李不言，下自成蹊"，"其身正，不令而行；其身不正，虽令不从"便是师老师最真实的写照。

有的放矢，因材施教

除了软件工程本领域，师文轩常教导学生们做 T 型人才，不要拘泥于某一方面，要具有广阔的知识面。他从不以论文为唯一导向，他更注重挖掘学生自身的甚至本人都没发现的潜力，并注重实践与落地。对于学生们的研究方向，师老师也不拘泥于他自己的想法，而是更关心学生的想法与爱好。他时常会与实验室的研究生们交流，了解他们以便因材施教，对每一位学生实现立体化教育。不仅如此，师老师还十分尊重各位学生的职业规划，尽可能为每一位学生寻找合适的科研项目。师老师指导的一位学生希望能在区块链的方向上有所建树，得知消息的他便发动所有资源寻找合适的区块链开发项目、赴外校交流的机会。还有一位跟随师文轩读博的学生，希望未来的研究方向能落在知识图谱上，师老师也大力支持，每周都一起讨论知识图谱方面的前沿研究，并不遗余力地为学生准备最好的设备和最便利的环境。"做好一件简单的事情和一件困难的事情，其实是要花费差不多的时间。因为，即使再简单的问题也有很多琐碎的地方。既然如此，为什么不跳出舒适区，选一个最让自己兴奋的问题呢？"这是师老师常对学生们强调的话。正是由于师老师懂得因材施教，他的每位学生才能选择让自己兴奋的问题进行研究学习，才能在自己感兴趣的领域内深造。近几年就有很多学生在老师的带领下完成了项目，有基于 JavaEE 的自助式仓库的移动开发，有基于区块链技术而开发的时间银行志愿服务系统，还有与天津核理化研究院合作的激光系统数据分析及预测平台项目等。

师文轩常说："软件是一个日新月异的学科。"这不仅是在中国，在全世界也是一样的。所以他极力督促学生们把握接触世界的机会，积极参加各种交流活动。去年实验室的几位研究生参加了以色列理工学院的暑期项目，今年同样也有学生参加此暑假项目。在师老师的支持下，还有学生参加了清华大学举办的区块链技术公开课、苹果公司举办的 iOS Club 冬令营等校外项目。

除了项目研究，他还鼓励学生们多多关注不同领域的各种比赛、竞赛。对于学生们感兴趣的比赛，师老师总是会大力支持，也会给予学生们一些学术上的指导与精神上的鼓舞。2020 年，师老师的三名学生报名参加了第四届全国区块链开发大赛。在复赛前，学生们一刻不敢懈怠，连夜进行参赛作品的代码完善、demo 录制和文案书写。由于疫情的原因，师老师远在国外，他顶着与国内几小时的时差，通过线上指导的方式给予学生们修改意见，并熬夜为学生们收集整理相关素材，提供服务器资源等。这些事情，学生们都看在眼里、记在心上，感激之情无以言表。一位参赛成员说："这次比赛准备时间很紧张，但是师老师在赛前给予了很多指导意见。他提出让我们不追求功能的多样性，但要实现闭环操作并且要把系统的创新点强调出来，这些建议成为我们进入决赛的关键。"最终，同学们获得了大赛的优秀奖。师老师在得知比赛结果后，给予了学生们肯定，并说道："多看看他人的工作和进展，这些收获比得奖更重要！"

除此之外，在师老师的指导下，学生们还在首届中国区块链开发大赛、基于区块链共享单车系统、世界智能驾驶挑战赛、华为软件精英挑战赛等比赛中取得了优异的成绩。

博闻强识，严谨笃学

古语讲"授之以鱼"不如"授之以渔"，这是中国传统文化中教师这一职业"传道，授业，解惑"的写照。但一位好老师仅仅做到"授之以渔"是不够的，他用言传身教告诉我们还有一种更好的方法就是"授之以欲"。他经常会和同学们聊一些贴近生活的话题，如游戏、电影。在聊天中引入一些软件相关的前沿技术，抛出一些引人思考的开放性问题，恰到好处地启发学生的研究兴趣。平时，师老师注重对学生"知识深度"的培养，他曾说："我们做老师的，容易犯这样的错误，就是告诉别人往哪走，去什么方向。但做老师原本只是需要授业解惑，不要去教导，甚至不要去引导，而是要告诉别人有多少种可能。"培养学生善于发现问题、独立思考问题、独自解决问题，是师文轩的教学目标。以学生为本，以学习为真，是师老师的教学理念。他并不会给学生制定学习计划，而是利用诸如翻转课堂的教学方法激发学生的专业兴趣，培养学生自主学习的能力。

师老师还经常教导学生们要珍惜现在的学习环境，好好把握现在的学习机会，要多沉淀自己。除了关注学生们平日在实验室的实验和理论课程学习外，他还组织了机器学习讨论组，目的就是让同学们彼此交流学习经验和互相督促工作进度，彼此借鉴，深入讨论，以提升大家的学习效率。每逢组会，师老师总会认真倾听，和学生一起探讨，及时对学生们汇报的内容进行纠正、补充或者深化一些细节。这些看似平凡的讨论，对学生来说却醍醐灌顶，收益颇丰。

古人云，取法于上，志存高远。取法于上，仅得其中；取法于中，故为其下。师老师不仅在学术上教育每一个学生，在各个方面尤其是在未来职业规划上也会进行关键性的指导，他总会建议学生们一定要把自己的目标设立的尽可能远大些，然后尽全力去实现它。在师老师的指导下，实验室的各位同学都在朝着自己的职业目标稳步迈进，在实验室 16 级的三位硕士研究生中，一位获得了区块链巨头火币公司的实习机会，一位选择了加入微软公司，而另一位则选择了读博深造。

爱生如子，亦师亦友

在科研之余，师老师也同样注重每一位同学的生活与社交。爱生如子，亦师亦友。无论工作多么繁忙，无论时间排得多紧，他都不忘关心自己的学生，最近学习怎样、生活怎样、思想怎样。他会关注学生项目的进度与难题，也会惦念他们遭遇的感冒等不适；会记录他们取得的成绩和进步，也会牵挂他们情绪上的波动与不安。

不仅如此，师老师还提倡学生们多多参与户外运动以强身健体，愉悦身心，才能更好地投入工作与学习。令同学们印象十分深刻的是第一次与师老师在津南校区的体育馆打羽毛球。师老师提前准备了球拍、球、矿泉水等，还和同学们一起组队比赛。一场比赛结束后，学生们在师老师高超的球技面前落败，师老师走下场后耐心地说："羽毛球不仅要基本功好，策略也十分重要。要根据对手特点把高远球、小球、扣杀巧妙结合起来，才能打得更好。"一场小小的羽毛球师生赛，蕴含了极其深刻的道理，师老师无时无刻不在为学生们传授自己的人生经验。师文轩不仅会和实验室的同学们一起打羽毛球，还经常跟学生一起游泳，并时常自费为实验室的同学添置文具、运动器材及零食饮料。这一件件看似微不足道的小事，却彰显了师老师对学生们的关心。

师老师于学生们而言，不仅是老师，还是可以畅所欲言的朋友、关怀备至的家人。他为学生们解答的不仅是知识之惑，也是人生之惑。他是美的播种者，也是美的收获者。不容否认，科研工作从来都是辛苦的，一路上有师老师这样的引路人，学生们获得的不仅仅是指导，更多意义上是一种陪伴。相伴才让学生们觉得即使"路漫远兮"，也绝不会惧怕"上下求索"。而师老师在这一路上的陪伴中，是一路相送的领路人，是漫漫学海中的掌舵人，是黑暗山路的掌灯人，是葱葱小树的守护人。师老师教会学生的不仅仅是学术的方法和技巧，也不仅仅是学术的魅力和乐趣，而更多的是看待世界的眼光、对待问题的角度、治学的态度和待人接物的风度。

师文轩老师教学十余载，用润物无声的言传身教带领众多软件学子在大学或研究生期间学习专业知识、掌握开发技能、了解前端技术。同时，他颠覆了传统的"码农"形象，在课余时间与学生进行体育锻炼、探讨人生哲理，让大家看到软件学院的师生不仅会编程，更充满生活热情与人文情怀。他是三尺讲台育桃李的播种者，是一支粉笔写春秋的领航者，是以身许国传科技的探索者，更是两袖清风做人师的践行者！

春风化雨，润物无声；幸逢良师，何等幸哉！在这里，每一位被他用心灌溉过的学生都要对他说一句："师老师，谢谢您，您辛苦了！"

泰达、软件学院辅导员　陈镜宇
软件学院 2018 级软件工程专业硕士生　郭东爽

"你们的成长成才,就是我最大的愿望"
——记药学院孙涛教授

博学多才孙老师,思维活跃贯中西;知识未曾限书本,学科交叉注前沿;相声课堂欢乐多,助力药院出药才。

人物简介

孙涛,男,1982年生,2000年至2010年就读于天津医科大学,获医学博士学位。2012年加入南开大学,现为南开大学药学院教授,药理学科副主任、南开大学与天津国际生物医药联合研究院共建的天津市创新药物成药性评价重点实验室主任。入选天津市首批青年拔尖人才、创新推动计划青年优秀人才、天津市杰出青年基金。在 Science Translational Medicine、Hepatology、Cancer Research 等国际著名学术期刊上以第一作者或通讯作者身份发表SCI收录论文26篇,最高影响因子16.8,累计影响因子167.2,累计被引用超过680次。主持国家"重大新药创制"专项、国家自然科学基金、优博基金、天津市科技支撑计划等项目,发明专利十余项,获临床试验批文2项、企业转化1项。曾获2012年度"全国百

篇优秀博士论文"、中华医学会"病理研究杰出青年奖"、天津市青年五四奖章、天津市道德模范提名、天津好人敬业奉献奖、天津市科技系统先进个人、教育部首届中国青少年科技创新奖、天津市优秀科技工作者。相关事迹被《人民日报》等媒体报道,曾向习近平等党和国家领导人汇报研究成果。

人物风采

"电解质紊乱引起的腹泻,就喝宝矿力水特。""一听说要专家会诊,就知道准给病人用地塞米松。""想减肥就吃二甲双胍,医生都推荐,还长寿。""大家知道'天青色等烟雨'是什么意思吗?"有一门课,能够吸引药学院从大一到大四的本科生,甚至有研究生和其他学院的学生前来旁听。课堂氛围活跃,时不时传来笑声和掌声。孙涛老师就是这门课程的主讲老师。

寓教于乐之道

孙老师的课堂,被药学院学生称为"相声课堂"。在"相声课堂"上能听到的,除了课本上的知识,还有科学前沿、科研思维和方法、医学知识在生活中的应用,甚至歌词背后的科学秘密,学生们总能在笑声中收获知识,增长见识。2017级药学专业本科生程妮说:"第一次听孙老师的课就被他的才华所折服,虽然只是两节概论课,孙老师却能把古今中外的药理发展历史娓娓道来。"2014级药学专业本科生虞子青说:"我记得一节病理课上,孙老师讲了

他做的'老药新用'研究,那时的他在讲台上散发光芒,发光的不仅是他的科研思维,更是他对科研与教学的那份情怀。"他开设的选修课"病理学与病理生理学"成为药学院最火爆的专业选修课,"你抢到孙老师的课了吗"甚至成为选课时的一大话题。

孙老师崇尚简单轻松的课堂教学方式。"我讲课从来不会刻板备课,教学过程就是课本知识与生活经验的结合,你讲的知识都是你自己的人生体验,已经内化为你的一部分。"他认为讲授一个知识点有很多朴实易懂的方法,没必要罗列一堆专业术语。老师要考核学生,学生出于逆反心理不好好学,这就背离了最初的目的。"我不会强求学生坐好了听、认真听,再晦涩的学科,你用生动的语言讲,在好奇心的驱动下,自然大家会喜欢听。相反,刻板的教学会扼杀好奇心,把简单轻松的课堂搞复杂了。真正的教学就是一个交流的过程,你们听着有意思,能再给我反馈就最好了。除了学术知识外,学生最大的收获是能明白点什么道理,这才是终身受益的。"孙老师说。

孙老师开组会时也经常引经据典讲解科学、哲学和人生的关系,从更加宏观的角度升华所研究的科学问题,使得学生们从内心建立起对科学的崇敬并深刻感受到自己对所做研究工作应尽的责任。他将所见所闻所学,都纳入自己的知识体系中,他喜爱的传统文化和哲学思想也帮助他更好的思考、理解和表达科学。复杂的科学问题,总能在他口中变成耳熟能详的例子,例如抗肿瘤的人工环状 DNA,被他形象地比喻为哪吒的乾坤圈。

言传身教之道

如果说孙涛老师的课堂给本科生种下了科研的种子,那么对研究生而言,在他的影响和培养下,这一颗颗种子便逐渐生根发芽、茁壮成长。

孙老师从小就对科学十分痴迷。看着爷爷摆弄花草,他也对植物生长着了迷,还学着自己配制肥料。刚上初中的他为了弄懂肥料书中的符号,开始自学化学,到初三的时候,就自学完了高中的所有化学知识。生活并不富裕的他还到处收集别人用过的试验器材,慢慢地把家变成了实验室,除了床和书架,到处是瓶瓶罐罐。正是这种不断摸索的实践经历,为他以后的科研之路打下了坚实的基础。

正是他发自内心对科学的求知欲,使他在科研的道路上越走越远,这一点,也影响着他的学生。每次看到一个新的科学现象、新的科研方法,或是想到一个新的研究思路,他都两眼放光,迫不及待地与学生分享。有一次他在看学生拍摄的细胞图片时,发现有的细胞形态变化很大,他一拍大腿:"你这个发现厉害了!"接着给学生讲解为什么出现这种形态变化,以及如何入手进行研究。"孙老师兴奋起来,真是滔滔不绝,别人一个字都插不进去。他对实验细节的解读让我们深深感受到了科学的魅力。"学生乔锴亮说。不论是在实验室还是在家,他时不时就会出现新的科研想法,如果学生不在身边,他便立刻通过微信发给学生。

在新冠肺炎疫情暴发初期,孙涛克服种种困难,迅速与南开大学药学院与联合研究院的科研人员组成联合攻关团队,寻找抑制新冠病毒感染的药物。通过计算机虚拟筛选,团队从成药化合物库和药食同源分子库中,筛选得到了抑制新冠病毒 Spike 蛋白与受体 ACE2 结合的 19 个候选分子,并第一时间向社会公布,得到中新网、科技日报、学习强国等媒体关注。这些候选分子中包括了来自金银花、黄芪和生姜中的有效成分,与国家卫健委发布的诊疗方案中"清肺排毒汤""连花清瘟胶囊"及"金花清感颗粒"中的成分一致,这些结果也能够初步解释这些中药治疗新冠肺炎的药理作用。

他做人光明磊落,对学生知无不言。他还是个急脾气,遇到事情就要立刻解决,从不拖泥带水。有一次,他听说实验室细胞状态有问题,立刻冲进细胞间挨个查看每一皿细胞,提出解决方案,并当场重新订购了几株发现问题的细胞。他的学生曾经感叹:"我们的课题进展,只要跟孙老师说,不论多晚,他总会立刻回复,我们都奇怪他是不是从来不休息。"在他的影响下,他的学生也养成了遇到问题积极解决的习惯。并在他的熏陶和培养下,迅速成长了起来。

对于他的学生来说,文献学习似乎已成为生活的一部分。学生孟晶回忆:"记得年初办婚礼的前一天晚上,正当忙着准备婚礼的时候,手机亮了,一条微信来了,孙老师推送了两篇文献,当时我毫不犹豫停下手里的活,捧着手机津津有味地开始看文献,等抬头一看,我的未婚夫和家里人都瞠目结舌地看着我。"随时随地的学习已经成为学生们的一种生活方式,用孙老师的话说:"做实验累了,就看两篇文献休息休息。"

爱生如己之道

生活中,孙涛老师又是学生无微不至的朋友。学生们身体不舒服,都询问医学出身的他，他会耐心细致地分析，并且给出治疗建议，有时还会帮忙联系他在医院的同学。为了方便学生们锻炼身体，他自掏腰包为学生们买健身器械。夏天，他经常买了西瓜，亲自给学生们切好。"来来来，吃西瓜啦！"学生们听到孙老师的"召唤"，陆陆续续来吃西瓜，看着学生们吃得津津有味，他也喜笑颜开："看你们这么开心，我也开心。"实验室就是这样有了家的味道。

孙老师对学生前途的关注和思考，甚至超过学生本人。他根据每个学生的优势和性格，为他们设计最合适的培养方式和发展方向。用他自己的话说："你们的成长成才，就是我最大的愿望。"

孟晶于 2011 年 9 月进入南开大学药学院，是孙老师指导的第一届硕士研究生和博士研究生。初入实验室的孟晶，对科研还非常生疏，但孙老师十分耐心细致，时常手把手地教导她，纠正她的操作错误。"我印象非常深刻的是，我做实验时的操作有些不规范，孙老师发现了我实验操作的问题，并没有责怪我，反而事无巨细地教我，细到具体实验的步骤。实验操作规范了，渐渐地我也找到了做实验的感觉。"孟晶也逐渐在孙老师的影响下，坚定地选择了投身科研之路。当初孟晶在面对是否读博时也曾迷茫过，她回忆说："孙老师当时帮我仔细分析了利弊，对我取得的成果给予了肯定，鼓励我保持耐心与恒心，使我的科研信心逐渐增加，从而选择了读博进行更系统的科研训练。"她已在 *Science Translational Medicine*、*Cancer Research*、*Theranostics* 等国际高水平期刊上发表学术论文 9 篇，累计影响因子 64。博士毕业后，孟晶选择继续留在课题组从事博士后研究工作，还入选国家级"博士后创新人才支持计划"。回想一路以来在孙老师指导下的科研道路，孟晶印象深刻的是，孙老师经常鼓励学生积极参加各种学术会议，提供各种条件与机会让学生交流学习，拓展科研视野，不遗余力地为学生争取和提供更广泛的学习机会。孙老师也一直关注着学生的发展，即使学生毕业后走上工作岗位，遇到困难时，孙老师也是尽己所能提供帮助。

秦源于 2013 年进入课题组读研，先后参与了 2 项新药临床批件的研发工作，目前已发表 SCI 论文 8 篇，累计影响因子 42.9，并三次获得国家奖学金。博士毕业的秦源即将走上科研管理岗位，他也说："我们整个课题组非常有学术氛围，在老师和周围同学的带动下，我开始从抵触科研，到接触真正的科研，再到最后喜欢上科研工作，整个过程中对我影响最大的就是孙涛老师，纠正我每一个错误的操作，分析我得到的每一组阴性结果，从做事到做人，从科学到哲学。"

如今这位上课像说相声的老师已培养出了一届又一届像孟晶、秦源这样的药学人才，他们在祖国各地发光发热，为梦想拼搏，而孙涛老师也一如既往地为学生成长成才的愿望奋斗着！

药学院团委书记　王莉
药学院 2020 级药理学专业博士生　张恒

统计讲台数十载　呕心沥血育英才
——记统计与数据科学学院王兆军教授

三尺讲台三十载，育三千桃李；一支粉笔一腔血，做一世园丁。满腔热忱，呕心沥血，专育统计英才。

人物简介

王兆军，南开大学统计与数据科学学院教授、博导、执行院长、党总支书记，教育部长江特聘教授，享受国务院政府特殊津贴。1987 届南开大学数学系本科生（首届数理统计专业本科生）、1990 届华东师范大学数理统计系硕士、1995 届南开大学数学系理学博士。研究方向为统计质量控制、高维数据统计推断、大数据统计推断、机器学习等。在国际统计四大顶级学术期刊发表学术论文 10 余篇，承担国家与省部级课题 10 余项。

目前为国务院学位委员会统计学科评议组成员，国家统计咨询专家委员会成员，中国现场统计研究会副理事长、中国工业统计学教学研究会副理事长、天津市工业与应用数学学会理事长、天津市学位委员会数学与统计学科评议组召集人等。担任《数理统计与管理》《数学进展》《统计信息论坛》和 *Statistical Theory and Related Fields* 等副主编或编委。教学方面，作为数学文化课程组成员，曾获全国

总工会颁发五一劳动奖状、中国高等教育学会大学素质教育研究分会评选的大学素质教育优秀研究成果一等奖、国家教学成果二等奖等，曾获南开大学第五届敬业奖教金教学特等奖；科研方面，曾获天津市自然学科一等奖、国家统计局优秀科研成果一等奖、教育部高校自然科学二等奖等；指导学生方面，曾获教育部国务院学位委员会颁发的全国优秀博士学位论文指导教师奖、国家统计局颁发的第十一届全国统计科学研究优秀成果奖一等奖指导教师奖等。

从 2002 年任数学院统计系主任，到 2013 年成立统计研究院，再到 2018 年成立统计与数据科学学院；从 2012 年学科评估的全国并列第四到 2017 年学科评估的全国并列第三，并成功入选一流学科，再到 2019 年统计学本科专业入选国家首批一流本科专业，带领南开统计乘风破浪，跻身世界前沿！

人物风采

王兆军 1990 年任职南开大学，时至今日执教三十余载。三十余年中他桃李满园，培育了一代代优秀的统计学子，奔赴祖国各地建功立业。在学生们的心中，他是一位学识渊博的智者、一位满怀爱国之情的师者、一位和蔼可亲的长者，是学生们口中的良师更是他们心中的益友。

厚植爱国情怀，拓宽国际视野

南开大学校训"允公允能、日新月异"，"公"字当前。张伯苓老校长建校之初就是意识到只有教育才能救国、只有教育才能兴国。2019 年初习总书记视察南开指出："爱国主义是中华民族的民族心、民族魂。南开大学具有光荣的爱国主义传统，这是南开的魂。当年开办南开大学，就是为了中华民族站起来。我们现在迎来了从站起来、富起来到强起来的阶段，我们要把学习的具体目标同民族复兴的宏大目标结合起来，为之而奋斗。只有把小我融入大我，才会有海一样的胸怀，山一样的崇高。"

王兆军1983年入学南开，从成为南开大学数学系本科生（也是国家第一届数理统计专业本科生），到后来硕士毕业回校参加工作，除了硕士3年，其余全部时间都奉献给了南开。作为一名资深南开人，他深受南开爱国主义传统影响，公能精神、爱国情怀深深地扎根于他的教育理念当中。他坚持将课程思政贯穿于课堂教学各环节当中。当代统计学科奠基人卡尔·皮尔逊（Karl Pearson）把自己的姓氏改为同马克思一样，费希尔（R. A. Fisher）大学毕业后到农业实验站工作……课堂上一个个生动的科学家爱国故事深入学生心中，他用鲜活的事例潜移默化中厚植着学生们的家国情怀。他重视对于学生综合素质的培养，悉心引导同学们要把小我融入大我之中，将个人的理想追求融入党和国家的建设事业之中，以个人所学为党、为祖国、为人民多做贡献。他时常说："育人是我一辈子的事业，引领好学生成长、服务好学生发展，为祖国培养更多优秀的人才，这样才无愧于南开对我的培养，无愧于'老师'二字。"三十余年来，他用实际行动，踏实地践行着育人初衷。

王老师心系国家，并致力于服务国家战略。近年来，为适应大数据时代对统计的需求，更好地服务国家大数据战略，他带领统计教师于2017年申报了数据科学与大数据技术本科专业，并于2018年初获批。在参照境外耶鲁大学、密歇根大学等高校教学方案的基础上，他牵头制定了统计学专业、数据科学与大数据技术专业相互融合的模块化培养方案，推动制定了学院本科生核心基础课的月考制度及全英文授课制度等。此外，他非常重视国际化的教育视野。在20世纪90年代，随着我国加入世贸组织后与国际接轨的提速，统计专业的国际化趋势越来越明显。为此，在担任统计系主任时，他牵头进行教学方案的修改工作，提出了"重基础，轻专业"的教学理念，以适应国际化需求，同时鼓励学生多多走出去，加大学生出国留学机会。在他的多年倡导下，2006年以后统计专业本科生出国人数由原来的两三人，提升到十几人直至如今的二十几人。据不完全统计，截至目前共有近60位南开统计学子在美国各大学任教，提升了南开统计在境外的影响力。

奉献毕生精力，引领统计发展

从 2013 年成立统计研究院到 2018 年组建统计与数据科学学院、2019 年统计学专业获批国家首批一流本科建设点；从 2012 年学科评估全国第四到 2017 年统计学科入选国家一流学科建设行列，在第四轮学科评估中位列全国第三，他用短短几年时间带领南开统计乘风破浪，跻身世界前沿！他是当之无愧的南开统计建设者之一！

自 1983 年南开大学率先在全国招收数理统计专业本科生以来，王老师作为首届统计专业本科生，全程见证了南开统计专业的发展。为了不断推动统计专业发展，他全身心投入学生的教育培养当中。2008 年，他指导的博士生邹长亮首次在统计四大顶级期刊之一的 *JASA* 上发表文章，开启了南开统计自己培养的研究生在统计四大顶级期刊发表学术论文的时代。

在统计与数据科学学院的成立大会上，马志明院士深情地说："南开大学统计与数据科学学院的成立源于兆军院长的执着，没有他的坚持和奉献，就没有南开统计的今天。"很多人都不知道，学院的成立历经波折，学科论证会开了又开，学院发展规划改了又改，专家学者请了又请，而这一桩桩一件件的小事都是王老师心中最挂念的大事。他曾带领学院老师们亲自修改学院发展计划书，曾亲自支持大大小小的学科论证会，只为能担负起振兴南开统计的责任。而如今，近十年的努力终于结出硕果。2018 年，南开大学统计与数据科学学院诞生了，从最初的统计研究院 9 位专业教师，到如今的 26 位专业教师，王老师坚守着建院初心，在引领南开统计发展的道路上无怨无悔地奉献着自身力量。

除此之外，为了宣讲统计学的重要之处，王老师即将为全校本科生开设通识选修课"统计学导论"，他说"推广统计学知识，做好全体南开人的科普讲座，我们义不容辞"。同时，他坚持面向全国高校学子做好统计学知识科普讲座，"可爱的统计——统计及应用统计简介""如何用数据说话"等普及讲座已经在全国各高校当中开展了近百场。讲座次次爆满，通过王老师通俗易懂的讲解，很多学生对统计及大数据有了更深入的了解及喜爱。

坚守三尺讲台，培育代代英才

三十余年的时间里，王老师坚持每年给统计专业本科生上课，近十年一直主讲统计专业核心课——数理统计，选课人数常年保持在170人左右，学生评教成绩名列前茅。他始终是学生心中最可爱的"数理统计老师"。

"王老师的数理统计课虽然是我第一次接触统计知识，但却也是我选择统计作为研究方向的重要原因。"这位南开统计本科生说出了许多南开统计学子的心声。数理统计课是统计专业学生的第一堂专业课，王老师深入浅出的重难点讲解、幽默风趣的授课风格让学生们发自内心地觉得"统计很好玩也很有用"。许许多多的南开学子正是在王老师的引领下走上了统计科研之路，学会了利用统计思维、数据思维看待日新月异的科技发展。三十余年来，他培养的学生中既有国家杰出青年基金获得者，也有统计一流学科学院的副院长；既有一些学校的学科带头人，也有工业界的领军人物。正所谓桃李满园满天下。三尺讲台上，始终穿梭着王老师的身影，他热爱教学工作亦如他热爱自己的学生。"做王老师的学生是一件十分自豪又无比幸福的事情。"他的博士研究生们每每提到王老师都兴奋不已。"王老师严谨深厚的科研素养，高屋建瓴的学术建议总是能给我们许多启发，往往自己想了很久的问题，王老师的一句话就能令自己茅塞顿开。""王老师会非常耐心地倾听我们的想法，而且会站在我们的角度给出非常中肯的建议，让我们觉得王老师不仅是高高在上的学院领导，更是生活中的朋友甚至是亲人。"一句句简单的评价，却流露出了学生们对于王老师的依赖与喜爱，亦师亦友亦亲人。

王老师强调自己与学生的关系是合作的关系，在科研中要和学生互相讨论、互相借鉴。如今学生们大多不愿意从事科研研究工作，王老师认为很多同学不喜欢从事研究工作，可能是因为他们不了解科研工作，没有参与过，从而造成他们更多地看到了弊端。他以自己为例，自己当时之所以来南开学习，完全是由于中学老师毕业于南开数学，但是之后通过本科阶段的学习，对概率、统计产生了浓厚的兴趣，到了研究生期间接触科研，逐渐在了解科研的过程中发现了它的有趣。

王老师认为在"创造知识"的过程中，老师只是起辅助、引导的作用，关键是要靠学生自己动手、动脑做研究，这样知识才能"流淌到自己的血液中去"，内化为自己能力有机的组成部分。

王老师在培养学生方面有着独特的见解。他平时并不会对学生进行过多干扰，而是重视让他们自己思考，从而培养学生们自学自主自强的能力。当然王老师并不会完全放任学生们进行研究，在关键时刻会给予他们提醒和帮助。在学生学习过程中，做他们的知心朋友，无论是日常学习，还是出国联系学校，还是国内读研，会尽自己最大力量帮助他们，力争让他们进入一个更好平台。

王老师以体育竞技比喻学术研究，阐释了创造知识这一问题。王老师解释说，参加体育竞赛你就必须找准自己的项目，只听闻跨栏冠军、举重冠军、长跑冠军，却从未闻体育全能冠军，可见找准自己定位的重要性，学术作为研究专门领域的学问，就更是如此了。"找准了平台，要在这一平台上有所创建，首先要有非凡的学术魄力，敢于向第一挑战。"王老师说，"要挑战第一，就必须找到第一，以历史的眼光详细了解历届冠军的始末。在学术研究中，就是要了解自己领域学术发展的历史，并给自己的研究在思想史的长河中以准确的定位。剩下的就是细致、系统、严密的研究方法了。"

王老师共指导研究生 100 余名，其中一位博士毕业生获全国百篇优秀博士学位论文，并于 2017 年获国家杰出青年基金项目；一位博士毕业生获全国百篇优秀博士学位论文提名奖，并获全国统计优秀科研成果一等奖；两位研究生获教育部学术新人奖；两位硕士毕业生论文被评为天津市优秀硕士论文。

王老师治学严谨，可敬可仰；平易近人，可亲可爱；为师，学术精深，诲人不倦；为友，殷殷关切，情真满怀！

大学者，非谓有大楼之谓也，有大师之谓也，王老师是南开统计的"掌门人"，更是学生们心中的"良师益友"，大师当如此！

统计与数据科学学院团委书记　高春燕
2008 级概率论与数理统计专业博士生　李忠华

快乐学术的明星导师

——记历史学院夏炎教授

明星教师自有道,学风严谨学术精。风趣幽默天津范儿,快乐学术引路人。

人物简介

夏炎,1976年生,现为南开大学历史学院教授、博士生导师,南开大学历史学院副院长,教育部人文社会科学重点研究基地南开大学中国社会史研究中心副主任,中国唐史学会理事、中国魏晋南北朝史学会理事、中国敦煌吐鲁番学会理事、天津市历史学学会监事长。日本爱知大学、日本学习院大学客员研究员。入选南开大学"百名青年学科带头人培养计划"。获天津市教学名师奖后备人选(原校级教学名师奖),南开大学第三届"魅力课堂"奖,南开大学第二、第四、第六届宁一弘道奖教金"魅力教师"奖,南开大学第七、第八届"良师益友"奖,南开大学青年教师教学基本功竞赛"最佳选手",第十二届天津市高校青年教师教学基本功竞赛三等奖,南开大学教学成

果一等奖,第八届高等教育天津市级教学成果奖一等奖。研究方向为魏晋南北朝隋唐社会史、制度史、环境史,在国内外学术期刊发表论文数十篇,著有《中古世家大族清河崔氏研究》《唐代州级官府与地域社会》等多部专著。

人物风采

又是一年开学季,在夏老师门下的学业也将进入第四个年头,如果概括对老师印象,大概多面多能与没有代沟是最好的两个词汇。与夏老师的相处中,同学们总能感觉到他不同层面、不同方式的教诲与帮助。无论是学业还是生活,这位令人如沐春风、不觉受益良多的老师都称得上真正的良师益友。

推陈出新的明星教师

在历史学院的广大学子中,夏炎老师可称得上人气明星。在历史学院,无论哪一位同学都对夏老师风趣幽默而又富有知识性的教学赞不绝口。夏老师的选修课从来是学院口耳相传推荐之选,一加再加的课程名额也常常

难以满足同学们选课的热情。而夏老师所执教的必修课也同样风靡,即使上课时间安排在令人困倦的午后,同学们也能如数到齐并听得兴趣盎然。这些教学成绩的背后,自然离不开夏老师的辛勤付出。

中国古代史不仅是历史学院最重要的基础课程之一,也是本科教学的知名科目。前期史曾由孙立群老师执教,并打造为精品课程。夏老师接手之后为进一步改善课程付出了极大的努力。作为课程助教,在协助夏老师的过程中我确实感受到老师对本科生教学的独到见解和

付出。在内容上，夏老师希望课程能与学术研究接轨，不仅传授知识还能够帮助学生快速了解与适应历史学的学术模式。在方法上，夏老师希望在讲授的基础上进行体验式的教学。每年的课程中，夏老师都要在反复思考并征询同学意见的基础上选择史料与书目，通过对一部史料的深入阅读来帮助同学们感受历史研究的路径。另外，夏老师在古代前期史与隋唐五代史课程中加入学术研讨式的课程展示，不仅在形式上模拟学术会议的形式，还请高年级同学参与评议，使得新同学们在了解学术活动的同时实现教学相长。

夏老师执教的隋唐五代史选修课结合知识性与学术性，为避免与通史课程重复，并能引导同学们了解学术研究，夏老师增加了许多参考书目和学术史介绍，使得同学们能更好地了解学术动态，并进行扩展学习。同时，夏老师为同学们展示了文书、石刻、壁画等多元的史料，以丰富大家对史料的认知。

通过夏老师的积极教学，许多同学第一次了解了史籍资料的原本样貌，第一次见到了石刻拓片的实物，第一次感受到了学术研讨的魅力。丰富多样的讲授模式和系统立体的课堂内容再辅以夏老师一贯幽默风趣的语言，这都使得夏老师的课程深受喜爱。许多同学不仅受到了史学研究的启发，也被风趣和蔼的夏老师"圈粉"。几年来，夏老师所指导的"国创""百项"小组中已经形成了以石刻调研为核心的系列项目，而参与项目的同学大都是在夏老师课堂上受到老师教学的启发与人格魅力的感染。

在研究生课程中，夏老师更重视教学的专精与贯通，组建多年的全唐文读书班和碑刻读书班立足于基础史料的发掘，通过精读材料法培养学生的学术基础。这一方面符合中古史研究资料稀少、亟待精研的学术理路，同时也使得参与的同学认识到《全唐文》以及各代金石学著作同样具有重要的史料价值。无论是初入师门的新同学还是参与多年的师兄们无不感受到这种训练对他们的帮助，学术基础得以夯实，研究视野也进一步扩展。这种成功的背后是老师对课程殚精竭虑的钻研和精益求精的追求。

和蔼严谨的学术导师

相比于课程教育，夏老师对研究生的指导更加突出学术性。而对于夏老师的启发性教学和严谨指导，身处"炎门"的各位学子都感触颇深。

对于学术论文的指导，夏老师一贯主张独立选择，认为通过自主选择，才能兼顾学术价值和研究兴趣。本科毕业时，我曾苦于缺乏合适的论文题目，而夏老师给出的建议是阅读史料，"一部《资治通鉴》，从武德年连续读下去，很快就会产生灵感"。硕士论文选题时，夏老师每周与我进行交流，除去对我题目进行学术化的调整以外，还鼓励我就相关问题进行尝试性的写作。这种"紧密"和"激烈"的切磋持续了近一个学期才最终敲定了合适的题目。其间老师不仅帮我关注相关问题的最新成果，还时常发给我一些我不曾关注的材料，老师百忙之中的悉心关注常使我感到敬佩与汗颜。在题目与写作的讨论中，一旦我困于某些想法而"固执己见"时，老师也从无急躁不满，反而为我分析优劣，并给予我足够的时间思考消化。在我纠结于思考无法下笔时，老师也鼓励我先做尝试再观取舍。正是这种春风化雨、细微点滴的支持与鼓励为我提供了莫大的帮助，才让我的毕业论文最终得以入围学院优秀硕士论文。

夏老师对于研究生的教学不仅包括严谨而高效的启发式教学，同时也提倡团队合作的形式创新。夏老师一直希望改变研究生"单打独斗"的学习方式。多年来，围绕着师门例会、论文讨论和访碑调研等活动，炎门的集体活动日益丰富，同门师友不仅在学术上有了更多机会取长补短，在日常生活中也成为重要的伙伴。作为大师兄的张弛博士在这一方面感触颇为深刻："无论是指导学生的方式，还是研究学问的方法，夏老师和我以前遇到的老师都有所区别，令人耳目一新。传统的历史学研究方式多是'单打独斗'，而夏老师更加强调团队合作，在和学生共同研究的过程中教学相长。所谓转益多师应该就是这样吧。"

围绕论文和学术的师门例会在夏老师的努力付出中成为"炎门"的特色，即使是疫情期间，老师仍然通过线上的方式将传统保留下来，除去具体的文章与问题，师门例会与师生对谈中，老师同样与我们交流宏观的学术发展方向，从未来的研究趋势到就业和学术规划，每一位炎门弟子都深切感受到老师因材施教的魅力与殚精竭虑的付出，这其中不仅包括了老师独到深刻的学术理解，也包含了老师对每名学生的深入认知和浓浓关切。

无论是单独指导还是集体讨论，涉及学术问题，一贯和蔼风趣的夏老师则会变得十分严厉，他的言辞虽不激烈却入木三分，许多炎门学子都清晰地记着自己的第一次论文讨论时的"惨状"。当我们看到平时总是和蔼微笑的老师一脸严肃地指出论文不足的时候，内心总充满一种震撼，这种震撼不仅来自具体的批评，更是让我们认识到学术研究的严谨与庄重。曾深受老师"关照"的关健赟师兄表示，夏老师对于论文孜孜不倦的细致要求不仅是帮助学生学习的方式，也是严谨学术精神的言传身教。正是因为这种严厉使我们更加认识到学术的严谨性以及个人能力的差距，而愿意牺牲个人时间、耗费精力组织讨论并评改论文的夏老师也成为每一位炎门学子的引路人。

热爱生活的知心长者

提到夏炎老师，历史学院的同学们总会把风趣、幽默、快乐等词与他联系在一起。作为一名土生土长的天津人，夏老师确实如这座城市一般将幽默乐观的精神融入了灵魂。快乐学术、快乐生活就是夏老师挂在嘴边的座右铭。

"我们做的这些也都是出于兴趣，只不过我们的兴趣也是我们的工作。这一点上看我们还是幸福的。"夏老师所说的"快乐学术"不仅是针对自己，也是对我们这些学生而言的。对于选择了学术道路的同学，夏老师希望他们能够将学术融入爱好与生活，在艰难前行中寻找到乐趣。

作为中古方面的石刻研究专家，夏老师利用闲暇时间所组织的访碑调研活动在学术界已经小有名气，而这项完全自发的活动正是出于对专业学术的热爱。最初对石刻产生兴趣是在本科三年级的实习考察，夏老师带我见识了著名的何弘敬墓志，使我被石刻的魅力所震撼。在以后的求学生涯中，我多次参与老师组织的考察活动，老师利用课余时间带领我们进行周密的准备。在高温酷暑下，大家深入田野寻找现存的石刻遗迹，这种"柳暗花明又一村"的喜悦感和历史现场所带来的感悟让我真正感到，我所热爱的历史学是一种饱含发现与感悟的美妙过程。

对于想要步入社会的师兄师姐，老师也鼓励他们追求自己向往的生活。在夏老师看来，走学术之路并不意味着成功，人生道路的选择应当以适合自己为最优。面对着步入社会的艰难选择，心存迷茫的学生也能从夏老师这里得到帮助，无论是心理上的不安还是对未来道路的担忧，夏老师总能为大家找到排解之道。同时夏老师希望研究生的学习能有阶段性和仪式感："无论未来从事什么工作，在校学习都是人生的一个阶段。应当要努力完善自己的论文，无论是未来可持续的研究课题还是精当的专题研究，都应当努力完善，这是对自己学习生涯的交代。"

快乐学术不仅是发掘自己对学术的热爱，更是希望大家能够在追求学术理想与享受日常生活中获得平衡。学术之余,夏老师也是一位戏曲爱好者,他同样鼓励弟子们发展自己的爱好,鼓励大家多元发展而非一味地"读死书"。夏老师向来提倡我们享受自己的生活,对于喜爱远足的张弛师兄,夏老师会在师兄旅行之余指点何处有唐碑,何处有中古遗迹,以此培养学术兴趣。对于同样喜爱传统曲艺的我,夏老师也愿以爱好者的身份与我交流。炎门的日常生活并非只有紧绷的学术工作,也充满着负有生活气息的欢乐与热爱。

作为学生学业发展的引路人与人生发展的指导者,夏炎老师在学习生活中不断以他独特的魅力影响着每一位向他求学的学子,是当之无愧的良师益友。无论是风趣幽默、善于创新的明星教师,还是学富五车、视野独到的优秀学者,抑或是热爱生活、快乐学术的知心长者,变换的是夏老师的身份和教育方式,不变的是他诲人不倦的奉献与热爱。

历史学院团委书记　王寅
历史学院 2017 级硕士研究生　鲍隆轩

为知识产权著书　为法律事业铸人
——记法学院张玲教授

三十余载不忘初心，辛勤耕耘知产沃土。著书立说言传身教，立德树人作育英才。

人物简介

张玲，女，汉族，中共党员，博士。1986年至今在南开大学工作，长期从事知识产权法的教学和科研工作，承担或参与过多项国家和省部级科研项目。现任南开大学法学院教授、博士生导师、民商法教研室主任、法学院学术委员会委员、法学学位评定分委员会委员。主要社会兼职有：中国知识产权法学研究会理事；中国民法学研究会理事；天津市法学会民法学分会副会长；天津仲裁委员会知识产权与互联网专业委员会委员。担任天津市人大法工委立法咨询专家、天津市政府法制办行政法制研究所兼职研究员、天津市法学会专家委员会委员、天津市工商局专家咨询委员会委员、和平区人民法院人民陪审员、南开大学法律顾问等，为国家立法、天津市地方立法、司法审判、南开大学的制度建设，积极建言献策。

曾参与多部著作和教科书的撰写，出版专著《专利法理论与实务研究》《日本专利法的历史考察及制度分析》，其中后者是国内第一部对日本专利法的历史演进和制度内容进行系统、深入研

究的著作。在《法学研究》《中国法学》《政法论坛》《法学家》《外国法译评》《法学》《知识产权》《南开学报》等 CSSCI 来源期刊上发表多篇学术论文,曾获 2019 年第十六届天津市社会科学优秀成果奖一等奖(独著)、2016 年第十四届天津市社会科学优秀成果奖二等奖(独著),以及天津市优秀青年法学家、天津市第十四届社会科学优秀成果奖二等奖、2012 年南开大学"优秀共产党员"、南开大学 2008 年、2013 年、2017 年社会科学研究优秀成果奖、南开大学首届和第八届"良师益友"、南开大学第四届"良师益友"提名奖、南开大学第二届"魅力课堂"、南开大学摩托罗拉教学奖、南开大学本科教学优秀单位建设先进个人二等奖、南开大学"敬业"奖教金二等奖、第八届全国大学生版权征文(本科生组)优秀指导教师、南开大学亚洲研究中心第十届人文社会科学优秀成果奖、南开大学 2013 年度课程数字资源建设优秀课程、2016 年全国法律专业学位研究生优秀学位论文指导教师、2015 年法学院本科教学成果一等奖等荣誉称号。

人物风采

1984 年本科毕业后,张玲考取中国人民大学法学硕士,师从新中国民法的开创者、民法学的带头人佟柔先生,开始了三年的求学之旅。在这期间,佟柔先生的治学理念和教育思想深深影响着她。佟柔先生说过:"无论在哪里,都要热爱祖国,报效国家,但爱国不能是一句空洞的口号,对读书人来说,踏实工作、治学育人就是报效国家的最好方式。"正是在这种理念的影响下,张玲一毕业,就进入南开大学任教,开始她漫长又光辉的教

师生涯。

抽丝剥茧解疑难，拨云见日得真知

"老师的教案被学校变卖，学校应不应当承担责任呢？"

"应该吧，损害教师权益了吧。"

"不应该吧，教案归学校所属吧。"

老师的问题一经抛出，教室里同学们就纷纷议论起来，发表自己的看法。

老师点了一名学生又继续问道："教师编写的教案是什么性质呢？"

"如果具有足够的独创性，那就应当属于作品。"

"如果教案属于作品，那么其著作权是怎么产生的，应当归属于谁呢？"

"著作权是作品完成时产生的，归作者享有。"

"那好了，现在就是教师享有著作权，那这样的话学校变卖教师的教案有没有侵犯教师的权利呢？"

"嗯，学校虽然只是处理了教案本，但是附着在其上的作品也随之被损毁，侵犯了教师的著作权，应当承担责任。"

这就是张玲老师著名的"苏格拉底之问"，每节课她都会这样带着同学们去思考。几乎每个学生遇到老师的"连环追问"都有点胆怯，可是胆怯归胆怯，经过老师的一番引导之后，关于问题的答案竟已经了然于胸，而这个过程更是老师带领同学们形成法学思维，建立知识框架的过程。

而这个"杀手锏"也是张玲老师一步步练就的。自从她决定追随佟柔先生的步伐时起，她就立志也要成为一名好老师。长期耕耘在本科、研究生教学的第一线，她深知课堂时间的宝贵，为了能让同学们在课堂上尽可能多地学到技能，从业以来她始终坚持探索出更好的授课方式，也就有了张玲老师最著名的"苏格拉底之问"。除了这种互动式交流学习所激发的学生的学习热情之外，她也重视课前对课堂的认真准备。每个知识点应当投入多少时间？应当怎样引导同学们去思考？正是这些细节，让张玲老师的课堂活了起来，让同学们的思维活了起来。

张玲一贯秉承着一个思想，法律条文是社会生活中规则的表达，而法律的制定就是为了社会生活而服务的，倘若学习只意味着背诵法条而不会运用，那么学习就是浪费时间、浪费生命、浪费资源。执着于对教育事业的热爱，张玲始终在探索如何能让学生更好地理解法律规则，如何能培养学生在宝贵的课堂时间尽快养成法律人的思维模式，分析问题的思维习惯，如何能让学生真正做到"知行合一"，真正成为对社会有用的人才。她在教学中不断进行探索改革，总结教学规律。转变学生记忆棒式学习方式，把重点放在培养学生科研创新能力以及法律"听、说、读、写"能力。张玲老师常说："人的认知状态有四种：不知道自己不知道、不知道自己知道、知道自己不知道、知道自己知道。"通过层层设问，引导学生们深入思考，张老师带领同学们发掘问题答案的过程，也让同学们发现自己的"不知道"所在，从而让同学们自觉、能动地去填补知识领域的空白，达到学思合一、知行合一。

"张玲老师的课堂有一种魔力，你的思路会不由自主地跟着她走下，每堂课下来都能感觉到有一种任督二脉渐渐打通的感觉，而张玲老师课上教授的思维方法用到别的问题、别的学科上也很受用，慢慢地自己也学会如何分析法律问题了。"这是一位同学在课后交流时分享的感悟，也是张老师的课堂带给大家的普遍感受。

半亩方塘长流水，呕心沥血育新苗

其实，老师并不是张玲的唯一身份。律师、陪审员、研究员等，张玲还有许多其他身份，承担着社会对这位优秀的学者赋予的责任。但自从进入南开大学任教，张玲就立志成为一名受学生欢迎的好老师。而"教师"这个职业更是她倾注心思、精力最多的职业，更是她最钟情的职业。几十载的教学生涯中，她始终初心不变，以学生为本，急学生之所急，想学生之所想，致力于培养法律人才。这是她心中最大的乐事，是幸福的源泉，更是内心坚守的一份责任。

张玲老师教导学生们说："不要害怕没面子而不敢发言，更不要给自己设限，让自己停止进步，停止学习。等到了工作岗位上，没有扎实的专业技能才是真正的'没面子'。法律人最基本的听说读写的职业技能就是要在一次次的发言和写作的实战中锻炼出来的。"

"我给老师发邮件，基本当天或者第二天都能得到老师的回复。遇到难题，老师总能一针见血指出问题所在，并且帮我耐心梳理脉络，解决问题。"

"我给老师发论文，老师每次都打语音电话和我交流，指出我的问题，比以前进步的地方老师也会表扬。语音交流比文字交流会更深入，能有效地发现自己的问题。而且每次和老师交流，老师都很有耐心，常常用类比或者比喻让我能更好地理解她的意思，沟通很有效，在这个过程中，进步也会比自己琢磨快得多。"

以学生为本是张玲老师一贯的原则，为了发挥学生的积极性和能动性，张玲老师从不会要求学生和自己研究一样的课题方向，而是尊重学生的意愿，让学生自己选题。但是这并不代表老师对同学们没有要求，相反老师的要求是很严格的。老师常说，研究问题首先要确定你的问题是"真问题"，否则你的研究就是没有意义和价值的。在如何寻找一个真问题、如何辨别一个问题是否是真问题上，老师也带着同学们做了不少训练。帮助同学们确定一个选题后，在论文修改上老师更是不遗余力地帮助同学们。为了让学生的能力真正得到提高，她以十分严格的标准要求他们。有时候一篇论文要改七八稿才能最终定型。她不会因为顾及面子而让问题悄悄溜走。"该摔打就摔打"是她对学生们负责任的一种表现。可是这种严格的要求，再回首看确实是卓有成效的。张玲老师所带的学生连续多年获得本科毕业优秀论文、研究生毕业优秀论文，且数量位于法学院第一，在全国、天津市、南开大学举办的征文比赛、学术研讨会、毕业论文评比中获得优秀论文奖项。

能在张玲的门下拜读也是一件幸事。她总会在学生群里分享最新、最热点、最有深度的文章与资料，还有法学的学习方法、论文的撰写技巧、法规资料的汇总、热点案例的分析评述等，提供给大家最及时有效的信息。

张玲老师还经常组织"师门交流会"，在校的同学聚集在一起探讨学术问题，研究论文的写作方式、法律的思维方式。老师也会给出她的指导意见，大到选题，谋篇布局，小到引注，标点符号，老师都会细心地帮同学们指出问题所在。正是这一次次潜移默化的训练，使学生们的能力逐步得到提升。张玲老师就是这样在点滴之间、在细节之处时时刻刻为同学们考虑，竭尽全力帮助同学们成长。

经师易遇，人师难求

深感时间紧迫，而要做的事情还有很多，张玲从未放松对自己的要求。自 1986 年 7 月到南开大学工作后，她在教学工作之余，长期从事科研工作，承担或参与过多项国家和省部级科研项目。参与多部著作和教科书的撰写，在《新华文摘》《中国法学》《法学研究》《法学家》等 CSSCI 来源期刊，以及外国期刊上发表多篇学术论文，且屡次获奖。而在这些卓越成绩的背后是张玲勤勤恳恳、兢兢业业数十年如一日的努力。张玲将自己这种惜时、奋进的理念也传达给了她的学生。

在每年的新生见面会上，张玲都会对她的学生说这么一句话："我严格要求你们，而你们也希望得到我的严格要求，我们师生便达成了共识。"这是张玲对自己的要求，也是她对学生的要求，"严谨"和"严格"成为法学院里大家对张玲老师的一致评价。

"每个人的一天都只有 24 小时，这是最公平的事情，而你怎么用这 24 小时，就决定你能做成什么样的事情。"

为了鞭策同学们进步，她常常以"做体操"和"脑操"来类比举例。"体操你只有做出来了，老师才能知道你的胳膊举没举平，腿伸没伸直。那脑力劳动也是一样，你只有写出来了，说出来了，我才能知道你问题在哪，我才能给你针对性的指导啊！"其实，"做体操"就是张玲对"听说读写"这四样法律人职业技能的一个形象比喻。"不怕你们错，就怕你们不做！"这些话里，是张玲对她的学生们尽快成长的殷切期盼。

除了精进学业，惜时奋进，老师还向同学们传递她做人做事的理念：

第一，树立一个准确的目标。

第二，先做人后做事，立德为先。

第三，代表人有三种。一种是对社会有贡献、有创造力的人；一种是平庸的人；一种是只消耗社会资源、对社会有害的人。我们都应努力成为第一种人。

第四，法律人必经具备听说读写的四项基本技能。

第五，法律人要具有观察力、判断力、选择力、决策力、执行力这五种能力。

这五项原则就像"张氏家规"一样，无时无刻不约束着所有"张氏门生"，引导着一批又一批的学子在做人和做事的道路上一步步前行。这饱含着张玲老师的人生阅历，以及她所思所想而凝结成的岁月和智慧的精华，应当被所有学生终生铭记并恪守。

三十五载辛勤耕耘，张玲老师用爱与责任成就了一份坚守，而她悉心栽培的一批又一批学生,在全国各个行业遍地开花、努力绽放,回馈给社会更多的爱与责任。终身之计,莫如树人。张老师相信教育能改变社会,而她自己成了教育的楷模。

法学院团委书记　李高扬

法学院2019级法律硕士非法学专业硕士研究生　杨帆

天之骄子求真知　浩然胸襟植桃李
——记物理科学学院张天浩教授

治学严谨身传教，育人有方桃李满；如长如友待弟子，良师益友无愧之。他把身放在讲台上，把心放在学生的心里。他用真诚打动学生的心灵，用热情点燃学生的激情。严谨，是他治学的态度；谦逊，是他人生的标尺。晦涩的物理知识，枯燥的公式定理，被他巧妙演绎，焕发出缤纷色彩；深奥的物理哲学，被他灵活解读，让学生站得更高，看得更远。

人物简介

张天浩，男，1971年11月出生，博士生导师，天津市照明学会常务理事，教育部新世纪人才资助项目获得者。1994年毕业于南开大学物理系，

1997年于南开大学物理科学学院光子学研究中心获硕士学位，2000年于南开大学物理科学学院光子学研究中心获博士学位。2000年担任南开大学物理科学学院光子学研究中心讲师，于2003年升为副教授并兼任生物物理系主任，2009

年至今担任南开大学物理科学学院光子学研究中心教授。近年来研究组在 *Appl. Phys. Lett.* 、*Opt. Lett.* 、*OptExpress*、*Pyhs. Rev.* 等杂志上发表论文 60 多篇。承担包括教育部新世纪人才资助项目、国家自然科学基金、教育部博士点基金，参与国家重大基础研究前期研究专项、国家重大科学研究计划等在内的十余项科研项目。曾获得"天津市优秀教师""南开大学敬业奖教金"一等奖、"南开大学良师益友"的奖励及荣誉称号。2011 年作为"乳腺癌术后乳房重建量化设计、实施及监测的系统性研究"课题第二完成人获得天津市科技进步三等奖。

人物风采

虽然经常戴着一副眼镜，但却也遮不住他炯炯有神的双眼，可以从他的眼神中读到聪明睿智；脸上经常挂满笑容，对待学生亲切和蔼，他的谆谆教诲总能让学生心服口服，这就是张天浩老师。

治学严谨　因材施教

张天浩常说，物理科学的学习不仅要做实验，还要多读文献，读文献要先看目录，再进行有重点的阅读和学习。张天浩老师经常在实验室与学生们讨论问题，对于同学们不解的问题，他总能很快地给出自己的意见。他对问题的见解往往很独到，能够一针见血地指出问题的根源所在，他也愿意和学生们分享奇妙的观点，一同交流碰撞出新的创意和火花，这也让同学们收获颇丰，并乐在其中。不论遇到多么难的问题，张老师总是会静静的沉思，虽然内心已经思潮如涌、飞快计算，但外表依然平静如水，有一种运筹帷幄之中、决胜千里之外

的沉稳与镇定。

学生们新到科研组时，虽然有一定的理论基础，但是实验基础薄弱。为了让学生们更快融入实验组的科研生活，张老师经常给新入组的学生细心介绍实验室的"老古董"——经典实验设备。张老师总说，实验室的试验设备都是有"灵魂"的，很多实验设备不是现成的，都是需要自己设计组装的。即便现在有些设备已经用不到了，张老师还是会给学生们讲讲这些实验设备的使用，这不仅能够帮助学生开阔眼界，更重要的是能让学生们更真实地体会到实验是什么，这些知识让我们认识到实验不是照本宣科的固定操作，而是需要自己设计创新的思考过程，遇到困难就要想办法解决，只要肯思考，解决实验困难的方法绝对不止一种。这些经验是张老师从学生时代就开始积累起来的，而现在他也在把这种学习方法传授给他的学生们。

张老师在科研和教学岗位上已经持续工作了 20 多年，培养了很多优秀的学生，有着丰富的教育和教学经验。他注重因材施教，对不同类型的学生会采用不同的教育方式，有的学生动手能力比较强，张老师在帮他选择研究方向时会更偏重实验，而对于思维更加活跃和计算能力比较强的学生，在研究方向上会更加偏重于理论计算；有些学生比较内向，在校期间也缺少担任班级职务的经验，张老师便会让这些学生分担一些实验室的事务，增加和其他老师同学交流的机会，在慢慢打开心扉的同时提升个人的能力；有些学生在毕业以后会像张老师一样走上教学岗位，张老师会鼓励这些学生去担任助教，多增加一些锻炼的机会，增强自己的专业能力。

人生导师　以身作则

"成功绝非偶然，它只是努力的必然结果。"张天浩总喜欢用自己的亲身经历教育鼓舞学生。张老师的学生们总说，在老师身上听到最震撼、最能产生共鸣的话题就是老师当年复习考研的经历。"张老师告诉我们，当他确定考研目标后，先去剃了光头，听到这里我们忍不住都在偷笑，但是接下来张老师告诉我们的故事深深地震撼了我们。他每天从清晨开始全身心投入学习，直至深夜，甚至会两天睡一宿，他这样高强度全身心地学习，最终以优异的成绩考取研究生。这样的恒心与毅力让我们钦佩不已。每次听到张老师的教导后，我们常常深受启发，没有人不付出汗水就能随便成功。"实验组的同学们常用这个故事来激励自己，还会用这样的励志故事来鼓舞其他同学，主动地投入学习和科研中去。在张老师的影响下，他的实验组科研氛围积极向上，学生刻苦钻研，科研成果颇丰。

实验组学生每周最珍惜的时光，就是开组会的时候。他们认为，这是他们最能查漏补缺，找到科研提升点与进步点的时候。张老师在听取学生的工作汇报时，都会耐心地听学生提出的问题，分析学生遇到的困难和困惑，然后认真地引导和帮助学生解决问题或指出学生应该补充学习的文献，抓住关键点，让学生有更加明确的研究目标。在指导过程中，张老师经常用自己看过的文献直接与学生在科研中遇到的问题对应。在佩服张老师知识量的同时，学生也在张老师的带领下在科研道路上不断前进。

张老师不仅注重培养学科素养，还很重视培养学生的爱国情怀。他经常会将新闻热点同学生们讨论,这些话题往往和学生的学习生活息息相关。在聊天讨论中，他也会将一些学生们平时不关注的事情讲给他们听。过程中，张老师引导学生思考事件的本质，鼓励大家发表自己的见解，帮助学生建立积极向上的人生观、价值观。

关爱学生　克己守心

张天浩老师经常教导学生："当你爱这个世界的时候，你也被这个世界深爱着。"张老师不仅是学生们学业上的导师，更是生活上的导师。张老师对同学们的关爱体现在细微处，他每次出差前后都会给实验室的同学们发微信，关心学生的学习状态；每次聚餐时会询问学生的生活情况，看看是否有需要帮助的事情。当觉得学生最近不够努力或状态不好时，他会直接指出并提醒学生，即使身在国外，也会发微信了解近况。当学生们遇到心理压力时，即使不和张老师说，老师也能读懂学生们的"微表情"，想方设法多跟学生们交流，排除学生们心理上的压力。张老师关心在读学生的学习和生活，也很关注已经毕业学生的工作和生活状况。在实验室的微信群里，有一些已经毕业的学生们有拿不定主意的事情，也还是会向张老师请教，张老师是学生一辈子的导师，做张老师的学生很幸福。在胜似一家人的环境下，每位学生即使毕业了也仍心系实验室。每当实验室有学生毕业时，大家便聚在一起，这种其乐融融的气氛更是把实验室的这个大家庭紧紧地连在一起，这些都离不开张老师对学生们的教导和满心的付出。

爱因斯坦曾经说过："一个人的价值，应当看他贡献什么，而不应当看他取得什么。"张老师一直把这句话当为座右铭，并常常以此来教导组内学生。在他看来，点点滴滴的努力与奉献是他回报祖国与社会最深情的誓言。实验组学生评价张天浩时说，张老师是这样一位老师，治学严谨，为人谦逊，怀有耐心，学生问的很多问题，他总是能细心反复地解答，不仅是我们的老师，更是我们的朋友。在与新进实验室学生的接触中，张老师习惯先与学生以轻松的方式谈论一些人生道理，而这些道理恰是学生在今后科研生活中需要遵循的真理。张老师总是为学生着想，经常给学生讲一些为人处事的经验，老师用自己认真、负责、努力的态度为学生树立了良好的榜样。有时，老师还会成为学生的心理疏导师，为学生解答遇到的疑惑和选择。

物理科学学院辅导员　吴宵宵
物理科学学院2019级光学专业博士生　武瑶瑶

第三部分
高山景行堪世范　自古难求是人师

"高山景行"出自《诗经·小雅·车辖》,谓之"高山仰止,景行行止",又见于曹丕《与钟大理书》"高山景行,私所仰慕";"人师难求"出自袁宏《后汉纪·灵帝纪》,"昭曰:'盖闻经师易遇,人师难遭。'"可见自古中华民族就不乏德行高尚之人,更崇敬德行高尚之师。遇良师为人生幸事,在南开就有诸多良师益友,治学严谨、言传身教、启迪智慧,为做人做学问之翘楚、之师范。在这一篇章中,我们将品阅南开师者带领学子发出南开声音的点滴故事。

春晖遍泽桃李树　志存高远育英才
——记生命科学学院程志晖副教授

十载隔洋同对月，学成一心为归来。他传承南开大学优良的学术传统，用学养和智慧在微生物的世界里探求生命奥秘；他躬行立德树人的育人根本任务，用人品和风骨引领学生成长，培育青年英才。

人物简介

程志晖，男，河北保定人。他是留学归国的青年教师，本科、硕士均毕业于南开大学，随后进入美国俄亥俄州立大学跟随美国科学院院士力久泰子教授攻读博士学位并从事博士后研究，主要研究病原微生物的致病机理和其与人体免疫系统的相互作用，留学期间获得美国微生物学会旅行基金。他科研实力过硬，积累了雄厚的科研经验，发表 SCI 文章 20 余篇，其中不乏微生物领域权威杂志 *mBio* 等，2014 年作为引进人才受聘于生命科学学院微生物学系。目前为南开大

学国际合作与交流处副处长、天津市微生物学会秘书长、本科生学业导师等,曾任生命科学学院 2015 级生物伯苓班班导师。

人物风采

师者,所以传道、授业、解惑也。尊师重教是南开大学的优良传统。每一名学生的成长成才,都离不开导师的言传身教。导师是学生的良师与益友,学生是导师的牵挂和希望。严谨治学、潜心育人、为人师表、行为世范的高尚品德,是南开大学教师队伍的生动写照,程志晖正在用自己的实际行动践行着南开教师的责任与担当。

严谨治学　潜心育人

众所周知,生命科学学院是实验型学科的"大本营",学生实验任务繁重、科研压力较大。每年开学前,程志晖都会与每名学生聊天,他讲的最多的是周总理 19 岁的日记。他教导学生做好科研工作要做到以下三点:第一,想,要想比现在还新的思想;第二,做,要做现在最新的事情;第三,学,要学离现在最近的学问。思想要自由,做事要实在,学问要真切。他希望学生不要机械地沉浸在实验中,而是带着好奇、求真的态度去探索未知的世界。

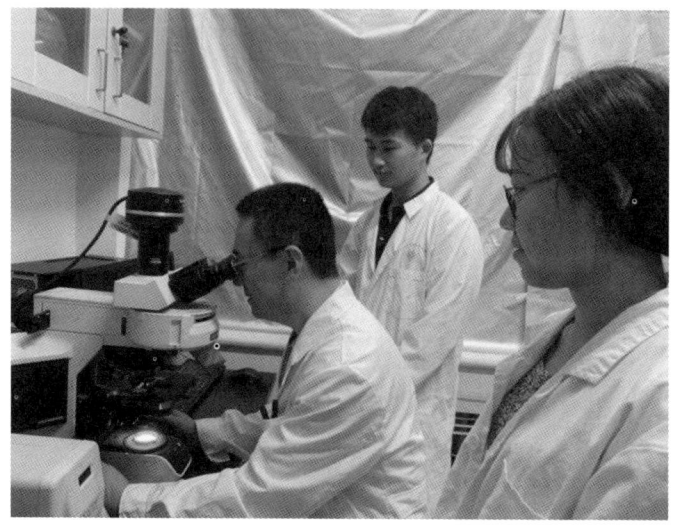

悬浮在空气中的尘埃透过丝缕阳光映照出年轻的身影,微带燥意的风盘旋着钻进了发梢,午后的二主楼,粉笔和黑板接触的沙沙声和着清朗的嗓音,严谨的思维与洋溢的

热情交织在一起,将生命的玄奥一点一滴阐释出来,这就是程志晖的生命课堂。他幽默诙谐、妙语连珠、严谨细致的讲课方式在学生中颇受欢迎,他的课程经常有学生来"蹭课",讲授的一些本科课程甚至硕博研究生也会来听,他任教时间虽然不长,但他开设的所有课程选课学生均爆满。程志晖新学期第一课的授课内容同样是周总理 19 岁的日记,他引导学生在青年时期树立远大理想,牢记南开精神,"公能"并济。

对于学生的科研工作,他尽职尽责,学生也收获颇丰。指导的本科生科研训练,成果显著,进步飞快;指导的研究生在毕业答辩中多次取得第一名的好成绩。"程老师渊博的学识和高尚的人格魅力使得每一位毕业的同学身上或多或少都有着他的影子,严谨的治学态度、精益求精的工作作风对我们影响深远,让我们在各自的工作岗位上奋勇向前。他为人和善,但做学问容不得学生半点马虎;他为人谦虚低调,但要求学生自信大方。他是一位身体力行、用行动给予学生知识的园丁。"程志晖的两名 2015 级硕士毕业生说。

为人师表　行为世范

程志晖热爱学生工作,责任心强,多次带领本科生开展实习活动。他曾在暑期带领学生赴内蒙古实习,11 天的行程,2000 公里路程,行走美丽山河,探索生命奥秘,一路上为了更好地培养学生独立观察、思考的能力,理解理论课程所学的内容,程志晖做了大量的前期准备工作。同学们均表示此次野外实习收获良多、受益匪浅,对我校生物学科有了进一步的了解,程老师的指导更激发了他们的学习兴趣,更坚定了他们从事生命科学研究的信心,并十分感激学院提供的宝贵实习机会。

作为本科生物伯苓班班导师,程志晖每学期初和学期末都会召开伯苓班的班委会,了解同学们的学习和生活情况,答疑解惑,并向学院反映同学们的心声。他还十分关心同学们的生活,积极帮助同学们解决遇到的问题。程志晖也是学生职业规划道路上的引路人,学生即将毕业,他和毕业生多次交流讨论未来发展问题,嘱咐学生如果有需要帮助的地方他一定会全力以赴;在学术交流方面,程志晖联系山东大学泰山学堂、武汉大学弘毅学堂与生物伯苓班的同学们交流,帮助同学们联系实验室导师等,他亲力亲为,工作效果显著。他定期邀请校友嘉宾举办"伯苓讲座",从学术大牛到跨界精英,如美国伯腾(BioTek)仪器有限公司中国区首席代表兼总经理等,都曾做客"伯苓讲座"。校友前辈们现身说法,让学生更加了解学术知识的应用、生物产业的发展现状,以及成长道路上需要具备的能力与素质。2019 年,他所负责的 2015 级本科生物伯苓班学生毕业,班级学生全部进入国内外知名高校、科研院所继续深造,如剑桥大学、宾夕法尼亚大学等;他指导的研究生有的继续深造,有的奋斗在生命科学教育的第一线,他们都在各自的岗位上发光发热。

2018 年,程志晖作为指导教师带领南开大学代表队赴美国波士顿参加国际基因工程机器大赛(iGEM)全球总决赛。为了呈现最好的项目成果,从立项到决赛,他不遗余力地为学生提供指导和帮助。决赛展示前,他和队员们经常熬夜修改材料到凌晨三四点,最终南开大学代表队获得金奖,并获 4 项最佳单项奖提名,创历史最佳"战绩"。

大爱关怀　师生情深

师生间真心的沟通源自彼此的信任与尊重。程志晖总是强调对学生的尊重与爱护。"我们把程老师的微信备注改成了'帅程''我程',就是觉得老师很有个人魅力、很亲切。南开生物夏令营期间,报名程老师研究生的学生非常多,他会根据学生的兴趣,为他们推荐适合的导师,这样的好老师太难得了,觉得自己很幸运能够加入他的课题组!"程志晖指导的研究生如是说。

2017 年,他所负责的本科生物伯苓班的学生生病。程志晖得知后,立即将同学送医,陪护至凌晨四点,待学生病情稳定后才放心,一夜未眠的他又早早地来到办公室处理工作。同年,学生的家长因心脏病急需手术缺少费用,每每回想起当时的危急时刻,学生的眼中总会泛起泪花。"手术费用不是个小数目,那时我第一个想到求助的人就是程老师,不论在生活还是学习中他都尽力帮助我们解决任何困难,拨通程老师的电话说明情况后,他直接赶往医院垫付医药费两万元,家人及时做了手术,脱离了生命危险,是程老师的善良与温暖帮助我们渡过了难关。"教育工作润物无声,立德树人水到渠成,程志晖把学生的一切事情放在心中最重要的位置,以发自内心的热爱与付出关心每一位学生,他不仅是学生学习上的榜样,更是学生生活中的导师。

"有几次实验比较晚,到了快深夜十二点,实验室只剩下我和另外一个师妹,楼下大爷催了一次又一次,其实心里还是有点小害怕,走的时候发现程老师竟然还在办公室加班，看到我们就笑着说一起走吧，这么晚我也不放心你们自己走。他总是默默地对学生付出，不计回报，这种细致的关怀让我们感觉很温暖。"程志晖的学生说。他从不要求学生具体的工作时间，但他用自己的实际行动感染着每一名学生。周末本该陪陪孩子的他经常出现在实验室，为学生指导实验。他关注着每个学生的发展，尽量让每位学生都有机会参加学术会议、做会议报告，锻炼表达能力并了解当今微生物学界最前沿发展。

他平易近人，不管是否熟悉，学生的邮件必回；学生求助于他，他会尽自己最大的努力伸出援手；他对学生无所偏爱，公平对待，因材施教，他相信每位学生都有闪光点，用不同的教育方式引导学生热爱科研、独立思考、发现问题、解决问题，成为对国家有用的人才。他是学生们心中的"真男神"。

公能并济　服务中国

"知中国，服务中国"是南开大学的办学宗旨，"立足解决中国实际问题"是南开一以贯之的优良学风。程志晖多次参加国际、全国学术会议，乐于交流，并不断学习，曾在第三届环渤海微生物学术研讨会和第五届全国人畜共患病学术研讨会上做报告；在2018年南开科普周上，他为孩子们做生动有趣的报告，让孩子们从小感受做科研的乐趣，培养对科研的兴趣。2017年，程志晖作为留学归国的青年教师来到甘肃庄浪学习"梯田精神"，他站在庄浪的山坡上，瞭望着一望无际、层层叠叠的梯田，心潮澎湃。他深刻理解了国情教育对于一个人成长的重要，深刻理解了中央实施"精准扶贫"战略，打赢脱贫攻坚战的重大意义。他感触很深地说："经过30多年艰苦卓绝的奋斗，庄浪人民在党的带领下用双手、铁锹和手推车改造荒山百万亩，造就了外国专家认为不可能完成的奇迹。我们应该学习他们自强不息的精神，为中国的科技发展刻苦钻研、努力拼搏。"这则感想荣登2017年12月4日《光明日报》。

2020年初，新冠肺炎疫情在全球肆虐，这不仅是对公共卫生事业的挑战，也是对民众心理的考验。及时有效开展科学的疏导，切实保障人民生命安全和身心健康，是全面打赢疫情防控阻击战的重要内容。面对这一情况，程志晖做客天津科教频道"百医百顺"栏目，以"预防新型冠状病毒我们可以做什么"为主题，利用专业知识为民众答疑解惑。疫情期间，越来越多生科人发出专业的声音。这些声音理性权威,又不乏人文关怀,为天津、为民众建言献策,破除谣言,排解焦虑,通过媒体传递南开声音。

  一枝独秀景已然,满园春色更可待,种得桃李满天下,心唯大我育青禾。程志晖相信真诚的奉献能使未来山花烂漫。不倦追求的他,始终把科研与教育当作一生的事业去奋斗,让更多的学生树立远大理想,牢记南开精神,成为为祖国和社会贡献光热的真正"南开人"。正所谓"贤师良友在其侧,诗书礼乐陈于前,弃而为不善者,鲜矣"。

生命科学学院团委书记　由佳
生命科学学院 2016 级微生物学专业硕士生　魏雪莹

经世济民气如兰　桃李天下沐春风
——记国家经济战略研究院戴金平教授

潜精研思，攀登科研之峰，她是坚韧的雪莲。经世济民，运筹帷幄之间，她是挺拔的木棉。春风化雨，心怀满门桃李，她是幽静的兰花。

人物简介

戴金平，1965 年生于河北，南开大学经济学博士，英国格林尼治大学博士后，美国哥伦比亚大学福布莱特学者，南开大学经济学院教授，博士生导师，教育部新世纪优秀人才。于 2002 年至 2008 年任南开大学国际经济研究所所长，2008 年至 2013 年任南开大学金融发展研究院副院长。现任南开大学国家经济战略研究院院长，兼任全国世界经济学会常务理事、教学委员会主任，天津世界经济学会副会长，并任职芬兰赫尔辛基理工学院及高雄应用科技大学讲课教授、厦门大学客座教授等。2014 年任南开大学"Smith 实验室"执行主任。

戴金平教授是南开大学世界经济学科和国际金融学科主要学术带头人，曾完成国家社科基金重大招标课题"互利共赢的开放战略研究"、教育部基地重大课题"跨国并购与国际

金融市场"、教育部重点研究基地重大项目"跨国公司与中国出口竞争力"与"金融开放与中国跨国公司成长"、教育部新世纪优秀人才支持项目"东亚货币合作篮子盯住与人民币汇率制度改革"、国家社科基金重点项目"金融周期对经济短期波动的影响研究"等;曾获天津市社科研究一等奖、安子介国际贸易研究论文奖二等奖、全国对外贸易成果奖二等奖等奖励;先后在《经济学季刊》《世界经济》等期刊发表论文百余篇;主持编写《当代国际经济与国际经济学主流》《国际金融前沿发展:理论与实证分析》《当代国际经济与国际经济学主流》等著作。

人物风采

三十余载的南开岁月,让戴金平老师与"南开"二字紧密相连。二十余载的教学生涯,她又把这份"允公允能、日新月异"的南开精神散布到世界上更远的地方。作为无数学子步入经济殿堂的引路人,戴老师多年如一日地言传身教,培养了一代又一代杰出的南开人。

三尺讲台论经济,一支粉笔写春秋

戴老师的课程向来深受同学喜爱,在授业解惑之余,更致力于扩展学生们的眼界,带领诸位学子一窥经济学殿堂的奇巧瑰丽。

戴老师的课程逻辑性极强,在清晰的主线脉络之余更是旁征博引,结合最新的国际国内经济形势引申扩展,往往能够引人深思。她注重培养学生独立思考、善于表达和带着问题读书的能力,往往在课前选好对理解和学习这门课程有帮助的书单。在给硕士生第一学期开授的货币金融课程中,就曾推荐《货币制度理论》《货币政策理论与实

务》《竞争与金融》等经典读物。每堂课之前会向学生们抛出几个代表性的问题，学生们带着问题去思考求证、小组讨论。戴老师鼓励学生们去讲台上表达自己的看法，小组之间、学生之间互相交流，时常能迸发出思维碰撞的火花。课后针对学生们的发言进行点评，针对核心问题进行总结，让学生们了解自身有待提升的空间。在这个过程中，戴老师循序引导，培养了学生们读书、思考和表达的能力。除了课上推荐的书，她还鼓励学生要多读好书，"读书、读好书，是认识世界最好、最快捷的手段"。在选择书目时，"要选经典的、原创的，出自该领域大家的著作，这样能够高效利用有限的时间"。

对于有些开放性的问题，戴老师的课不会直接给出答案，老师说过："只有通过自己的思考和研究把一个问题弄清楚了，才会真正做到理解这个问题并记住它，才是真正的懂了。"记得有一次，为了引导学生们更好地理解货币的统计，戴老师让学生们下课后去人民银行的官网上下载其资产负债表，自己计算 M_1、M_2、M_3 的数值，将算出的结果与官方统计的结果比对看是否一致。课后很多同学经过自己的研究和计算，得出了与官方统计结果一致的答案；有些同学计算的结果不一致，就向其他同学请教，在讨论中解决了问题，也加深了对问题的理解。

戴老师在讲课时注重把握理论与现实经济和热点的结合。戴老师在讲货币工具时会讲我国央行的货币政策实施情况，在讲宏观审慎时会讲出台不久的资管新规。这些热点问题都是学生们关注但又理解不深的点，因此更能让大家全神贯注地听。对于学生们难以理解清楚的问题，戴老师总能简明扼要地阐明其中的道理。戴老师的课程总是气氛热烈，大家生怕错过哪个精彩的部分。课余时分，无论是琢磨不清的理论问题，还是众说纷纭的时事热点，学生们都愿意找戴老师聊上几句，老师也一定会耐心解决学生们的各种问题，及时给出答案或建议。

戴老师不仅注重对学生理论基础和学术能力的培养，还关注学生看待问题的视角以及道德品质的培养。戴老师为硕士生讲授风险管理课程时，在最后一堂课，戴老师讲了一堂别开生面的人生的风险管理。风险管理是金融的本质与核心，人生也充满了风险。"如果能够以风险管理的角度和方法，做好人生的风险管理，为实现人生目标规划好自己的人生，也算是真正理解了这门课的本质与核心。"戴老师语重心长地说道。

诲人不倦映日月，言传身教似春风

戴老师也是受南开哺育的万千学子中的一员，她在南开学习十年，深受老一辈南开人和他们一直以来传承的南开精神的影响和激励。作为一个南开经济学人，在戴老师心目中也有令她敬佩的榜样和力量，她曾在博士生毕业典礼讲话中讲道："慈目看世界，豁达看人生，杨敬年先生是南开人心目中永久的丰碑。先生用一生践行了'路漫漫其修远兮，吾将上下而求索'的人生理念……南开经济学人中，践行允公允能、日新月异的典范当属我们敬爱的老校长滕维藻先生。新中国成立后，先生以满腔热忱投入到南开的教育事业……先生自己带领的南开大学世界经济研究团队和跨国公司研究团队为国家的对外开放做出了重大贡献，形成国内外享有盛誉的研究力量。"戴老师自 1994 年从南开毕业以来，从一个受南开哺育的学子，成了教书育人的南开优秀教师中的一分子，躬身践行了"允公允能、日新月异"的南开精神。

经济学作为一门经世致用的学问，在学习中与时俱进，关注经济热点是十分重要的。每次学生们向戴老师请教最新的热点问题，老师都能解答学生的困惑，还会提出自己对于问题的进一步剖析，帮助学生更好地理解问题。戴老师在学生们入学之初，就向他们提出要培养关注时事热点、经济新闻的习惯。"每天抽出一点时间关注财经新闻和经济热点，日积月累，在把握时代发展情况的同时也能扎实理论基础。"

戴老师的言传身教默默影响和改变着学生对待学习和生活的态度。在学生们印象中，戴老师总是神采奕奕，容光焕发。尽管连续两天参加研究生夏令营，一坐就是一整天，在学生面前的戴老师依然充满活力。戴老师曾引述张伯苓先生"允公允能、日新月异"的南开事业观，勉励当代学子要以老一辈南开人为楷模，以实现中华民族复兴之梦为己任，坚持真理，捍卫真理，求真务实，勇于创新，开辟南开人和南开事业的新时代。

"科研的道路常常是孤独的，想要走上学术这条路，从心底里的热爱是必要的。"在戴老师的办公室里，挂着一张老师博士毕业时的照片，看着照片我们仿佛仍能感受到老师当时的喜悦之情。当学生面临是否读博的选择时，老师都是让学生遵从自己的内心，选择适合自己道路。"科研这条路虽苦，但通过一点点的积累使自己有一天突然豁然开朗、有所突破，这会给你带来极大的满足感，也会使你的思想提升一个层次，看到一番不一样的景色。"

戴老师十分懂得学生们的想法和诉求。对于学生们关心的工作选择问题，戴老师曾专门抽出时间讲解学生择业时面临的各种金融机构以及其中不同部门的工作内容。这使得学生们在了解每个岗位不同的工作内容时，能够更好地选择适合自己的方向，提前为就业做好准备。在金融业竞争日益激烈的情况下，戴老师还对学生们在找工作、找实习时应该具备的面试技巧做了专门的指导。她还嘱咐学生们在应聘时要自信、乐观，不要怕失败，总结经验，经过锻炼便能有所收获。

戴老师二十余年的教学生涯培养出一代又一代的优秀南开人，她的学生自发组织成立"戴门基金会"，师门同侪自发捐款，用于激励在校的师弟师妹们专注科研，为南开做贡献。"戴门基金会"时常举办经济论坛，来自五湖四海的业内专家、知名学者齐聚一堂，从理论与实务的角度共同探讨国内外经济形势和企业的生存之道，而他们拥有一个共同的身份——戴老师的学生。

2020年新冠肺炎疫情期间，戴老师组织线上论坛，师门的杰出人才从不同角度深入探讨疫情对经济和中国的冲击，论坛的交流成果反馈至全国各地的企业，从"戴门"到南开，再从南开到全国乃至全世界，戴老师用心耕耘的沃土正在不断开花结果，桃李满园。

方兰移取遍中林，余地何妨种玉簪

戴老师热爱生活，在广泛的爱好中品味人生的快乐。她喜欢赏花，尤其喜爱百合花，玩赏之时还会吟一句："方兰移取遍中林，余地何妨种玉簪。"戴老师端庄优雅，在生活中时刻体现着女性所独有的优雅气质。而老师对于赏花的爱好并不是简单的喜欢。有一次学生们去老师家里拜访，在花店挑了一束模样好看的百合花带给老师。在聊天时，戴老师与学生们谈起了自己对百合的研究，在赏花的同时，老师会研究清楚哪些品种的百合品质最好、花期最长，自己在亲自选花时便会买到既好看又花期长的百合花。学生们无不惊叹，老师竟然对百合花如此了解，老师便说道："喜欢一件事，要把它研究透彻，这样才会真正体会其中的乐趣。"戴老师也建议学生们："要做一个有趣的人，培养多方面的兴趣点，当生活中一处失意时，生活的其他方面仍能绽放光彩，幸福生活便得以持久。"

说起爱好，除了赏花，戴老师还喜欢运动，瑜伽、跑步等都是她锻炼的方式。在与戴老师聊天时，学生们还偶然得知老师自学生时代起就有跑步的习惯。那时不管课业多忙，老师总会保持每天晨跑。"这会使我一天精力充沛，在学习时也能聚精会神。"说起瑜伽，戴老师就会想起早些年在南开任教时，"每星期都会带着你们的师兄师姐们一起练瑜伽，在缓解学习压力的同时也达到了锻炼身体的目的"。在录制经济类节目的间隙，戴老师还曾受邀参加天津当地美食节目的录制，录制结束后她兴致勃勃地向学生们讲述这段有趣的经历。在同学们心中，戴老师永远是乐观向上、精力充沛的，这样积极的生活态度也让同学们耳濡目染，收益良多。

戴老师桃李满天下，每年都会举办师门讲座论坛，诸位学子回归南开园，在琅琅书声中重温戴老师的谆谆教诲，也将自身在业内的感悟分享给大家。戴老师对在读的博士和硕士同学更是关怀备至，经常邀请学生们到家中吃饭。同学们登门拜访，一起做饭，其乐融融。饺子上桌时，学生们无不赞叹饺子的美味，大家也开始猜饺子馅的材料，直到最后老师揭开谜底：韭菜、白菜、木耳、猪肉、虾干。学生们才知道原来饺子馅的材料竟有五样。喜爱美食，研究烹饪，是老师生活的趣事之一。对生活的热忱，让学子们在与戴老师交往的过程中总能如沐春风，心境开阔。

如果说来到南开，像是打开了一扇通往新世界的门，那么遇见导师，就仿佛生命中出现了一道光，戴老师在黑暗中为学子们照亮前行的路，也在人生道路上带来了温暖与希望。她不仅是科研学习中的园丁，更是人生中的引路者。回忆起三尺讲台上导师的兢兢业业，课下交流讨论中导师的关心与建议，还有在师门活动中导师的亲切和蔼，和导师之间的美好记忆让学生们心存感动。

寥寥数语，道不完，三尺讲台四季春秋；半篇笔墨，写不尽，半寸粉笔一生岁月。作为良师，戴老师为科研永不止步、勇攀高峰，为学生尽心竭诚、诲人不倦；身为益友，她以春风化雨般的关怀和润物无声似的教化，温暖着身边每一位学生。戴老师教授给学生的知识和智慧是职业发展中的制胜法宝，而老师潜移默化传授的人生哲理和处世精神是学生受益一生的财富。

国家经济战略研究院辅导员　崔改平
国家经济战略研究院 2019 级金融学专业硕士生　王朝阳

人生"催化剂"

——记材料科学与工程学院关乃佳教授

她是师长,耕耘奉献、教书育人;她是学者,潜心科研、勇于创新;她是党员,不忘初心、率先垂范。

人物简介

关乃佳,女,教授,1956年7月出生于北京,1981和1984年分别获得南开大学学士学位和硕士学位,1985至1987年任南开大学化学系催化专业助教、讲师,1991年获得德国波鸿鲁尔大学博士学位后回到南开大学任教,1996年晋升教授。在校期间她曾先后担任化学学院院长、教务长、副校长和材料科学与工程学院党委书记。多年来,关乃佳教授长期致力于氮氧化物的催化净化、分子筛的合成与应用、甲醇/低碳烃的催化转化、氧化物固体催化剂制备、光催化/环境催化等研究工作,在 Science、JACS、Angew Chem Int Ed 等国内外学术杂志上发表文章160多篇,他引4000多次,撰写专著3部,申请专利29项,先

后承担国家重大基础研究发展计划（973 计划）等科研项目 40 多项，与中石化、中石油等企业保持长期合作关系并积极推动科研成果的实际转化应用。此外，关乃佳教授还曾兼任中国化学会催化专业委员会委员、中国化学会分子筛专业委员会副主任等职务。

人物风采

在南开大学材料科学与工程学院，正在进行着一场已经持续了 22 年的化学反应：在一个高压反应釜中，高效的分子筛催化剂正数年如一日地默默奉献着，择型催化一批又一批样品，使之具有高选择性、高转化率，成为对国家和社会发展有用之物质。如今，完成催化的 22 组样品正分布在中国的四面八方，为祖国的建设贡献着自己的青春和力量。而这个高效的催化剂，就是关乃佳教授。

严慈相济　关爱有加

作为导师，关乃佳非常注重因材施教。每学年之初，趁着实验室新生入学之际，关老师都会专门召开一次"破冰"组会，把新老生召集到一起交流谈心，了解新生的研究兴趣和职业规划，根据他们的不同发展目标，安排合适的课题方向。对于毕业后想直接就业的同学，关老师会帮助他们选择一些偏工业化应用的课题研究；对于想继续从事科学研究的同学，她则会推荐一些催化领域较前沿的课题供学生研究。为了拓展学生的国际视野和科研格局，她还会积极鼓励学生参加国际国内会议，并创造条件推荐学生到国外著名大学学

习交流。关老师在教育教学过程中尊重学生的差异性、独立性和自主性，有意识地培养学生的个性，并为学生个性化发展提供建议和通道，每一名学生可谓受益良多。

作为导师，每一名学生的成长之路对她来说都是"天大"的事情。在一次临近毕业的聚餐活动中，关老师无意中得知了一个同学的工作还没有落实。这个同学虽然一直内心焦急，但却一直没好意思把自己的情况说出来。听到这个消息之后，关老师二话不说，直接掏出手机联系她的朋友，帮这名同学推荐了合适的工作岗位。

2018年的博士毕业典礼，正赶上关老师准备赴国外出差。学生们想着关老师肯定有很多的事情需要准备，应该不能参加了。令所有学生意外的是，关老师不仅准时出现在了毕业典礼的现场，还耐心地与每一名毕业生合影留念，之后才匆忙地奔赴机场。"今天的毕业典礼对你们来说一辈子就这一次，我一定要亲自见证你们人生的重要时刻！"关老师轻柔的言语让在场的同学们热泪盈眶。是的，这对关老师来说并不是什么特别的事情，只是一个保持了20多年的习惯。而在2020年因为新冠肺炎疫情的影响，绝大部分同学没有机会参加学校组织的毕业典礼，关老师便冒着酷暑，带着毕业生们穿梭于南开园的各处纪念打卡处，就为了给同学们画上一个圆满的句号。

无论是在教学科研还是日常生活中，关老师都把学生当作自己的孩子，像慈母一般对所有学生照顾关怀得无微不至。在担任化学学院院长期间，虽有繁多的行政事务，但关老师依然在实验上对学生进行手把手指导。早期实验室还在六教的时候，一名本科生小姑娘来实验室做毕业设计，在利用固定床装置进行催化剂评价反应时，由于管路复杂不慎将仪器弄坏了。当时小姑娘十分紧张和害怕，完全慌了神，关老师听闻此事后来到实验室做的第一件事情就是轻声细语地安慰学生，之后她自己花了整整一上午时间帮助这个小姑娘修理仪器，并耐心地为小姑娘讲解仪器操作过程中的注意事项。当固定床恢复后，小姑娘长舒一口气，面露微笑，向她投出感激和仰慕的目光。

关老师总是很忙，经常出差，而每一次出差回来，她总会给学生带回当地特产及小礼物，每到节假日她还会与同学们聚餐、出游。2015年材料学院成立之际，为了庆祝迁址津南，帮助同学们尽快熟悉环境，关老师带领课题组师生一起切菜、和馅、包饺子。当她看到有学生吃的少，便主动不停地往他们碗里添肉夹菜，这样温馨幸福的画面始终萦绕在每一名学生的脑海中。

严谨治学　以身作则

关老师课题组成立22年以来，共培养博士生34人、硕士生52人，其中2人获国家自然科学基金委杰青项目，2人获国家自然科学基金委优青项目，1人获中国催化新秀奖，5人获评南开大学优博论文，23人在高校及中科院研究所工作，5人在神华集团、中石化等大型企业和研究院工作。课题组之所以能够取得如此傲人的成绩，与关老师这个领头羊严于律己的工作作风是密不可分的。

1991年从德国学成归国后，关老师经历了艰辛的实验室的"创业"阶段。课题组毕业生、中科院大连化物所的章福祥教授回忆道："我当时真的特别好奇关老师每天早晨到底是几点来实验室的？我一直认为自己是一个比较勤快的人，一般来说每天早晨七点半就能到实验室。但是我每次到的时候，都发现关老师早就已经到了。"怀着一颗好奇心，章福祥有一天特地比往常提前了十五分钟想一探究竟，结果他惊奇地发现关老师还是已经在实验室忙碌了。新发现更增加了他的"斗志"，他决定再早一点到实验室"蹲点"，最终才发现关老师长期坚持在早上六点五十之前到达实验室做好各项准备工作，以开展一天的科研工作。关老师这种兢兢业业的科研态度，不仅让学生们耳濡目染，激励着每一个人奋发向前，更树立起一代大师的风范，成了学生们的榜样。

2003级硕士毕业生、现任教于上海海洋大学的薛斌说道："虽然毕业已经十多年了，但是关老师对我的教诲始终历历在目。从关老师的言传身教中，我逐渐感知到了科学研究的真谛，体悟到了'公能校训'的精髓，这些宝贵财富使我受益终身。细细想来，我现在从事科研工作的思路和方法还深深地留有关老师教导的印记。参加工作之后，我更加切身体会到关老师作为导师的良苦用心。我时常向关老师讲述自己的工作情况，而关老师总能在百忙中给予我热情的关心和指导，使我在职业发展中获得长足进步。"薛斌将关老师作为教书育人的楷模来鞭策和激励自己，努力践行南开精神，用扎实的工作回报母校和关老师的培养，从他的讲述中，我们可以深刻地感受到一种科研精神的传承。

在指导学生科研方面，关老师除了在实验思路大方向上给予学生合理建议，在细节方面也一丝不苟。如果学生们在课题上遇到困难停滞不前，关老师肯定会一直给予学生们鼓励，并积极跟大家一起探讨，引导学生们自己探索出解决方法。但是如果学生们因为自身马虎而做错事，关老师会非常严厉地指出错误，让学生们意识到做科研是一件非常严肃的事情。

"关老师可谓是一名'严师'，严谨而非严厉。"这是课题组学生对关老师的评价。在一次组会中，一名博士生汇报了近 30 页的 PPT 报告。关老师认真仔细地听完之后，毫不客气地指出了其中某一页 PPT 上有个单词少打了一个字母。这件事情成了课题组广为流传的经典案例，每当学生们讲起来时，都能从表情里流露出对关老师的敬佩和崇拜。

除了担负实验室科研任务，关老师还要为学生讲解环境催化等多门课程。据当年上过该课程的学生反映，关老师的板书十分规整，讲课逻辑清晰，讲解重难点时语言通俗易懂且深入浅出，让学生很容易理解。同时她还会将自己多年的研究经验和成果与国内外最新发展有机结合，不断推陈出新，激发学生的学习兴趣。这也体现出关老师深厚的专业功底和良好的科学素养。

多重角色　坚守初心

2006 年开始，关老师除了要负责学术研究和学生培养的工作外，作为学校领导还肩负着重要的行政工作。在担任南开大学副校长期间，她夜以继日地工作，几乎是抛家舍业、呕心沥血，将自己的一切奉献给了南开的国际化进程。她积极推动南开大学在国际交流和对外合作方面的发展，搭建了南开与世界多个著名高校的交流平台，把南开的国际化办学水平提升到了一个新高度。此外，她还经常与外国留学生交流沟通，了解他们的需求，帮助他们解决问题，因此她的粉丝圈也吸引了相当多的外国面孔。

2015 年，关老师担任了材料科学与工程学院党委书记。作为一名新成立学院的领导，纷繁复杂的事务全部涌在了她面前，辛苦程度不言而喻。但即便在这种情况下，关老师也不忘一名导师的职责，亲自指导并参加研究生"导师有约"活动、材料学科学生创新论坛、新老生座谈等活动，为学生传道授业解惑。

此外，作为一名老党员，关老师不仅坚持加强自身的理论学习，还特别注重发挥党员的模范带头作用。在她的人格魅力影响下，身边的青年教师不仅科研做得好，还纷纷积极主动地向党组织靠拢。关老师深知增强教师党员队伍责任感和使命感的重要意义，在繁忙的科研工作之余，她还多次提议并积极促成所在党支部赴革命老区等地开展实践学习。每一次的实地学习归来，支部的老师们都能以更加坚定的信心和更加饱满的热情投入到自己的本职工作中去。

在一次主题党日活动的筹备之中，学院硕士生催化所党支部的学生党员们想聘请"党建领航导师"。经过支部的一番调查，关老师成为同学们最希望聘请的老师。当时的党支部书记试着跟关老师提了一句，没想到关老师欣然接受，正式受聘为硕士生催化所党支部的"党建领航导师"。自此，她时常利用课余时间与同学们座谈，了解党支部每一名同学的情况，帮助支部成员解决学习和生活中遇到的问题。此外，关老师还从专业的角度，积极指导该支部开展各类主题党日活动，希望支部党员们能够在国家最需要的领域去建功立业。

2018年3月，学院党委根据相关要求，与甘肃省庄浪县万全镇田坪小学进行结队帮扶。当时田坪小学有两位家庭经济特别困难的学生，其中还有一名是孤儿。当关老师听闻了学院老师打算为这两个孩子进行募捐活动的时候，主动找到了党组织，积极申请希望能以她一己之力帮助这名孤儿克服困难，直至该名孤儿顺利完成学业。在她的带领和感召下，全院师生纷纷慷慨解囊，踊跃捐款。

岁月如歌，光阴似水。回国执教至今，关老师已经在南开工作了二十五个年头。她年复一年地培养自己的学生成才成器，而自己也即将步入退休的行列。她将自己最美好的青春年华奉献给了南开，奉献给了祖国的教书育人事业。关老师说自己是感恩南开的，怀揣着对南开的无限感恩，她为新时代下的南开学子送上了几句寄语：

学会珍惜；

珍惜时光——使你可能在有限的时间内比别人学到更多的知识；

珍惜情感——亲情和友情让你成为一个有血有肉有亲和力的人；

珍惜机遇——抓住稍纵即逝的机会，可能会为你开辟出一个更广阔的天地；

珍惜生命——健康乐观、积极向上的生活态度，将让你的世界变得更加绚丽多彩。

"学术严谨、谦逊儒雅、平易近人"是关老师不变的气质。关老师就像一粒伟大的分子筛催化剂，催化一系列具有社会价值的化学反应，在科学研究和科技成果转化上取得众多成就；同时关老师一直以自己严谨的治学态度、高尚的人格品质"催化"着自己的学生，她坚持"马不扬鞭自奋蹄"的理念，给学生广阔的思考和探索空间。高山仰止，景行行止，虽不能至，然心向往之。

材料科学与工程学院团委书记　杨晓晶
材料科学与工程学院2016级博士生　柴玉超

至诚至精　言传身教
——记周恩来政府管理学院韩召颖教授

为良师，二十年如一日不忘科研初心，桃李满天下；为益友，真诚待人尽显人格宏光，温暖荡人心。

人物简介

韩召颖，南开大学周恩来政府管理学院国际关系系教授、博士生导师。现任《南开学报》编辑部主任、《南开学报》（哲学社会科学）主编。从事国际关系理论、对外政策分析等领域和中美关系等议题的研究工作，他不仅承担着相关科目的教学工作，其相关学术成果也颇为丰硕。曾在《中国社会科学》《世界经济与政治》等中文核心期刊发表论文数十篇，发表英文论文十余篇，并出版两本著作和四部译著。此外，他本人主持并参与了国家社科基金重大项目、中央高校基本科研经费项目、天津市哲学社会科学规划课题等多项课题研究。

韩召颖教授学习和教学履历丰富。2002年9月—2003年8月在美国约翰·霍普金斯大学高级国际问题研究院（SAIS）担任富布赖特高级访问学者；2007年1月—2007年5月在美国蒙大拿大学曼斯菲尔德中心担任客座教授；

2009年6月—2011年1月在美国南佛罗里达大学孔子学院担任中方院长、客座教授。曾赴美国、日本、韩国、葡萄牙、哥伦比亚、土耳其、澳大利亚、英国、瑞士等国家进行学术交流，参加过达沃斯世界经济论坛、济洲论坛、博斯普鲁斯高峰论坛等重要国际会议。2009年入选教育部"新世纪优秀人才支持计划"，2014年入选天津市"131人才工程"第一层次人选，2014年入选"南开大学百名青年学科带头人培养计划"，2016年荣获天津社会科学优秀成果奖二等奖。

人物风采

"来来来，进来坐，屋里空调会不会太凉？"

学生刚踏入办公室，迎面而来的便是韩召颖教授和蔼的笑容与亲切的问候。一句寒暄，便可见韩老师平日对学生的关爱。环顾他办公室的四周，仿佛置身书海，目光所及之处皆是鳞次栉比的图书，可谓左图右史。联想到韩老师如今的成就，不禁顿悟"读书破万卷，下笔如有神"的道理。办公室布置简单，却也不乏人文气息，"斯是陋室，惟吾德馨"，不过如此。韩召颖教授在学习中诠释了"德高为师、身正为范"的良师风格，在生活中践行和蔼可亲、平易近人的益友品德。无论学术上的追求还是人格上的魅力都给学生们深深的震撼，都能深刻感受到韩老师"腹有诗书气自华"的魅力。

诲人不倦：责任之心教书，赤诚之心育人

韩老师秉承"教书育人，要教会学生书本理论知识，也要

教会学生如何为人处事"的教学理念。"对学生负责"是韩老师的理念核心，也是韩老师身体力行的原则。国际关系学科看似简单，实则理论知识丰富，学科体系复杂，因此想要入门并不容易。所以韩老师一向对学生严格要求，无论是上课还是论文写作的过程中都坚持高标准，对学术不容有半点马虎。但严格要求并非苛刻，韩老师认真负责，尽全力帮助学生掌握知识，完成论文。一方面，注重课堂质量，从参考资料到演示文稿，韩老师认真准备，从卷帙浩繁的文献中精挑细选，既注重经典文献又关注最新前沿研究成果，多年以来积累了大量的课堂材料。不仅如此，韩老师在授课过程中旁征博引，把枯燥的理论变成生动的形象展现给学生。正如一位本科生所说："韩老师的板书给我留下了很深刻的印象，而且韩老师课堂上的知识点是最容易理解和掌握的。"在另一方面，韩老师在指导学生论文的时候可谓一丝不苟。他修改论文时严谨细致，稿件的每一行都有红色的批注线，可谓精益求精。在论文写作过程中，韩老师会时常把看到的相关材料发给做相关研究的学生们，帮助大家扩充文献、点拨思路。论文修改过程中，他字斟句酌，对语言、逻辑等反复推敲，甚至标点符号的作用也十分用心。学生们都认为在以往学习各个阶段中，从未遇到过如此用心、细致的指导。这也激励着学生们对自己提出更高的要求，每一次论文写作、学术研究，甚至任何事情，都应该用心去做。

  韩老师认为把学科的知识教给大家是基础，但更重要的是教会大家如何为人处事。他总能把眼光放长远，设身处地地为学生考虑，即便是日后不从事相关专业工作的学生，也能够在他的教学中获益良多。正如他自己所说，"传道授业解惑虽然并行，但传道在先"。在课堂上，韩老师一直教导学生们在学校中不能仅仅局限于书本的知识，要踏实为人处事，要学会在社会上如何与人交往相处。韩老师说"为人最重要的是真，是真诚"，这也是韩老师的人格魅力所在。无论在课堂上讲多少道理，都不如切身体会来得直接。而韩老师在学习生活的方方面面，真诚对待每一位同学，以其行为影响着每一位同学，能以身作则，言传身教。他为人处世豁达真诚，与学生相处亦师亦友。用他自己的话说，要用"合作"的态度和方式对待学生，反复强调"我们要培养出能在社会立足、与社会融合的人才，最终能够独立思考，有独立解决问题的能力"。从教多年，韩老师深谙"十年树木，百年树人"的道理，始终如一，兢兢业业地育人，不仅考虑学生在学校所学，更为学生的未来考虑，用心良苦，可见一斑。

海纳百川：侧重不同阶段，包容万千性格

经过多年的科研和教学，韩老师探索出一套"立体教育"的方法，深谙因材施教之道。每个阶段学生的特点和需求不同，针对不同阶段的学生，肯定不能使用同样的方法和要求。韩老师坦言，在本科生阶段，同学们进校是一张白纸，最重要的是学生对学科的了解和基本知识的掌握。这一阶段重点还是课堂，要让学生理解知识点，夯实基础。而到了研究生阶段，学生就要对学科有宏观的了解，至少要入门，形成完整系统的学科知识体系。这一阶段重点是积累与交流，在课堂的基础上学会自己查找文献，与他人进行学术探讨，激发研究兴趣和寻找研究方向。在博士生阶段，学生们都有了自己的研究方向，最重要的是帮助学生在做研究的过程中解决遇到的困难。这一阶段要与学生一起进行探索，将自身做研究的经验传授给学生，在大方向上引导学生。无论哪个阶段的同学提到他，都认为能够学到知识，并且有所进步。对于不同阶段学生的不同考量，也可见韩老师教学的用心程度。

这样因材施教的方法来自韩老师海纳百川的胸襟，在教学过程中充分尊重每一个学生的个体差异性。谈及对待不同学生的方法时，韩老师说："一个是性格上，无论你是内向还是外向，我都能接受，并且都能适应；另一个是研究方向和兴趣上，我都鼓励大家积极探索，从来没有要求我的学生一定要做我研究的内容。"课堂讨论是学生和老师沟通的重要环节，也是课堂内容是否丰富的依据。韩老师课堂上的讨论问题总能一石激起千层浪，他总是笑眯眯地抛出"为什么"的问题，期待知晓大家如何看待。在短暂的沉默后，便是同学们热烈的讨论，韩老师总是站在同学们中间与大家一起思考和辩论。他不要求每一位同学都有相同的看法与观点，也不要求每个同学都认可他的观点。只要能有理有据，逻辑严密，他都能尊重和包容每个人的观点。这一点也在广大同学那里得到了认证，上过韩老师课的同学都认可他的宽广胸襟，在学习中又具备诲人不倦的风格，并处处理解学生，这种因材施教的品格难能可贵。

鞠躬尽瘁：致力国际化教学，推动研究方法应用

谈起过往的经历，韩老师说："我 1999 年进入南开任教，2007 年担任国际关系系的系主任，去年卸任。"这么多年，他一直致力于教学培养的一线工作，致力于南开国际关系教学国际化建设，为南开国际关系学科体系的建设做出了巨大贡献。韩老师的国际化教学理念是先进的：一是授课要国际化，韩老师积极关注国外顶尖高校学科发展，密切关注国内其他院校的教学动态，将他们的教材和提纲进行收集整理。在这一基础之上，他结合学校和国内学科发展的特点，以及自身多年的教育经验积累，形成自己的课堂教学特色。同学们反映，上了韩老师很多年的课，每一年的文献和书籍都是最新的，即便是同一门课内容也在不断更新，今年的和去年的肯定不一样。体现出了韩老师在教学和学生培养上所下的功夫。二是学生国际化，最近几年国际关系专业的留学生越来越多，这与韩老师的努力是分不开的。他主张加强国际合作和国际招生，参与了格拉斯哥大学和南开大学联合培养研究生院、INTO国际项目国际关系专业等的创立工作，为学科的国际化做出了突出贡献。韩老师自己每年都指导不少数量的国际学生，是学院指导国际学生比较多的老师。承担如此繁重的工作，韩老师从不抱怨，坚持认为努力肯定有收获。同时，他总是肯定一起工作同事的支持和贡献，并向这些老师表达谢意。韩老师谦逊踏实的品质和虚怀若谷的胸怀得到了同学们的广泛认可。许多留学生在刚来的时候经常会问"韩老师的办公室在哪里"，因为大家有了问题或困难，第一个想起的便是韩老师。

韩老师从来没有停顿过学习的脚步，不断开拓新的领域，注重和强调社会科学研究方法的应用。国际关系在学科属性上属于社会科学领域，因此韩老师注重培养科学性思维。他要求同学们大学一定要学好外语和数学，尝试掌握和运用不同的社会科学研究方法。同学们能深刻感受到韩老师的上进心，在平日的学习生活中，他这种精神感染着大家不断进行学术探索。在学习中，韩老师一直强调不能闭门造车，要有宽阔的视野。韩老师总是定期举办组会，召集学生们在一起交流自己正在做的研究，气氛轻松又严肃。参加的同学都说："也不用准备演示文稿，就像聊天一样，但是收获真的很多。"正如韩老师自己说的："即便你的研究方向可能不在这里，但是学科的前沿理论一定要跟踪。"这是韩老师对每一位同学的教导，也激励着大家不断努力探索知识。

力学笃行：学术热情不减，科研初心不变

韩召颖教授之所以在科研上有巨大成就，是因为对于学术研究抱有最初的热情。他的科研投入从来没有随着工作的繁忙而减少，对学术的要求也没有丝毫的降低。

在研究课题上，韩老师一直瞄准重大课题项目，始终坚持自己的学术追求，不盲目跟风研究。"数量上不重要，重要的是质量，要追求卓越"，韩老师如此形容自己科研的心得，也一直这样严格要求自己。他经常组织学生一起进行科研项目的探讨，让大家分享最近在读的书或在做的研究，也会听取学生们对他自己研究的意见。科研最重要的是踏实，韩老师这样的要求和行动为同学们留下了深刻印象。同学们踊跃参与韩老师的组会和课题，主动进行科研尝试，学术兴趣和积极性不断提高。用韩老师的话说："科研项目都是大家共同努力的结果，也要教会学生如何申请课题，毕竟很多人都要从事科学研究。"这样的坚持也让韩老师桃李遍天下，韩老师培养出来的多位学生已经进入高校和科研机构任职，献身教育事业，也为国际关系学科的发展做出贡献。谈到对未来的看法，韩老师表示对学术和科研的坚持不会松懈，对教学工作也会与时俱进。

韩老师经常鼓励大家多读经典文献，坚持独立思考，也要多多交流。他希望学生们深刻理解自己所学的知识，"知其然，更要知其所以然"，在这一基础之上学以致用。学生们深受影响，比如国际关系专业的同学们创办了"新视界"读书会，经常邀请老师和同学进行座谈和交流，不仅丰富了大家课余的生活，也为同学们提供了学习的平台。

韩老师诠释了什么是教书育人，在学术上追求卓越，对学生关爱备至，更在教学上倾心奉献。不同于"春蚕到死丝方尽，蜡炬成灰泪始干"的悲壮，韩老师以其豁达的心态、包容的胸襟和严格的学术追求，以平凡的方式感染着一届又一届的学生，激励着大家不断前进。

周恩来政府管理学院团委书记　杨晓颖
周恩来政府管理学院 2019 级国际关系专业博士生　李圣达

真相是真：求真学问，过真人生
——记哲学院李继东副教授

三尺讲台沾春泥，卅年韶华诠赤诚。斯是良师，引至逻辑理性新境界；斯是益友，炼成前路选择知心人。

人物简介

李继东，中共党员，哲学院副教授，曾担任中国商业联合会职业生涯规划主讲老师（2007—2011），中国就业促进会中国大学生就业促进工程课程专家（2008—2010）。2014年国家社科基金重大项目"八卷本《中国逻辑史》"子课题负责人，2015年教育部人文社会科学重点研究基地重大项目"论证理论重大前沿问题研究"子课题负责人，2015年获"南开大学捷成树人奖教金"，2017年贵州哲学社会科学规划国学单列项目"中国古代论证学研究"子项目负责人，参与2019年国家社科基金重大项目"语用逻辑的深度拓展与应用研究"。出版学术专著《中国现代逻辑史论（1919—1949）》，在《光明日报》等报纸杂志发表《墨家的论证理论》等学术论文十

数篇。近几年多次参加在意大利、瑞士、荷兰、加拿大、希腊等国举办的哲学、逻辑和论证理论等领域国际学术研讨会并在会上发表论文演讲。

人物风采

提起哲学院的名师,大部分学生都会笑着道出一个亲切的称呼——"东哥"。连续6年担任本科生班导师,并常年担任硕士生导师,在学生专业学习、职业规划、人生选择等多方面常常给予指导和帮助,李继东是学生眼中的"明星教师"。对于这一昵称,李继东老师笑言:"以前的学生们一直喜欢叫我'东哥',口口相传就一直叫了下来。其实我年纪也不小了,已经五十多岁了,理论上讲应该是学生们的'东伯',或至少是'东叔'了。"但谈话间,他眼中热忱和真挚的光芒分毫未减,和青年人一般无二。

求真学问:学在南开教成名师

"我人生中最美好的年华都是在南开度过的,不是我选择了逻辑学,是逻辑学选择了我。"当与学生们聊起求学经历时,李继东坦言。1985年考研时,李继东原本报考的是外国哲学专业,"但由于两位老学长考得比我好,自己报的导师又只招两名学生,所以,我是被调剂到逻辑学专业的"。对于李继东而言,他的人生有许多"阴差阳错",但无论如何,结果总是好的。在与学生的交往和交流中,他也往往用自己的切身经历来教导学生们,"勿争一时之长短,打磨自己,适合所选之路"。

作为逻辑学的教师,对于社会上流传的毫无逻辑的各式"鸡汤",李继东

往往一针见血:"'努力就会成功',这句话害了多少人!这句话在逻辑上是错误的!努力了一定会成功吗?努力不一定会成功,而不努力一定不会成功。所以,努力只是成功的必要条件,而不是充分条件。现实生活中好多人这么说,是他们在逻辑上搞混了这两种关系,若用这种违反逻辑的观念去指导行为,结果可想而知。"李继东常常对学生们说:"语言、思维和逻辑是三位一体的。语言的背后是思维,思维的背后是逻辑。没有合理的逻辑,就没有清晰的思维,也就没有明白的语言。"

留校任教后,李继东一直在哲学系逻辑学教研室工作,开设和讲授多门与逻辑学有关的课程。在他看来,"逻辑教学的目标是逻辑意识的强化,逻辑思维能力和素养的提高,逻辑和理性精神的弘扬"。从1987年任教到1997年出国做博士后研究的10年间,李继东除了在哲学系和南开其他几个开设逻辑学课程的系里授课外,还讲授逻辑学全校公选课(那时叫"形式逻辑"或"普通逻辑")。"当年逻辑学在南开是一门比较火的课,在我印象中每届学生中至少有80%的人都学过逻辑。"李继东感慨道。1999年至2000年,李继东在筑波大学物理工学系做了一年客座教授,2000年回国后,他有些惊讶地发现,逻辑学已不如当初那样火,有些原初开设逻辑学课程的系已经不开这门课了。除了在哲学系继续讲授逻辑课之外,李继东主要是在法学系讲同门课程(课程名就叫"逻辑学"),其间也讲过几学期的全校公选课。2013年,原来听过李继东全校公选课的一位教务处工作人员表示,希望李继东能继续讲全校逻辑课。"所以我就开设了一门新课'逻辑与生活',课程内容主要还是逻辑学方面的,但与生活的联系应该是更密切了。"他这样介绍道。这门课程也登上了学生们心目中通识选修的"名课排行",越来越多的人走进这座讲堂,切实领会逻辑学带来的思维方式和眼界视角的转变。

建真大业:推动逻辑基础课程普及

在李继东看来,逻辑是他毕生的事业所在。"逻辑有许多定义,但我最喜欢的一种定义是研究思维形式及其规律以及某些逻辑方法的学问。我们认识到对象的本质属性,就会形成概念;我们对对象有所断定,就是做出判断;我们要论证我们的思想,就要进行推理。概念、判断和推理是思维最基本的形式,我们每天都在用,只是很少去在意。所以,逻辑是与我们密切相关又被我们经常忽视的东西。"李继东老师在他以前的一篇文章

《逻辑断想》中这样写道："学习逻辑学给我带来的最大益处是思维习惯、能力和素质方面的提升。逻辑是正确思维的工具，是清晰表达的工具，是合理论证的工具，是成功交际和有效决策的工具。学习逻辑学的益处是让我掌握了这种工具。"

在联合国教科文组织公布的学科分类目录上，逻辑学被列为七大基础学科之一（七大基础学科依次为数学、逻辑学、天文学和天体物理学、地球科学和空间科学、物理学、化学、生命科学）。《大英百科全书》把逻辑学列为众学科之首（五大学科门类的第一位，第二至五位分别为数学、科学、历史学和人文学、哲学）。但在当代中国，逻辑学却并未获得应有的重视。

"逻辑学目前在中国教育中的地位很低，或者说得极端点，好像根本就没什么地位。且不说大学以前的中小学教育中几乎看不到逻辑学的影子，即使是在大学教育中，逻辑学也是一门被边缘化的学科。由于我国教育对逻辑学的这种忽视，公众对逻辑学就几乎没有什么认知，除了为数甚少的逻辑学专门研究者和逻辑学专业学习者，大多数人可能不知道逻辑为何物。"提及逻辑学在当代中国的发展，李继东不无伤心。我国历史上，有西方逻辑在近代时期的传入、传播甚至普及，也有中华人民共和国成立后的全民学逻辑，但逻辑学最终还是落得个几乎"销声匿迹"的下场。在谈到原因时，李继东无奈地说："原因有很多，其中最主要的恐怕还是我们中国人的思维方式中缺乏逻辑（西方逻辑意义上的）习惯，或者说，在我们的思维习惯中自发形成的逻辑能力已经基本'够用'。既然'够用'了，也就没有了转化为自觉意识并且进一步提高的意愿。"

"结合当下的具体国情，逻辑学要想得到普及，可能有两个途径最直接：一是领导者或决策者的重视；二是国家教育层面的重视。比如说，如果在高考中增加对逻辑思维能力和素养的考查，那么相信逻辑学很快就会被中学教育所重视，也很快会被全民所熟悉。归根结底，是我们要把逻辑学重视起来。"李继东建议道。他也始终这样践行着。

过真人生：以身作则引导智慧人生

在李继东看来，治学如修身，对学术态度的要求是首位的和严肃的。在他看来，学术研究的水平高低属于能力问题，而学术研究的态度高下则属于人品问题，其严重程度不可同日而语。正因如此，每当他看到学生在课堂上做"低头族",提交的作业、读书报告和论文中存在抄袭甚至"复制粘贴"的情况时,往往毫不客气,直言不讳。

但并不是每个学生都能体会他的苦心。曾有一次,在一次读书报告评比的过程中,李继东心血来潮,对提交的读书报告进行了查重,部分文章过高的重复率令他怒不可遏,当即召开班会痛斥此种行径。而他直率的态度刺痛了部分学生的心,有学生公然起身分辩,称"读书报告"不过是摘抄与心得,为何要按照重复率来判定好坏。李继东这才明白,并不是每个学生都将学院的学术活动视作严格的学术训练,师生之间存在着极大的认知差异。上课时,对于学生迟到、开小差、玩手机的行为,他看不过眼,也常常劝阻,但有些学生仍然我行我素,这也偶尔令他觉得有一种"无力感",一度有些心灰意冷。

但他最终还是未曾离开他热爱的讲台,因为还有更多的学生对他心怀期待。"不喜欢和不愿意甚至不懂得学习的学生毕竟是少数,而且好多情况下与他们的不成熟有很大关系,老师的责任之一就是让学生学会成长。"李继东这样说。维护学术的神圣、课堂的神圣,何尝不是在保护学生的心灵不受侵蚀而健康成长呢?

现在的他,时时致力于"做好学,讲好课"。在给研究生们讲授基础专业知识的同时,他提醒学生们务必要打开思想、打开眼界,鼓励学生们多了解当今最新的逻辑理论与逻辑思想。在每年给研究生开设的课程中,李老师会用心挑选这一时期最前沿的逻辑理论文献,与学生们一起进行翻译学习。他的翻译笔记密密麻麻,五十多岁的人了,刚从国外飞回来,夜里便是不睡,也要把课程的内容备全。而看看学生们课堂上认真地分享翻译成果,交换译著心得,师生互动碰撞出无限的思维火花,他觉得一切都值得。

如今,李继东老师的学生们已经遍布祖国大地甚至远至海外,他们聊起李老师,仍在感叹自己的职业选择、思维方式和人生道路上深受李继东的影响,许多学生依然记得当年进入南开的第一堂专业课是李老师讲授的,而他们在专业学习和选择上的纠结、困惑甚至痛苦的迷雾是李老师帮助驱散的。许多年过去了,他们对课上的一些"名言"依然记忆犹新:"人生是由偶然构成的""哲学和逻辑是你受益一生的学问""学好哲学,不会自杀;学好逻辑学,可以避免某些场合的他杀"。在与学生的相处过程中,李老师常常教给学生们的一句话是"做学问必须真诚,做人更要真诚",

李老师更是在日常的学习和生活中，以身作则诠释着这句话的真谛。学生们眼中的"东哥"，既是一位无比敬重传道解惑的良师，更是一位有情有义有温暖之心的益友。

"作为一名老师，最开心的事莫过于自己讲的课受学生喜欢，这可能是激励我愿意继续站在三尺讲台的最大动力了。"三十年从教沉淀至今，李继东老师"只玩真实"，坦荡直率，风趣幽默，"混迹"年轻人中间，亦师亦友，且行且惜。

哲学院辅导员　田佳佳
哲学院2018级逻辑学专业硕士研究生　闻菲

春风化雨植桃李　金融求索知行全
——记金融学院李全教授

他和蔼可亲，温文尔雅，举手投足尽显师者风范；他潜心修学，躬身实践，厚积薄发累积科研硕果；他循循善诱，言传身教，不忘初心坚持立德树人。立足经典经济学理论全面分析实际问题，远瞩多维宏微观体系细致洞察发展脉络，坚持知行合一鼓励金融实干精神。以身立德，润物无声，"人生是场长跑"，李全老师和他的学生恒之以此，未曾停下。

人物简介

李全老师现任南开大学金融学院教授、博士生导师，中国财政科学研究院特聘教授、博士生导师，兼任亚洲开发银行中方专家；同时任中国财政学会投融资委员会副秘书长、中国互联网金融30人论坛成员、中关村互联网金融研究院副院长、国家循环经济委员会专家委员、工信部中小企业特聘专家。李全老师主要从事政策性金融方面的研究和教学工作，科研硕果累累。曾多次受邀于中国人民银行、中国证监会、国务院国资委、国家会计学院等授课，受邀于中央党校、清华大学、中国人民大学等院校举办讲座或授课；曾主持或参与多项国家级或省部级课题，部分课题最终形成政策

并有着良好的社会影响;曾在《经济研究》《财政研究》等期刊发表文章五十余篇,在《经济日报》《金融时报》等报刊上发表理论评论百余篇;多次受到央视新闻联播、中国新闻、中国经济新闻等媒体采访,并对热点经济金融问题发表独立评论,相关专业论述获得党和国家最高领导人批示。

人物风采

第一次见到李全老师,就被他的温雅所深深吸引,笔挺合身的西服,亲和温暖的笑容,泰然自若的神情,轻松愉快的对话,举手投足尽显师者风范,温润如玉。课堂上,李老师妙语连珠,时而循循善诱,时而铿锵有力,再艰难晦涩的知识都会在他精妙的讲述中,变得"平易近人"。走下讲台,他潜心修学,厚积薄发,科研硕果累累。李老师的生日恰好在教师节那天,他开玩笑说成为老师似乎是命中注定。

立足经典经济理论,鼓励金融实干精神

在教书育人方面,李老师有着自己独特的理念与坚持,"理论无用"是他一直在批驳的谬论。他总是花很多心思去备课,向同学们讲授书本与相关领域的理论知识,帮助同学们打牢理论基础。李老师常和学生们说:"学习理论要全面深入,只有多维度地吸收才能开拓见识,并形成自己的体系。经济学、金融学和大多数社会科学一样,对于同一现象的解释有很多不同的理论脉络。在学习过程中对各种理论要有全面的了解,不要让自己的主观好恶影响对正确理念的选择和判断,应该秉持客观公正的态度,在思考中批判地接受。"

学而不思则罔,思而不学则殆。李老师一直鼓励学生多读多写多思考。"一种理论学派流传多年并

在专业领域内拥有一定地位，说明它必然有其可取之处，但是任何体系方法都有其局限性，因此对于各个流派的理论都要做到相对客观的理解，这样在面对不同的情况时才知道什么样的方法是正确、高效的。"李老师主办的公众号"全局观点"为大家提供了一个知识传播、思维碰撞的平台，每一个专题都有如读一部百科全书，厚重感不言而喻。

纸上得来终觉浅，绝知此事要躬行。实践是检验理论的重要标准，在教学过程中，李老师一直强调不能让理论与实践脱节，金融的本质是服务实体经济，搞闭门造车势必会与市场脱节，一旦离开了真实的市场，金融也就失去了本来的意义。每逢假期，李老师就鼓励学生们将学到的理论通过实习进行验证，这不仅有利于未来工作经验的积累，更有利于学生在以后的学习中对所学知识有更深刻的理解。

漫漫人生长跑，点点言传身教

"做人一定要孝顺父母……"，开学的第一堂课上，李老师语重心长地讲起。很多学生对李老师的了解便始于此。慢慢发现，李老师常把"人生是场长跑"挂在嘴边，学生们看着眼前这位"长跑者"的辛勤与坚守，悄悄地把这句话烙进心里。"有事随时来信"和一个微笑表情，是李老师的微信常用语，学生们都说，看到回复的一瞬间，紧张忧虑烟消云散，亲切温和扑面而来。为了不打扰学生学习工作，李老师在与学生打电话之前都会先发一个短信："李喆，什么时候方便通个电话？"一场约定好的五百人讲座，作为主讲人，李老师竟第一个到达会场。李老师用行动告诉学生要遵守时间、早做准备、打提前量。为了能更好地解答同学们的问题，李老师建议同学们把问题写在"小纸条"上，并在课前专门早到预留答疑时间，而这样的师生平等探讨交流，正是李老师一直提倡和践行的教学理念。

"勇于尝试，知错能改"，李老师对于学生在学习上、工作上的失误总是给予极大的耐心和宽容，"如果一次错误能够影响你们今后甚至一生的行事方式，那触及并改正这样的错误是非常值得的事情"。李老师告诉学生，不能因为事情看起来复杂就浅尝辄止，不能因为害怕失误就畏首畏尾。"我也常犯错误，但争取犯了错就改，在同样的地方少犯错"，要勇敢面对、敢于尝试、积极改正，这是年轻人的资本，也是年轻人走向社会的必由之路。

"不必在意一时的得失,要把眼光放长远,坚定不移地向着自己的目标前进","只要人生的大方向正确,追求的目标正确,就不要害怕过程中可能遇到的问题,它们并不是在阻止你前进,而是教你如何更好地走下去"。这些充满暖意和能量的话语,在师生共进的每个时刻,一点点累积,成为克服困难的支撑和动力。

善良真诚,不仅是李老师对学生的教导,更是对自身的要求。在平常的生活中即便遇到比较烦琐的事情,李老师也总是设身处地为他人考量,宽厚待人,乐于助人。不论是学术、工作还是生活,李老师总是知无不言、言无不尽。在李老师的引导下,学生开始去思考自己想成为一个什么样的人,想过什么样的生活。严谨的科学精神之外,坚持不懈的人生态度和着眼长远的人生格局,更成为学生们的宝贵财富。

"不要见外,我都在"

学生们总会受到李老师无微不至的照顾,殊不知,那份"爱"是一种延续,这是源自李老师的导师。"我的导师柳欣老师对我就像对孩子一样,包容、爱护、鞭策。"每次讲起,李老师总是情不自禁。

李老师常嘱咐学生读书"无条件","不要见外,我都在",如果学费和生活上有困难李老师总会第一时间帮助。为了解决学生购买、打印学习资料的费用问题,李老师专门成立了"读书基金"。书中自有黄金屋,深爱阅读的李老师,分享书单,共享书籍,鼓励和带领学生们一起读书,增加学习的厚度,为工作和科研打好基础。"腹有诗书气自华"在李老师身上尽览无余。

学生的点滴,都是李老师的牵绊,"不要见外,我都在",每周课前课后李老师都会问问大家最近生活、学习状况,是否遇到什么困难、烦恼,还经常提醒大家要加强体育锻炼。李老师常叮嘱学生身体是革命的本钱,若见学生生病感冒身体不适,李老师会特别关注并一直记挂在心,还会向同学们传授自己治疗感冒的"小秘方",通过诙谐的语言来缓解身体不适同学的低沉情绪。

论文指导,生涯规划,实习推荐,"不要见外,我都在",对于论文的写作问题,李老师总是会耐心提出自己的想法和修改意见,还不忘叮嘱大家"再忙也要记得按时吃饭"。李老师建议同学们要有脚踏实地的目标和规划,尽早做准备。小到实习需要的技能与证书、简历的修改、面试技巧，大到各行业的发展现状与将来的发展趋势、各大单位优缺点对比，李老师都会一一给学生做出分析与解答，李老师还全力帮助学生推荐实习。如果有学生投递了很多简历还没有收到回复，老师会询问其原因，仔细看其简历，并给出具体可行的修改建议。而当学生在选择实习行业感觉困惑时，李老师会逐个给学生分析各自的情况，比如工作强度、稳定性，同时还会考虑到男生与女生之间的区别等，尽其所能帮助同学们。"你们终究都要走向社会""你想过什么样的生活，就找什么样的工作"……在学校中务实地学习，在社会中认真地实践，这是他对学生一直以来的期望与要求。

失恋了、受挫了、压力大了，"不要见外，我都在"，研究生期间，同学们总会对自己有很高的期待而导致心态紧绷、焦虑烦躁，李老师常跟同学们说，生活应该是 N 维的，要学会安排好课余生活，放松心情，在学习与生活中找到平衡，更要学会释放压力。对于研究生单身的"高频问题"，老师则建议大家一定要以积极、认真、乐观的态度对待感情，同学们在遇到合适的人但又拿不定主意的时候，在自己的感情出了些小挫折的时候，在为单身郁闷的时候，李老师都在。李老师的点滴关怀成为学生们疏解情绪、克服困难、重塑信心的良药，他不仅是值得尊敬的学业导师，更是值得爱戴的人生导师。

身教言传，敢做人生长跑者；格物致知，争当学科领头人；春风化雨，甘为埋头教书匠；教学相长，愿与学生共甘苦。凡事不在一时一事，但坚持做好每日每事，正是通向所有结局的最微小而可靠的途径。李老师春风化雨般的叮嘱与教诲，引领莘莘学子探索世界、洞察现实、脚踏实地，无论在过去、现在，还是将来，这一点都未曾改变。

学高为师，身正为范，在无数学生的人生长跑中，这一程得李老师相伴，何其有幸！

金融学院辅导员　王晓娟
金融学院 2019 级金融专业硕士生　李喆

你若盛开 层林尽染
——记马克思主义学院盛林教授

思其政，使命永恒；教其学，乐不思蜀；研其术，精益求精；解其惑，春风化雨。

人物简介

盛林，辽宁本溪人，马克思主义学院教授、博士生导师。1998年毕业于南开大学法政学院政治学系。其后，任教于中共天津市委党校公共管理系。2003至2004年，赴韩国大邱国立庆北大学，参加"KNUIEP"国际交流项目，交换培养一年；2005年，南开大学周恩来政府管理学院政治学系中外政治制度专业毕业，获硕士学位；2006年，由南开大学亚洲研究中心派赴韩国延世大学语言进修；2009年，南开大学周恩来政府管理学院政治学系政治学专业毕业，获博士学位，并留校任教；2013年，日本爱知大学中国研究科中国研究专业毕业，获博士学位；2015至2016年，赴美国加州大学洛杉矶分校（UCLA）公共政策系访学。2013年入选天津市"131"人才工程,2013年获评费孝

通奖教金，2018年入选"习近平新时代中国特色社会主义思想'名师示范思政课'"建设项目。近年来，他独立主持国家社会科学基金项目、天津市哲学社会科学规划基金项目等二十余项，参与编著十余部学术著作，发表二十余篇高水平学术论文。

人物风采

如果要问你有多少位老师教过你，你可能会回答有很多，记不清了；如果再问你是否有真正指导你做出重要改变的老师，你会不假思索地说出名字。的确，从幼儿园、小学、中学再到大学，教过自己的老师很多，能对自己产生重要影响的老师，却总是不那么容易遇到。盛林老师绝对属于后者，一位优秀的传道授业解惑人。他以育时代新人的敬业精神和追求卓越的学术执着，感染着身边的每一个人，成为众多学生心目中的良师益友。

政治强情怀深，为党育时代新人

"中国共产党为什么'能'、马克思主义为什么'行'、中国特色社会主义为什么'好'"，是贯穿盛老师思政课的主要内容。作为一名思政课教师，他把对马克思主义的信仰、对社会主义和共产主义的信念作为自己的政治灵魂，并及时把党的最新理论和思想有效融合到思政课教学中，帮助学生更好地了解世情、国情、党情，进一步理解马克思主义的真理性

和中国特色社会主义的必然性，有针对性地引导学生坚定理想信念，为中华民族伟大复兴的中国梦贡献青春力量。理论只有与实践有机结合，才能显示出它强大的生命力。盛老师重视将理论应用到实践

中，同时在实践中深化对理论的认识，获取真知。他曾指导知行南开、南开大学学生公能素质创新项目等十余项学术研究和社会调研项目，在实践中培养学生的家国情怀。先后两个暑期社会实践项目获评校级示范团队，其中 2018 年随队参与指导的赴深圳暑期社会实践队，被团中央评为全国优秀团队，个人荣获 2018 年师生同行学生社会实践先进指导教师。

盛老师始终把学院视为"家"，把学生们看作自己的"孩子"，与学院师生融为一体，全身心投入教书育人工作。在担任两届学院教代会主席期间，他积极关注和反映教职工的普遍诉求，动员和组织教职工参与学校和学院的建设性事务，积极组织教师们为学校发展规划、教职工队伍建设、新校区建设等提出建议和意见，切实维护教职工合法权益。即使再忙，盛老师都丝毫没有"怠慢"了学生，他宁愿牺牲自己的个人时间，也要做好工作、带好学生。为了按时返回学生发给他的论文，盛老师经常牺牲自己的睡眠时间，熬夜进行修改。修订模式返回的论文，除了内容上的修改，还会细致到某一处标点符号的准确性、某一处引文注释的规范性。他常说："一个人，应该为处于一个优秀的团队中感到庆幸。当看到别人比你强的时候，你可以'绊'别人一脚，但你实际没有能力的提升；而当你正确地选择'踹'自己一脚的时候，自己通过努力超越原本比你更优秀的人，才是真正的进步。"无论是在学业上，还是在生活中，他都尽自己最大努力帮助每一位学生成长成才。盛老师早已经在学生们的心中，"成长"为备受尊敬、热情亲切的"大朋友"。

思维新视野广，潜心"教"与"术"

知乎上关于南开大学有哪些好老师的讨论中，曾有学生这样评价盛老师："老师看上去是个举止优雅的书生，但讲起课来观点很鲜明、很独到。""盛老师的课堂，总是轻松愉快的，也是最能引发深入思考的。"的确，他精心设计教学内容，会根据本硕博不同层次的学生，制定不同的教学方案。在教学过程中，他始终坚持教师主导性与学生主体性相结合，擅长启发式引导学生。对于本科生，他更注重培养他们的思维方式和合作精神，而对于研究生，问题意识和创新能力始终是盛老师强调的。盛老师总是能够敏锐地发现问题，分析问题的视角独特新颖，常常通过横向纵向比较、国内国外比较，深入地剖析问题，为学生答疑解惑，也使得学生豁然开朗、连连称赞。

"这是态度问题,不是能力问题","我从来不会因为能力问题指责学生,但我不能接受学生态度上的不认真"。盛老师在学术科研上常常表现出自己最为严厉的一面,认为能力可以慢慢培养,但是态度上必须始终保持严谨认真。正因为如此,经盛老师指导的学生,在学业上均取得明显的进步与成长,多人次曾获南开大学周恩来奖学金、研究生国家奖学金、南开大学光华奖学金、南开大学公能奖学金一等奖等,一人毕业论文获校级优秀毕业论文,一人经遴选直接攻读博士学位。他常举"大石头"的案例,告诉大家如何进行科学的规划,如何合理地确定优先级,如何确保执行力,让学生认识到要"乐观地设想、悲观地计划、愉快地执行"。在精心备课、认真授课的同时,盛老师将课程育人理念内化于心、外化于行,不断探索课程思政教育教学方法改革。他积极践行"师生四同"育人模式,在导师有约、学术论坛、学术沙龙等活动中与学生同学同研,将思政育人理念播散在课堂内外。他成功入选"习近平新时代中国特色社会主义思想'名师示范思政课'"建设项目;主持多项教学改革项目,参与《中国近现代史纲要》的国家级精品课程、国家级资源共享课建设;曾担任马克思主义学院思想政治教育专业 2009 级本科生班导师,所带班级荣获 2012 年"天津市级先进集体"荣誉称号。

自律严人格正,正能量清润心田

亲其师,则信其道;信其道,则循其步。盛老师无论在教学科研还是学术培养方面,都始终坚持严格律己,做学生为人治学的表率。他在承担学院繁杂行政事务的同时,教学和科研考核成绩始终居于学院前列。2017 年,他以优异的科研成绩,晋升为学院最年轻的教授。这背后深刻地印证着他的自律。盛老师对时间的管理有着严格的要求,经常看到他的效率手册上,有条理地写着每天需要严格完成的日程任务。受他的影响,团队的学生也都人手一本效率手册。很多学生知道盛老师的英语水平非常好,但很少有学生知道,自从 2003 年盛老师赴韩国读书那一年起,他就坚持每天晚上睡觉前学习至少十分钟英语。至今,坚持了已经快二十年。每次的团队会议上,盛老师总是不忘提醒学生,坚持读书,坚持每天学习英语,希望学生在严于律己中不断成长。

盛老师连续多年参与学院定点扶贫。除了捐款资助庄浪县贫困小学生外,曾单次为庄浪县通化镇中心小学捐助新书 117 册。盛老师还曾多次资助经济困难学生。每年,他都会为多名申请出国留学的学生提供咨询指导、撰写推荐信函等。在别人需要帮助时,总能见到盛老师传递大爱的身影。他以高尚的职业道德和自身表率,带动和影响着身边的人。

  无论是在课堂内,还是在课堂外,他都积极向学生传递正能量,告诫学生学习科研之余,要勤于锻炼,健康体魄。学校运动会、羽毛球赛等体育活动中,他为学院、教研室赢得了诸多荣誉。羽毛球团体比赛中,他与学院的学生们共同组建了队伍,训练和比赛中,他耐心地给团队成员进行技术指导和心理疏导。无论场上发挥得好或不好,同学们从他那里听到的,都是鼓励的话语。盛老师曾与所指导研究生搭档,获得了南开大学第一届"羽动南开"研究生羽毛球大赛津南校区混双冠军。业余时间里,他还组建了师生共同参与的"每周一球"羽毛球俱乐部,在每周一的晚上师生一起进行体育运动,这也是盛老师寓教于乐的一种育人方法。同学们私下里常常这样议论着:盛老师为人热情、豁达谦逊、乐于助人、一身正气,教学科研做得那么出色,运动方面也是天才,真是学生们的良师益友!

马克思主义学院团委书记　陈永刚
马克思主义学院2018级党的建设专业博士生　孙艳美

功夫在"诗"外 学问要躬行
——记外国语学院王新新教授

学为良师,三十载诲人不倦,以文学观照现实,贯通中日坚持学术创新。行为益友,领路人严慈相济,承允公允能精神,言传身教润得桃李芬芳。

人物简介

王新新,女,1966年生于吉林长春。中共党员。1989年在东北师范大学外语系获文学学士学位,1991年于吉林大学外语学院日语系获文学硕士学位并留校任教,2002年在东北师范大学外语学院日语系获得文学博士学位,同时完成日本东京大学综合文化研究科超域文化学科比较文学比较文化方向博士课程学业。曾任吉林大学讲师、副教授,日本东北大学讲师、副教授,现任南开大学外国语学院日语系教授、博士生导师,以及研究方向为日本近现代文学、中日比较文学。曾主持天津市社科规划项目"形象学视域下的日本现当代文学"(2014—2015),担任国家社科基金项目"当代日本文学纪事"(2006—2010)子课题负责人,参与日本文部科学省科研项目"图们江沿岸居民生活史研究"(2003—

2006)。现主持国家社科基金项目《日本平成时代文学经典消费的跨媒介研究》（在研）。

已出版中文学术专著 1 部、日文学术专著 1 部；译著 10 部，译文 7 篇，译有大江健三郎等日本当代作家作品和日本学术著述近 200 万字。在《外国文学》《外国文学研究》《当代作家评论》《文艺争鸣》等顶尖期刊、C 刊或核心期刊上发表论文数十篇。曾三次采访日本诺贝尔文学奖获得者大江健三郎，相关访谈及文学随笔评论在《光明日报》《文艺报》《南方周末》、新加坡《联合早报》等主流媒体上发表。

曾荣获天津市教育系统师德先进个人称号。在南开园工作 15 年，指导的近 30 名研究生中有 3 人获国家奖学金，3 人获一、二等奖学金、2 人获全国翻译大赛一等奖，1 名获全国硕士论文评比一等奖，多人获全国翻译大赛二、三等奖和优秀硕士论文奖，并有多人获日本财团奖学金。

人物风采

王新新老师三十载专注日语基础教育，热心贯通本硕博课程。坚持中日合璧的教学思路，传递"允公允能"的育人理念。

"要尽快完成从本科生到研究生的转换，尽早把自己送入学术轨道；要把研究纳入你的生活，使之成为你的生活方式；要客观看待中日研究视角、研究方法的差异，建立你自己的认知；要有批判性思维，挑战既有成果，发出你的声音。"这是王新新老师写给外国语学院研究生新生的一段话。

教学贯中日，理念秉"公能"

王老师属于典型的海归学者。在日本，她既当过学生，也当过老师。1997 年到 2002 年，她在东京大学读博。2002 年到 2006 年，她在鲁迅先生曾

经留学于斯的日本东北大学教书。王老师坦言，自己在东京大学读博期间，有过难以适应的阶段，所以在面对即将出国交换留学或是继续深造的同学的询问时，她总是细致地给出设身处地的建议和无微不至的关怀。

对于中日教育体制和文学研究方法的差异，王老师表示，"并非外国的月亮就一定圆"。相对于日本大学中教师更具主体性、学生更具自由性的特点，中国的研究生教育课程设置更成体系，更有利于学生构建完整的知识框架。"很多时候，日本大学的课程都是本硕博打通的，上课方式大多采用 seminar 的形式，一本书拿来，学生们你一章他一章分好，轮番讲解，老师会做出点评或者给出建议，严厉一些的老师会很'毒舌'，甚至把女生当场批哭。这种方式避免了'填鸭式'教学的弊端，可以有效地提升学生自主学习的能力。而且，现在中国大学也开始呈现出这种趋势了，就是导师做什么项目，学生就跟着做什么。这对于那些一时定不下研究课题的同学来说，未必不是件好事，但另一方面，老师的项目、课题方向可能与学生的兴趣点完全无关，或者说，这是一种教师本位的做法，并不利于学生发掘自身的学术潜力，寻找自身的学术增长点。"正因为对中日教育体制都很了解，王老师不会给学生一个现成的题目去做，而是会因人而异地因势利导，来平衡学术研究中的广泛学习与课题专攻的关系，引导学生寻找、发现自己喜欢什么、想做什么，树立自己独有的问题意识，而这正是培养创新性的第一步。

王老师教给学生的"入乡随俗"，不仅仅局限于生活环境、学习方式等方面，更是指在研究的过程中，要博采众长，客观看待来自方方面面的差异性，还要用这种适应时代和社会的眼光对自己的未来有正确的评估。而学生在这种潜移默化引导下被培养出的"前瞻性"，也势必会对目前的学习和生活有指导性的帮助。

作为学科带头人，王老师行走在科研的前沿，主要从事日本近现代文学及中日比较文学的研究与教学，特别是对日本诺贝尔文学奖获得者大江健三郎的研究取得了令人瞩目的成果，用叶渭渠先生的话来说，这些成果"可谓国内研究大江文学的滥觞"，特别是日文专著《从战后再启蒙到文化批评：大江健三郎的 1957—1967》获得日本东北大学出版会资助，在日本公开出版发行，"为在大江研究领域发出中国学者的声音开了个好头"。

"我翻译大江健三郎的作品始于 1995 年，到现在，公开出版的也有 100 多万字了。"

王老师是国内为数不多的与大江健三郎近距离接触并多次当面交流的学者之一。2000年，她参与并策划了邀请大江先生的访华活动以及大江先生自选集的出版。同年，她与大江健三郎前后进行了三次访谈。王新新老师表示，对于大江健三郎及其作品，自己既是"研究者"，也是"学习者"。"听大江先生谈他自己的文学，谈鲁迅，谈莫言，能听到他对文学本身的认识；听他谈中国，谈日本，又能听到他对国家、体制的认知和思考。"当时的谈话内容，王老师至今依然印象深刻，记忆犹新。

课堂上，王老师常对学生说："大江健三郎的价值绝不仅仅停留在'诺贝尔文学奖得主'这个层面上，大江健三郎将自己定义为'知识分子'这点应该受人关注。知识分子，要时刻怀揣社会责任感，对整个社会投入自己的关注并勇敢发声。"

不独大江文学，王老师不断拓展着学术研究的领域，不断尝试新的研究方法，每一篇论文、每一项科研任务中都倾注着王老师的学术关心和现实关怀。

疫情期间，王老师接到制作《新冠肺炎防控指南漫画系列》汉日版的翻译任务。本着"对中国负责、对全球人民负责、对语言负责"的态度，王老师不辞辛劳地投入疫情防控中，与其他语系教师通力合作，顺利完成十个语种的翻译出版工作，用王老师自己的话说，就是"终于有机会能为抗疫做点事情了"。

王老师认为，文科学生更要多一些人文情怀，多一点社会使命感，而她的这一思想，不正与南开"允公允能"的校训不谋而合吗？

阳春布德泽，桃李生光辉；扶桑十载余，心系故园归

2006年，王老师从日本回国，在南开大学任教。在日常的教学工作中，她除了指导硕士生与博士生，还面向本科生开设了日本文学概况、日本近现代文学选读等许多课程。她坚守教学第一线，因材施教，着力提高本科生的学习兴趣，致力培养硕士生的学术思路，倾力提升博士生的科研能力，所授课程受到各级各类学生的普遍好评。丰富的教学经验，和蔼可亲的气质，严谨的治学风范，广博的理论知识，使她赢得了同学们的喜爱，成为外国语学院最受欢迎的老师之一。

风雨润桃李，黑白画春秋。生活中，王老师对一心向学的学生鼎力相助，不止一次为家庭经济条件困难的同学提供出国留学担保、垫付押金，使学生深受感动。曾有一名研究生，因罹患先天眼疾而情绪低落，一度想要退学。王老师一方面和家长取得联系，关注治疗情况；另一方面反复探讨最优解决办法，最大限度地帮助他完成了学业，使之最终成为身心健康、对社会有用的人。如今，这位同学已经成为所在高校的日语系副主任，深受同事和学生们的信赖和喜爱，为"南开品牌"赢得了实实在在的口碑。

商倩是王老师带的2016级博士研究生，2019年毕业后也成了一名大学老师。她在接受视频采访时，几次在镜头前红了眼圈。"博士面试的时候，我已经怀有8个月身孕。孩子成长的那几年，生病住院是常有的事。每当遇到困难时，王老师总在一旁给予无限的鼓励与支持。"孩子虽然一点点长大了，但还难免会牵扯精力，商倩觉得很对不起王老师。但王老师总是对她说："没事儿，咱们一起努力，我陪着你。"商倩多次提道："王老师于我而言，是良师，也是益友。王老师不仅是'有求必应'，她为了学生，还事无巨细地默默做了很多。"尽管如此，王老师对商倩的博士论文的要求却丝毫没有降低标准，小到一个标点、一个用词、一个概念，大到论文章节的布局、一个观点的形成，王老师都反反复复、细细致致地跟商倩一起琢磨，终于打造成无愧于"南开品牌"的博士论文，帮助商倩完成了从"教书匠"到"学者"的华丽转身。

在学期间，商倩在《外国问题研究》《日语学习与研究》等核心期刊上发表学术论文3篇，出版《幸田露伴散文选》等译著3部，在中日各大研讨会共计进行学术发表7次，曾获国家留学基金委创新型人才国际合作培养项目资助，赴日留学。毕业后，商倩进入山东财经大学外国语学院工作，并参与了2020年教育部人文社科青年项目"日本近代文学家幸田露伴对中国古典文学的译介与接受"。"王老师对待学术的严谨，面对生活的豁达，都指引着我前进的方向，遇到王老师是我这辈子最大的幸运。"

其实，很多学生在谈到王老师时，都会提到"幸运"二字。2017届硕士毕业生吴琴这样说："我算是王老师教过的'不肖学生'。我的硕士毕业论文二稿拖到很晚才交，可是老师牺牲了自己的休息时间，当天就改了出来。之前定题目的时候，我半夜把研究思路发给王老师，第二天上午王老师就联系我，对我的研究思路进行了点评和指导。王老师真的是位把学生的事放在心上、放在第一位的老师。王老师要给本科生、研究生上课，要指导博士生，自己的研究要做，家中还有老小需要照顾，现在想来自己真是感到惭愧。"

王老师经常利用课余时间像朋友一样与学生谈心，实时掌握他们的生活、学习、思想状态，积极配合学生工作部门，解决学生遇到的各种问题。很多同学都会将王老师当作知心朋友，满怀信任地与王老师就学业、就业、人生、情感等话题进行倾诉，听取王老师给出的建设性、可行性意见。2017届本科毕业生耿馨妍回忆道，大四去日本交换留学之前，她曾跟王老师透露出毕业后想去日本留学的想法。"其实留学的事情只是当时随口一说，老师却默默记在心上。我跟老师说明想找工作的心意后，老师对我说，'工作后再去读书，是很不容易的事情。如果现在有想法，就尽量坚持下来。'还给我介绍了很多海外的教授。虽然最后很遗憾没继续读书，但我觉得老师全心全意支持学生理想的这份心意让我很感动。直到现在，无论自己在做什么，想到老师的这份心意，都会非常努力地继续向前。"毕业后，耿馨妍入职字节跳动，成为产品战略部门一员，专业能力获得公司各业务线团队人员认可的同时，每次绩效评估均拿到优秀成绩，且获得过"追求极致"等奖项。

　　无论碰上什么性格的学生，王老师都非常重视学生的人格培养。学生是她最大的牵挂，学生是她最成功的作品，王老师就是这样一个负责任又纯粹的人。"导师应该是学生的'出口'。我认为最理想的师生关系就是学生能够信任老师。无论是学习还是生活方面，有事情及时沟通，老师都会尽最大努力帮助你的。"王老师也提到，很多学生怕父母知道了担心的事情，都会和自己商量。她不仅在学习和研究方面给学生答疑解惑，日常更是从朋友的角度对学生的心理健康进行密切关注。看到一批批学生学有所成，成为对社会有贡献的人，她比自己获奖还高兴。

"为师，作良师；为友，作益友"

　　多年来，王老师不浮不躁，潜心学问，用她自己的话说，就是"不论项目批不批，不论博士招不招，都不会阻挡我科研的脚步"。王老师也像朋友一样充满热忱地鼓励学生参加学会、大胆提出见解、积极投稿，努力营造浓烈的学术氛围，取得显著效果。

　　在王老师的指导和鼓励下，2018级MTI硕士研究生徐嘉伟取得了第二届"人民中国杯"国际日语翻译大赛一等奖的优异成绩。在接受"南开日语"公众号的采访时，徐嘉伟特别感谢了王老师的悉心指导。"王老师看过我的翻译初稿后，不仅用不同颜色的字体和高光笔在原文档上做了标记和批注，更是打来电话，肯定我的某些处理后，指出翻译中偏离原文的地方。老师教会我学必严谨，做事要精益求精，这在未来都会让我受益无穷。"

2017 年，南开大学—日本金泽大学硕士双学位项目正式启动。王老师指导的 2017 级硕士研究生崔雪婷、2019 级硕士研究生邵若晨分别作为第一期、第三期学生赴日深造。"双学位项目为学生提供了更多的可能性。通过这样的锻炼，我相信学生的科研能力会得到极大的提高。"参与双学位项目建立并不辞辛劳地多次赴日与金泽大学方面洽谈的王新新老师如是说。2020 年 8 月，双学位第一期学生顺利毕业。在读期间，崔雪婷连续两次获得国家奖学金，多次在核心期刊甚至 C 刊上发表学术论文，且多次参加学术会议并发言，其极强的科研能力也受到了硕士双学位项目日方合作学校日本金泽大学指导教师的充分肯定和称赞，并获得 2020 届南开大学"优秀毕业生"称号，两篇不同内容的毕业论文分别被评为南开大学和金泽大学的优秀硕士学位论文。其中，提交给南开大学的硕士学位论文经日语系推荐，参评第十三届中国日本学研究"卡西欧杯"优秀硕士论文奖，最终荣获文学组一等奖。"留学期间，王老师会定期打来电话，关心我在日本的生活是否习惯，科研进展是否顺利。我讲自己的近况，老师也会分享她之前在日本的经历，并且告诉我许多衣食住行上的小经验。就像朋友之间的聊天一样，很轻松。王老师会在不经意间给出极具可行性的建议，毫无保留地介绍日本学界的人脉给我，一方面为我打开了进入日本学界的大门，另一方面也大大地缓解了我的科研压力，我们的电话总是在欢声笑语里结束。"而王老师注重对学生科研兴趣的培养，和对学生科研方向的引领，也在崔雪婷身上得到了充分体现。硕士毕业后，崔雪婷选择继续在南开大学攻读博士学位。

在中日两国三十年的教学生涯中，王新新老师对学生提出的第一个建议是多读书，她认为多读书才有多的收获。"在学习和研究方面，多投入才有大收获。既需要有时间、精力这些看得见的投入，也需要有类似对学问的执着这样精神上的投入。不仅是文学，很多学科不基于广泛而深入的阅读是无法进行下去的。"

在具体指导学生进行研究的过程中，王老师特别重视学术创新。"很多情况下可能你想研究的东西已经有很多人研究过了，所以怎么出新就是最大的难题。"她常常告诉学生，创新可以是新材料的发掘，也可以是新理论的建树，或是新方法的采用、新视角的确立等。对研究生论文来说，创新点是必须具备的，只停留在归纳总结层面的话，写出来的论文就毫无价值了。所以，在王老师的课上，总会听到有关学术前沿、学术热点、学术增长点的介绍，也总会接触到在众多先行研究的夹缝中突出重围、锐意创新的鲜活案例。这样，创新，就不再是抽象的说教，而是学生看得见、摸得着、做得到的学术实践了。

王老师还特别强调学生要建立自己的学习兴趣点。她鼓励研究生努力寻找自己真正感兴趣的东西，也像朋友一样去了解学生的兴趣是什么。"兴趣是最好的老师，没有兴趣的东西，再前沿、再有价值，也很难做下去，更谈不上做得好。"她认为，兴趣往往能够帮助研究者发现其中存在的问题，而问题意识对于研究者来说很重要，这也是研究生不可或缺的学术品质。

"我出生那年，正好赶上'破四旧、立四新'，于是父母就给我取了'新新'这个名字。放到现在，不管是研究还是教学，无论时代如何变迁，也要有推陈出新的精神。正所谓'为有源头活水来'。更重要的是，立德树人，才能真正做到月异日新。"

身为学者、为人师表的王老师于学生而言，亦师亦友，可敬可爱。但王老师为人低调，一直说自己做的不值一提。"我一直觉得，师生一场，能够彼此参与对方的生命，多值得珍惜啊。良好健康的师生关系应该是彼此成就、教学相长的。从小到大，我有幸遇见了几位非常好的老师，他们以他们的人格魅力、敬业精神和学术思想，于无形之中指引了我的人生道路，培养了我的人生理想。我现在所做的，无非就是他们曾经做过的——为师，作良师；为友，作益友。"

多年的海外经历，让王老师成为许多面临多方向选择的学生的人生导师，她不辞辛劳、兢兢业业地为同学们指明为人与治学的方向。她的为师之道不仅仅停留于"传道、授业、解惑"，更是教会学生如何做人做事，在研究中加深对时代与社会的了解、关注和责任。

路虽弥，不行不至；事虽小，不做不成。"学术之路虽然道阻且长，但是真正心无旁骛做学问的人，定然行则将至，做则必成。"这是王老师对决心走学术道路的研究生的期待和寄予。

一个人，一辈子，把教书育人当成毕生的追求，这就是学生眼里的王新新老师。她淡泊谦和的性格、广博深厚的学识、优雅从容的态度、敬业爱生的品行，影响着一届又一届的学生。在王新新老师的眼里，传授知识是她的职责，哺育一代又一代对社会有贡献的人，是她的使命。学生就像她的朋友，又像她的孩子，更是她坚守初心、躬耕前行的动力。

外国语学院辅导员　周文钰
外国语学院 2020 级日语专业博士生　崔雪婷

赓续公能勤研耕　甘为人梯育桃李
——记化学学院王一菁教授

学为人师，行为世范，勤谨科研，立德立心。师德如雨，催笋成竹，润物无声，亦师亦友。

人物简介

王一菁，女，现为南开大学化学学院教授、博士生导师，曾任应用化学与工程研究所副所长。1989 年、1994 年于南开大学化学系获学士学位、硕士学位；1996 年至 2000 年就读于南开大学新能源材料化学研究所，获博士学位；2002 年至 2004 年，教育部公派赴日本东京大学先端科学技术研究中心进行博士后研究；2008 年晋升为研究员；2010 年被聘为博士生导师；1994 年至今在南开大学化学学院工作。近年来主持完成国家"863"课题、国家自然科学基金等十多项。在 *Nanoenergy*，*J. Mater. Chem. A*，*Chemsuschem* 等学术期刊上发表论文 120 多篇。申请专利 34 项，其中 13 项已授权专利。2006 年、2019 年分别获天津市自然科学一等奖（第三完成人）。担任中国稀土学会固体科学与新材料专业委员会委员，中国金属学会功能材料分会委员，*Rare Metal*、《稀土》杂志编委等。多年来一直为本科生、研究生讲授化学专业英语、物理化学、Advanced Inorganic Chemistry 等课程。2013 年获第十二届"挑战杯"天津市大学生课外学术科

技作品竞赛优秀指导教师荣誉。2017年获天津市教育系统劳动竞赛"示范岗"称号。培养的学生曾荣获"第九届全国青少年科技创新奖""全国大学生课外学术科技作品竞赛二等奖""天津市大学生创新奖学金特等奖""天津市大学生课外学术科技作品竞赛特等奖""南开十杰",以及国家奖学金等奖项和奖励。

人物风采

听到的是故事,而感到的是温情。对学生而言,如果说有个地方记录了青春的生命印记,母校一定是;如果说有个人在学生生命里扮演着重要的角色,那么导师一定是。经师易遇,人师难逢。王老师对事业专心致志、兢兢业业,对学生言传身教、体贴入微,真切诠释了"良师益友"四个字的内涵。

人生在勤,德艺双馨

在众人的眼里,王老师知性优雅,落落大方,温柔近人,与她相处总会让人觉得温暖舒服、如沐春风。撇开外在的印象,走近王老师的科研工作,你还会发现另一个以"氢能"励人、以"镁"育人、以"锂"服人、"钠"样绚丽的多彩世界。

2004年,王老师回国后便躬身投入了能源—材料(储氢材料、高容量电池材料)的研究。每当被问及为何选择这一个研究方向时,王老师总是

笑着说:"每一次化学电池技术的突破,都带来了电子设备革命性的发展。现代电子技术的发展,对化学电池提出了很高的要求。在南开求学多年,'允公允能、日新月异'的校训早已成为一个老南开人时刻践行的八字箴言。瞄准国家重大能源需求和技术前沿领域,获得高效、清洁、低成本的能量,解国家之所难,是我读书时的梦想,也是每个科研工作者对祖国应尽的本分。"而王老师的这份"公能"

情怀，也体现在她科研育人的每一处。

立德有源，立功有本，师则传源授本。王迎是王老师带的2013级博士研究生，在接受采访时，她感慨地说："王老师的家国情怀和执着勤勉最令我感动。王老师常说科研绝不是闭门造车，放眼国际才能实现更好地提升与突破，在她的大力支持下，我顺利赴澳大利亚卧龙岗大学进行交流学习，在此期间王老师不仅会经常贴心询问我在异国的思想近况，深夜视频连线帮我攻克技术难点，还不忘经常叮嘱我在国外要抓住机会积极向同行学习，绝不能辜负国家资助出国留学的机会，早日学成归国，施展才华，为国所用。在王老师的影响下，我毕业后也选择留在高校做一名人民教师，我将以王老师为榜样，传道授业，继续为我的祖国培养人才。"

言传身教，身行一例，胜似千言。王老师常说，当年求学之时，高校的实验条件还没有今天这般先进，我们每天都鼓着一股韧劲儿，个个拧紧发条，人人躬身笃行，埋头苦干，攻坚克难，完成了很多重大科研项目。现在，科研条件这么好，世界科研竞争又这么激烈，想着自己每天手上做着的实验，都是在探索着一条化学服务国家经济、社会高质量持续发展的道路，自己便一刻都不敢懈怠。在王老师看来，勤勉不仅是一种习惯，更应该是融进每个中国人骨子里的精神。因此，无论春夏秋冬，还是风霜雨雪，王老师每天总是第一个来到实验室，投入当天的实验工作；不仅是工作日，即使是周末和节假日她也会经常出现在实验室里，钻坚研微，直至深夜。王老师不仅严于律己，同样也敦促学生孜孜不倦。每天，王老师都会不止一次地询问和检查学生的实验进度，对学生遇到的问题第一时间给予指导解答，督促学生做好实验记录、及时归纳总结。她常对学生说："完整的实验要从实验设计开始，再到实施、处理数据图表，最终直到写成文章发表出来成为成果才算完整。中间一定不能拖沓，一旦懈怠就很难再拾起来。我如果对学生松懈，那就是对学生的将来不负责任。我宁愿你们这三年过得紧迫些、辛苦点，甚至怨恨我些，我也不要你们将来后悔！"

在南开工作任职的16年来，王老师不仅承担着本科生、研究生化学专业英语、物理化学、Advanced Inorganic Chemistry等课程的教学任务，还需要集中时间和精力完成自己的研究课题，近几年又承担起系所越来越多的行政事务，因此她的日程安排一直都非常紧张，但王老师在指导学生科研上却从不吝惜自己的时间。她常说，学者、导师和行政负责人这几个角色中，导师这一角色永远是她最为珍惜、投入时间和精力最多的。

有教无类，谆谆教诲

为人师表以德为先，以业为上，以人为本。

王老师坚信，教育要有教无类，因材施教，好的教育一定是源于兴趣和热爱。也正是这种信念，使她成了学生眼中的"伯乐"。2015级硕士研究生常晓雅本科毕业于木材科学与工程专业，从事的是家具设计方面的研究，对化学的了解仅仅停留在高中阶段，可以说是知之甚少。在本科毕业时，她怀着对化学的一腔热情，鼓起勇气给王老师发了一份邮件，询问是否愿意接收她这样外专业的学生。当时，常晓雅也是抱着试一试的态度，没想到转天早上就看到王老师凌晨回复的邮件，约她见面详谈。在谈话中，王老师并没有担心她转换专业的问题，而是鼓励她，"每个人都具有潜力，最重要的是热爱，热爱一件事情，并为之付出努力，一定会有意想不到的收获"。在接下来的学习过程中，王老师没有要求她在第一学期马上进入实验室开始实验，而是利用上下班时间耐心帮她补习欠缺的化学知识，夯实基础。在第二个学期的实验中，王老师也是手把手地亲自带她操作，循序渐进地给予她引导启发，使她逐渐走出迷茫，并凭借着一股坚韧不拔、水滴石穿的钻劲和韧劲，啃下了一个个硬骨头，步履坚定地朝着一个个科研高峰迈进。而今虽已毕业多年，晓雅谈起在校的那段时光，依然红了眼眶。"那段时间，我也曾自我怀疑，也曾着急焦虑，想早点发表文章，但是王老师的耐心引导给了我安定的力量。她说虽然直接给学生指定研究课题，可以节省时间，更快地出文章，但是这并不利于学生的发展，也绝没有锻炼学生的能力重要。是她用实际行动告诉了我，科研工作要始于兴趣，成于坚持，忠于精神，这个道理使我一生受益。"

王老师不仅注重学生兴趣的培养，更注重学生科研品质的养成。"别的事都可以商量，唯有做学术这件事不能有半点通融。"每一次组会王老师都会用格外坚定的语气跟学生强调。王老师对科研的要求一贯是以"严"当头，以"新"立范。她总说："现在的学生年龄小，想法多。但是只要进了实验室，就是一名科研工作者。做科研工作要心存敬畏，要做到心所欲而不逾矩，而这个'矩'就是学术的道德、规范、客观和严谨。做学术容不得半点虚假和浮躁，也不能出现半点纰漏。"而王老师在教学中也是以此为准则，身体力行，身正为范。学生的每个实验，她都会检查是否符合安全操作规程；学生的实验记录本，她都会经常翻看是否记录真实、及时、准确、完整；学生厚厚的论文，她都看得仔仔细细，逐句、逐字、逐个标点地批改，需要特别注意之处还画上一个大大的红星，批改完了还会照例写下一长段评语，告诉学生有问题随时来找。王老师的认真严谨让学生们无不动容。"在成为王老师的学生之前，我从来没有看到过这么细致的修改意见。" 2020届硕士毕业生刘桂淑说道。除此之外，王老师还会经常告诫学生："实验和科研工作不是一蹴而就的，需要不断摸索、不断尝试，一次次的失败很容易让你们丧失信心和耐力，但是在这当中学会多角度思考，学会独立发现问题、分析问题、解决问题，锐意创新，使自己实现0到1的突破，才是一个科研工作者应真正培养并具备的最大核心竞争力。"

在王老师眼中，年轻人是未来科研的希望。因此，她一直都无怨无悔地坚守在自己的一线岗位上，默默奉献，甘为人梯。2018级博士研究生郭慧男回忆道："有一次，我跟师妹有几个关于文章的疑问需要请教王老师，但发现王老师身体不适正要去医院检查，就决定等她回来后再讨论。然而王老师却不肯耽误时间，坚持让我们把资料发给她。她利用在医院等候的时间，通过微信和电话跟我们进行交流，答疑解惑，让我们按时返回了审稿意见。王老师不顾自己的身体帮我们解决问题，我们真的是又敬佩、又心疼。"然而这种事情并非个例。多年来，王老师始终把学生的事当成是最大的事，把学生的需求和发展放在最重要的位置。在会议休息的间隙、在每个逢年过节期间……只要有时间她都会在微信、邮件和电话上与学生讨论学术问题，甚至有时出差开会，她也从不失约，即使上一刻还在出差回来的路上，到了与学生约定见面交流的时间，她也一定会准时到达，虽然拎着行李箱风尘仆仆，但是依然笑容满面。

春风化雨，润物无声

学贵得师，亦贵得友。王老师不仅是良师，更是益友。她在工作中对科研一丝不苟，要求十分严格，但在平时的相处中却至亲至善、和蔼近人。

王老师总是尽其所能地关爱每位学生。2018级硕士研究生邵化旭说："作为她的学生，在与王老师初次相遇时，那种亲切感便从心底油然而生，王老师让我在天津这个陌生的城市感到了温暖。当时我就觉得南开的老师真好，这应该就是我心目中完美导师的模样。在研究生三年时间里，王老师深厚的专业知识、严谨的治学精神和求实创新的工作作风深深影响着我。王老师那种亲切感和对学生的关心爱护从未消减，她经常叮嘱学生不要空腹吃凉东西，注意饮食卫生；当气温波动大时，她也会提醒学生注意增减衣物，注意身体；东西买来之后不要放太长时间，别吃坏了肚子……"即使时光荏苒，王老师的那些"唠叨"仍会萦绕在耳畔。"大家回去一定要检查一下哪里有安全隐患，别出问题。""安全无小事，大家要多注意，做实验的时候至少要两个人一起，彼此照应着点。"这些叮咛、关切、温暖，都像春雨一般，浸润在每个学生的心田。

王老师将每一个学生都当作自己的孩子看待。腊八节的时候，"孩子们"都能喝到她自己煮好的腊八粥；中秋节和元旦的时候，她都会让学生出去聚餐，学会适当地放松；每次出差回来，她都会给大家带来当地的特产……她总是能注意到学生学习生活中的细节，用真心拉近彼此的距离，给学生一种亲切感、安全感。2017年，课题组2016级硕士研究生王梦莹同学出了车祸，膝盖损伤严重需要卧床休息两个月。王老师看在眼里，急在心里，忙前忙后帮其联系医院，安排同学轮流精心陪护照料。在王梦莹休养期间，王老师经常到医院探望，关心询问其恢复情况，与她探讨如何解决实验和就业上的实际问题，缓解其心理压力。直至毕业时分，王老师仍在关注该同学恢复情况并不断叮嘱其注意休息，不要剧烈运动。

王老师不仅关心学生们的在校情况，更重视学生未来的发展。每年，王老师都会一直关注着学生的就业去向，即使再忙，她都会抽出时间，把合适的招聘信息或就业机会推荐给学生，把一些步入社会后容易遇到的问题以及处理方法分享给学生，她总是希望能尽自己所能让大家少走弯路。数十年间，王老师已为社会培养了大批优秀人才。在提到对学生的期望时，王老师说："对事业、对生活做好以下三点——热爱、勤奋和坚持。热爱是原动力，勤奋是助推剂，坚持不懈才能创造奇迹。锲而不舍，金石可镂。共勉！"

教育是一门科学，管理是一种艺术。王老师不仅是学生的科研导师，更是学生的亲人挚友。她传授学生知识的同时，更给予了他们最真切的关怀和温暖，让身处异乡的游子，拥有了家一般的归属感。虽然她和学生之间，没有什么轰轰烈烈的大事，只有那些于细微处的关怀呵护，但于细微处见真情，平凡却不失温情，才是最美的荡气回肠。可谓"天下桃李尽芬芳，春泥护花意难忘；得遇良师三生幸，师恩绵绵细水长"。

化学学院学工办主任　马婧
化学学院2018级化学工程专业硕士生　邵化旭

传道授业话旅游　宁静致远求臻美
——记旅游与服务学院徐虹教授

勤谨治学，道旅游之术；诲人不倦，树师者之风；无私奉献，传公能之道；宁静致远，达臻美之境。

人物简介

徐虹，女，1963年2月生，天津人。1984年，毕业于南开大学经济学系，获得经济学学士学位；1998年在南开大学获得管理学硕士学位；2003年毕业于南开大学商学院，获得管理学博士学位。1984年至2009年，在南开大学旅游学系任教；2010年至今在旅游与服务学院任教，2010年至2017年任旅游与服务学院教学科研副院长，2017年底至2020年10月任旅游与服务学院党委书记，现为南开大学旅游与服务学院教授、博士生导师。现任中国旅游协会妇女旅游委员会副会长、天津市旅游协会副会长及旅游教育分会会长、农业农村部特聘首届休闲农业与乡村旅游专家委员会委员、天津市政府决策咨询委员会委员、天津市政府特约研究员、休闲农业与乡村旅游研究中心主任等。主要研究方向是旅游产业生态、休闲农业与乡村旅游、旅游目的地竞

力与供应链管理、服务创新与战略管理、旅游财务管理等。担任国家自然科学基金、社科基金、教育部社科规划基金和文旅部（原国家旅游局）及天津市社科规划科研立项匿名评审专家，《南开学报》（哲学社会科学版）编委，《南开管理评论》《旅游学刊》《旅游科学》和 Sustainability、Tourism Review 等学术刊物的匿名审稿专家。主持过国家自然科学项目、社会科学重点项目（子课题）、教育部项目、文旅部（原国家旅游局）项目等近百项，发表论文 130 多篇，出版著作 30 多部，各类研究报告及咨政建议 20 多项，其中多项咨政建议获得市领导批示。曾获得南开大学教学名师奖、南开大学"良师益友"奖（2 次）、文旅部（原国家旅游局）优秀旅游学术成果三等奖、《旅游学刊》2016 年度优秀论文奖，2020 年入选人大"复印报刊资料重要转载来源作者（2019）"名录，以及"中国哲学社会科学最有影响力学者排行榜：基于中文学术成果的评价（2020 版）"。2021 年在文旅部旅游科学年会上入选《中国学术期刊》"旅游论文作者学术影响力 TOP100（1978—2018）"。

人物风采

她言传身教，严谨治学，为后辈树立良好的学术道德榜样；她严以律己，认真负责，鼓励学生脚踏实地、刻苦钻研，做合格的南开人；她知性优雅，善良大气，平衡学术和生活，充满着诗意和幸福；她亦师亦友，无私包容，给予学生温暖和关怀。她是莘莘学子成长路上的指明灯，她就是三十六载辛耕于南开园的徐虹教授。

勤谨治学　甘之如饴

徐老师的办公室整齐地摆放着从管理学到经济学、社会学、心理学、文学，乃至党政史料等各类书籍，一踏入办公室，让人如沐春风。办公室墙上挂着

一幅"宁静致远"的书法字帖,她以这四个字勉励自己,勤谨治学。徐老师秉承"做学问要勤勉,为学生树立好榜样"的信念,36 年来坚持每晚工作到 12 点。她把勤奋做事当作一种生活态度,把每晚读书内化为一种生活习惯。"我不是一个聪明的人,但是我能吃苦、有毅力,能够咬紧牙关坚持下来,所有的成绩都是吃苦吃出来的。"徐老师坚定地说。

1999 年,刚考上博士的徐老师,正在南开大学旅游学系任教,同时还在南开区文化与旅游局挂职副局长,而她的公公在这一年生病住院,先生需要到外地照顾生病的公公,只能由她自己接送孩子上学、给孩子做饭,晚上她还需要给远程教育的学生上课。长达半年之久的紧张学习、工作和生活,使徐老师每天进行着多种身份角色的转换,想到这里,她坦然一笑,"勤奋起到了很大的作用,自己才经受住那一时期的巨大考验"。正是由于这一艰苦的经历,徐老师更加懂得了时间的宝贵,始终如一地保持勤奋的精神,兢兢业业,她还总是恳切地教导学生:"你们比我更年轻、更有精力,现在可以一门心思地只考虑学习,要抓紧这大好的时光刻苦学习。"

徐老师不仅在学问上勤勉,治学态度也非常严谨。她要求自己做学问从基本概念抓起,先把基本概念搞清楚,再开展后续工作;研究设计前,先把已有的研究吃透、理清,在此基础上进行学术创新。"科学研究没有捷径,就要脚踏实地去做,既要顶天又要立地,这样写出来的文章才能立得住。"徐老师坚持不懈地鼓励研究生。她以严谨治学之行感化和教育一级级研究生,"要端正学术态度,学术道德底线坚决不能碰",这是她给研究生上第一堂课时必须叮咛的话。

随着教学任务和党务工作的加重,徐老师谦虚地说:"自己还要努力挤时间,学术研究需要与时俱进,才能在业务上不掉队;我喜欢和你们交流,你们阅读前沿文献的速度、思考问题不受条条框框的局限都值得我去学习,我们要互相学习。"徐老师就是这样,时刻以优秀党务工作者的高标准要求自己,以身作则,树立为人师表的典范。

悉心指导　春风化雨

徐老师提倡从本科阶段开始就应该将书本理论与旅游实践相结合,"旅游学习要接地气,旅游人先要学会带着学习目的去旅游"。同时,她非常善于启发学生独立思考,每节课前总会先从近期的国民经济热点说起,让学生联想哪个大事件与旅游管理知识有关、反映了旅游业的什么问题、自己对此有什么看法，让学生活学活用。她还充满热忱地鼓励本科生出国交流学习，将旅游知识学习与国际前沿接轨，开阔视野。每每有学生来找她写出国推荐信，她总会很高兴，及时地帮助学生写好、签字。徐老师关心每一个学生，就如疼爱自己的孩子一般，正如2018级硕士郭昕悦说："最初接触徐老师的课程、同她一起调研时，徐老师并不因为我是本科生而对我有所保留，每当有问题请教老师，她都会很耐心，细心地指导我怎么做；后来，我很幸运地跟随徐老师读研，学到了很多知识，锻炼了各方面的能力，真的很感激徐老师的帮助。"

在研究生教育方面，从九月刚入学时，徐老师就会给新生打上一针"定心剂"，防止大家产生浮躁、懈怠的思想。她语重心长地说："不要认为自己刚入学，可以像本科阶段那样先熟悉环境玩一年，两年的硕士、三年的博士生活很短暂，一晃就过去了，凡事提早动手。"徐老师鼓励研究生要有远大的目标、独立的思想、长久的毅力，不限制学生的研究方向，而是让学生根据个人兴趣自由选择，她笑着说："给你们广阔的空间任意飞，我会适时地为你们调整偏离的方向。"2016级博士王彩彩回忆入学第一天去徐老师办公室的场景，流露出无限的感激之情："当时刚进入师门很开心又很忐忑，跟徐老师交谈时说一定会好好地跟着老师做课题、写论文。没想到徐老师却说'不是你跟着我做研究，自己作为博士生要独当一面，能够独立承担课题，博士生是导师的合作伙伴，你要超过老师的水平'。我这才明白博士生应该具备的角色身份，使我在以后的学习中独立性、自主性提高了很多。"

对待各个年级的学生，徐老师有自己的培养方式。她提倡团队学习，让高年级的学生带领低年级的学生做课题，培养学生合作包容、不以自我为中心的做人处事的品格；她善于为学生创造锻炼的机会，放手让学生去做事，发现不同学生的特点，发挥每个学生的优势。徐老师总是不厌其烦地鼓励学生："你总要去做，做砸了没关系，第一次做不好，可以继续改正。"王彩彩感慨地说，"博一十月份，我第一次带领六位访问学者外出调研，当时没有经验，很是胆战心惊。回来向徐老师汇报问题时，老师没有说我做得不好，反而告诉我下一次怎么改进，并说出去一次有一次的收获就是好事。在接下来的两年，徐老师会有意识地让我带队调研，逐渐地把好多事情交给我处理，认识了学院更多的小伙伴、调研单位的领导和同事，提高了语言沟通和组织能力。后来有一次，徐老师说看来多次锻炼还是有效果的，你比之前进步很多，人也开朗了。我心里一阵暗喜，很感谢徐老师的认可和信任。"这就是徐老师，对于学生做的不周的地方，她会温和地指出问题，潜移默化地让学生改正错误，取得进步。2016级博士研究生梁燕回忆道："写第一篇会议论文时，不知道写得有多差，徐老师也没有面上指责。一次偶然的机会去老师家吃饭，饭后老师聊天时讲到我在写作逻辑、语言方面需要下功夫。看到修改稿时，我才发现文章的两大主体部分全被修改了，给徐老师带来了很大的麻烦，写作时再也不敢马马虎虎了，现在想来很是惭愧。"

桃李芬芳　誉满天下

"取乎其上，得乎其中；取乎其中，得乎其下；取乎其下，则无所得矣。"徐老师特别喜欢《论语》中的这句话，她要求学生把目标定高点，竭尽全力把学习、工作做到完美，即使无法达到完美，结果也不会太差。在徐老师的这种高标准要求和培养下，50余名硕士、10名博士陆续地走向工作岗位，在各行各业为社会贡献力量。目前，已毕业的博士有的在西南财经大学、山东财经大学、天津财经大学、天津商业大学等高校当老师；硕士有的在高校任职辅导员，还有的在银行、政府部门和其他行业发挥着自我价值；早些年毕业的学生有的在美国的大学做终身教授、在五星级酒店当经理，还有在旅游局任职副局长或创办旅游规划公司的，取得了较显著的成就。

2010级博士吕兴洋是徐老师的得意门生，在学期间刻苦钻研，2013年顺利地按时毕业；毕业后入职西南财经大学，现已晋升为旅游管理系副教授。他主持过国家社科青年项目、中央高校基本科研资助项目、教育部人文社科、四川省青年专家培养项目等项目10余项，发表学术论文40余篇，获得西南财经大学优秀教师一等奖、"我心目中的好老师"、校优秀党务工作者、工商管理学院优秀科研工作者及优秀教学工作者等奖励。"我是咱学院成立后的第一批博士生，非常感谢徐老师提供的成长空间和学习环境，一直受老师严谨的治学精神的鼓舞，我以南开旅游人为荣，会将南开精神继续传颂下去。"谈到徐老师，吕兴洋师兄感激地说。2012级博士刘宇青在学期间获得国家奖学金、南开大学一等奖学金，发表论文10余篇，现任天津商业大学旅游管理系教师。回忆往事，刘宇青师姐颇有感触："徐老师引导我从被动吸收知识变为主动创造知识，在这个过程中，会不断地遭遇失败，比如同徐老师一起申请国家自然科学基金项目。在申请两年遭受挫折后，老师从未起过放弃的念头，修改后再申，最后我们中了项目。徐老师以身作则的行动教会我要学会坚韧，实在坚持不住了也要再坚持一下，这样就会成功。"2015级博士李秋云连续四年获得研究生国家奖学金，被评为南开大学第七届公能骨干、南开大学优秀毕业生，现为天津财经大学旅游管理系教师。再次谈起母校和导师，李秋云师姐感慨颇多："作为学术上的领路人，徐老师以严谨治学、勤奋求索的品格时刻激励着我在科研上不断进步。作为生活中的良师益友，老师又是那么的和蔼可亲，有如'时雨之化'者，为我消解人生的迷茫，点拨前进的方向。作为师门里的主心骨，老师言传身教、尽心尽力，总是在引领整个团队，带领大家向前奔跑。"

毕业的学生每当在工作岗位上取得阶段性成果，总会打电话向徐老师汇报一下，与老师分享内心的喜悦，感谢老师的培养。每年的教师节、中秋节、元旦、除夕等节日，已毕业的学生从全国各地纷纷发来祝福，大家互相聊天问候近况，仿佛都还在学校一样，一个"徐老师团队"微信群凝聚起师门同胞情。每每此时，徐老师都会在群里开心地与大家互动、发着可爱的祝福表情，给"孩子们"发红包，并不忘叮嘱大家要爱惜身体、平衡家庭和工作的关系、幸福地学习和生活，徐老师俨然就是我们可亲可敬的"大家长"。

平易近人　无微不至

徐老师常说"旅游是一门让我们生活得更好的艺术，通过旅游学科的学习，去做一个幸福的行者"，她不仅关心学生的课业成绩，在生活中也时刻牵挂着学生。2013级博士梁佳这样说："任何时候找到徐老师，无论是科研、学习还是生活上的问题，她都会尽己所能地予以帮助。""和蔼可亲只是表面的形容，真实的徐老师可爱、善良而慈祥，笑起来就像孩子一样。'多读文献'，看似简单的四个字，老师却一直激励着我，希望我可以做更优秀的自己。"2017级MTA奚丽提到。同学们的言语充满了对徐老师的感激和敬意，她真正做到了亦师亦友，时刻告诫我们"先做人再做学问，当然，做学问之余还要生活得丰富多彩"。

对待学生的事情，徐老师总是格外地用心。她会任命师门里善于沟通、督促大家学习的小伙伴为CEO，CEO带领大家讨论学习、锻炼身体、组织聚餐，发挥增强团队凝聚力的作用。博士学位论文写作耗力耗财，徐老师为大家排忧解难，每个月为学生发放劳务补贴，用于问卷发放与回收、实验设计与操作等开支。学生临近毕业感到迷茫困惑时，总会乐意跟徐老师讲，她则根据每个同学的性格进行引导，又会鼓励学生勇敢、尝试、挑战自己。七八月份的校园很热，徐老师非常体恤学生，在家里也会想到学生，打电话让一位同学负责，统计学生没有用上空调的情况，她出钱让大家使用空调。假期学校水果店铺关门后，徐老师从家里带来水果分给我们；她的抽屉里放着一些点心，每每跟老师交谈完，她会拿出点心奖励大家，告诉我们继续努力、好好学习。徐老师也很关心单身女生的情感问题，学习之余，她总是不忘问起此事："学习不能落下，人生大事也要抓紧。有什么标准呀，我给你记着，看有没有合适的男生。"每每此刻，心里总是暖暖的，感觉徐老师更加地平易近人了。件件看似平常的小事，却让每一个人感动、铭记。

徐老师不仅关心自己的学生，对于一些外校学生发邮件咨询考研考博的问题，她都热心地为学生解答，每天会接到十几封邮件，白天工作来不及回复的，她利用晚上时间一一回复。她说道："要与人为善，帮助别人就是快乐自己，一封回信可能就会解决他人成长中的大事，何乐而不为呢？"同样地，徐老师还很乐于帮助高校的青年学者，每年很多高等院校的旅游管理教师申请徐老师的访问学者，她总会乐此不疲地答应做他们的导师。滨州学院的代福梅老师来南开访学，激动地提道："来到南开自己很幸运，当时上交申请材料快要截止了，我就贸然地给徐老师打电话，那是第一次联系老师，也没去拜访过她。徐老师当时就答应了，还为我办好申请材料，我当时就特别感激徐老师。她人好好啊！"尽管徐老师工作很忙，每年她接收的访问学者多达五六名，指导他们做课题、参与书籍与论文撰写、完成最终的访学考核等，对每一项内容，徐老师总不敢怠慢。上海工程技术大学的孙瑞红老师对徐老师充满了无限的敬意，她笑着说："徐老师是我眼里一位美丽优雅、温柔爱笑、善待学生、善于鼓励的好老师。我访学期间，她给了我很大的帮助，鼓励我写论文，鼓励我发表。老师对待学生在严格要求与和蔼可亲之间有很好的平衡，是我的榜样和追求。"徐老师认真地践行中国旅游协会旅游教育分会副会长的职责，每年受邀参加南开大学全体访问学者的迎接会、结业总结会，并为他们做学业指导。大家心疼她太操劳，她会心一笑："我们南开人要格局大、心胸宽，时刻想着为中国的旅游界尽一份力，这也彰显了南开作为旅游界'黄埔军校'

的地位。"

笔者留意到徐老师办公室的小黑板上写着这句话:"心静则明,水止乃能照物;品超斯远,云飞而不碍空。"顿时对她超然世俗、甘愿清贫、默默无闻的人格肃然起敬。知性、内敛、善良、大气,是笔者师从徐老师读博四年的切身感受,她的高尚品德将激励一代代年轻师生执着、坚守于旅游学习与研究岗位。我们相信,已是桃李满园的徐老师定会培养出更多的旅游学界和业界精英。

旅游与服务学院团委书记　李慧
旅游与服务学院2016级旅游管理专业博士生　王彩彩

第四部分

树蕙滋兰芳菲愿　东风妆出万重花

　　《楚辞·离骚》有"余既滋兰之九畹兮,又树蕙之百亩"的句子,屈子之后"树蕙滋兰"便意喻培育英才、立德树人。叶嘉莹先生也在《蝶恋花·爱向高楼凝望眼》中化用"明月多情来枕畔,九畹滋兰,难忘芳菲愿",传递自己做传统诗词"传薪者"的志向。南开的老师们都如叶先生一般"人生易老梦偏痴",在有限的人生长度中倾心奉献,在师承更迭里倾注心血。"东风无一事,妆出万重花。"如果说学生的梦想是繁花璀璨,那老师们便是这不求回报的温柔东风。徐徐风来,世间花开;桃李不言,下自成蹊。在这一篇章中,我们一起走近南开的筑梦工程师,走进他们甘于奉献、奠基梦想的故事。

数学世界的探索者
——记数学科学学院丁龙云教授

严谨于学，入乎其内又出乎其外；以德于身，严于律己又宽以待人。

人物简介

丁龙云，男，1972年生于福建古田县。1990年保送到南开大学数学试点班，1994年获得学士学位，本科期间在"九章杯"论文竞赛中获奖。1994年至1999年在南开大学陈省身数学研究所直攻博，师从胡国定先生。1999年至今任教于南开大学。2005年4月至2006年4月为北得克萨斯大学的访问学者，随后去新疆喀什大学支教一个学期。主要从事描述集合论的研究，在数理逻辑、泛函分析、点集拓扑学等多个方向也有很高造诣。迄今为止，发表了十多篇学术论文，其中SCI论文17篇，发表的刊物涵盖 *Adv. Math*（3篇）、*Transcantions of AMS* 等综合类数学权威杂志和 *Journal of Symbolic Logic* 等逻辑类权威杂志；参与编写大学教材《数学分析》；2009年入选教育部"新世纪优秀人才支持计划"；2017年获得国家自然科学基金杰出青年项目的支持。现为南开大学数学科学学院教授、博士生导师，担任数学科学学院副院长，组合数学中心常务副主任，天津市数学会副理事长。

人物风采

丁龙云老师数十年专注于基础数学研究，在科研道路上勇攀高峰，他在数学上真正地下了大功夫。不仅为学生传授知识，而且也在生活中关爱学生。

院儿里青松苍翠，群鸟趋之，与之毗邻的是本文的主人公，备受爱戴的丁龙云老师。

道阻且长勇攀登，投石问路获真知

很多人心底，都有一片苍苍蒹葭，恰在水中央，哪怕道路艰险且漫长，也要追寻那一片召唤。透过丁老师那清澈明亮的眼睛，可以发现他心中宁静美好的桃花源。丁老师守护着自己的初梦，在数学领域苦心孤诣，使梦中的虚幻之境逐渐在现实中完美呈现。

丁老师从小热爱科学，高中的时候尤其偏爱物理，花费大量时间和精力钻研物理理论，参加物理竞赛培训，物理中很多公式，他都想彻底严谨地推导出来，这不经意间激发了他数学方面的潜力。命运常常是"有心栽花花不发，无心插柳柳成荫"。在全国物理竞赛中，丁老师只拿到二等奖。临时报名参加全国数学竞赛，竟以福建省第七名的骄人成绩顺利保送到南开大学基础数学试点班，从此踏走上漫长又美妙的数学求索之路。

有些缘分一旦结上，就解不开了。这关键一步迈出去以后，丁老师便把余生的事业付诸数学，再也没回过头。丁老师后来发现自己对最基础最本质的东西最感兴趣。学完数学分析想学实分析，学完实分析想学集合论。于是博士攻读期间，丁老师潜心钻研数理逻辑。2004年，北得克萨斯大学的高速老师来南开大学做了一个关于等价关系与Borel归约的报告，丁老师发现自己对这一块感兴趣，于是将注意力转向描述集合论。随后，丁老师开始自学经典描述集合论，从那时起，他白天讲完课就去图书馆学习经典描述集合论，晚上做书上的课后习题，第二天继续学习后面的内容。

数学的美，是智慧的美、抽象的美。而美的创造从来不是一件轻松容易的事，每一个漂亮结论的背后，都有无数个绞尽脑汁苦苦求索的日夜。

从事基础数学的研究，必然很艰苦。然而不管这条路多苦多累，丁老师总是乐在其中。笔者刚读研一的时候，有一次去向丁老师问问题，交谈中提到丁老师最引以为傲的学术成果，"发表在 Advances 上关于 surjectively universal Polish 群的文章"。丁老师说他在这个问题上花费了六年时间。当时，我深深感受到了丁老师的欣慰和喜悦。后来，从师兄师姐那里得知，1994 年凯克瑞斯教授在 Topology and descriptive set theory 中提出是否存在 surjectively universal Polish 群这个公开问题。丁老师对这个问题给出了正面的回答，用非常复杂的构造做出来 surjectively universal Polish 群的例子，他也是第一个解答此问题的人。事实上，"2006 年回国前丁老师就跟高速说，我要继续做这个问题。那时候丁老师就已经有思路了，直到 2011 年才做出了结果"。丁老师花费六年时间去琢磨一个问题，这其中必然会遇见重重艰难，不过他始终坚持着，真正地展示了他对数学研究的痴迷和攀登高峰的勇气。

实际上，数学的研究往往光靠坚持是不够的，还需要良好的数学直觉。丁老师的数学直觉是很强的，而且往往是正确的直觉。丁老师遇见新的概念，会先考虑考虑具体的例子，目的就是为了揭示数学概念的本质。通过几个具体的例子，丁老师会大胆地运用数学直觉去猜测某些数学定理的存在。奇妙的是，在经过推理和查阅文献后，往往能证实丁老师的直觉是合理的。

丁老师痴迷于学术研究，在数学上真正地下了大功夫，终究取得一系列好的研究成果。基础数学的研究本就是十分寂寞的，像描述集合论这个方向，国内的研究者相对较少。丁老师在这个方向苦心造诣，说明他耐得住寂寞，尽守本心。

授学广博坚知行，言传身教现真情

丁老师对数学有深深的情怀，他在数学上特别强调数学观念和方法。丁老师的知识面很广，为了拓展学生的知识面，丁老师曾开设数学分析、计算机集合论与逻辑、点集拓扑、描述集合论、Polish 群和 Polish 群作用、Borel 等价关系等多门课程。丁老师强调数理解力的重要性。对待本科生，丁老师坚持使用粉笔讲解，数学与其他学科不同，它简练且逻辑严密，一笔一画之间，学生有更多时间去思考和理解整个思路和推演逻辑。每个课间，丁老师坐守讲台，为学生答疑解惑。丁老师喜欢学生在课间找他问问题，这有助于发现学生的问题和变化，适当弥补大班授课的缺陷。对于研究生，丁老师则放手让学生讲，他认为这样有助于培养学生讲课的能力，且有利于学生把知识掌握地更牢靠。对于学生做科研，丁老师的态度是"做科研要趁早"，他希望学生培养出独立做科研的能力。丁老师知识面丰富，治学严谨，善于启发学生看问题的角度，开阔学生视野，对学生严格要求，同时也特别注意保持学生的好奇心和问题意识。"要带着研究课题去读书才能翱翔于知识的海洋，否则只能淹没于知识的海洋"，这是丁老师不断给学生强调的治学态度。

丁老师也很注重学生的兴趣，他认为有兴趣才能很好地做科研。丁老师有着对数学深深的热爱，于举手投足之间感染着学生。笔者也记得："丁老师在课堂上多次提到，做科研中'不会提出问题也就不会解决问题'，这强调提问题的重要性。做科研时，'问题的答案只有对和错，他是不允许出现可能是，证明过程必须严谨，任何一个环节都不可以出错，更不能作假，必须是老老实实验证'。"丁老师也十分强调"好的数学兴趣"才能使得学问更进一步。在课堂中，丁老师专注于数学的推导，点破证明中的细节和整个的框架，使得学生更容易理解其中的道理，也能激发学生兴趣，这不仅得益于他广博的知识，而且更得益于他在数学研究中展露的真情。

好的老师不仅需要对专业知识有情怀，而且还需要对学生有情怀。丁老师对学生也是有情怀的，他对学生的教化和爱护也渗透到学习和生活的点滴之中。丁老师会为研究生提供很多学习机会，比如出国交流、参加学术会议，让他们接近前沿。每到学生毕业季，丁老师会认真帮助学生修改论文，连标点符号也不放过，每次论文撰写完毕，他都会在黑板上重新推导，认真演算。放寒暑假，丁老师会关心学生是否买好回家的票。新的博士后到来，丁老师会积极帮忙安排其住宿。"丁老师曾担任我们2000级陈省身数学试点班的班导师，常在学期中和学期末去宿舍与我们交流，关心学生，包括生活上的以及学习上的近况。他一直留在南开，为南开奉献了他的青春年华。"2000级学生、现任南开大学数学系副教授的刘锐提到。

丁老师认真地做好本职工作，他在课堂上一步一步推导数学证明，向学生展示数学的美妙。他重视教授知识，同时也给学生传播许多好的数学观念和他独特的见解。在丁老师言传身教之下，学生更懂得掌握数学学习的方法和提升对数学的理解。丁老师对学生也好，关心学生的生活，给予他能给的帮助，温暖着学生的心。

斯是君子德于心，恪尽职守在实行

学业之美在德行，不仅文章。丁老师是一个德才兼备的好老师。

丁老师宁静致远，勤俭淡泊，一心一意地探究数学。丁老师平时话不多，他常一个人静静地走在林荫道上，或徐徐转动单车，眼睛出神地凝视着一片我们看不见的深邃境地，只知道时间、空间和他的思绪交织在一起擦着火花穿梭而过。丁老师已然完全沉浸在自己的数学一隅，旁人只能远远地、静静地欣赏，生怕惊扰了他。丁老师用的书几乎都是打印的，他的衣服就那么几件。这是因为丁老师很少在乎外在事物。生活中的丁老师，也是懒惰的，他懒得做家务活，懒得买几件新衣服，也懒得经营复杂的人际关系。丁老师偷尽生活可偷之懒，淡泊世间可淡泊之事，以致敬事业的伟岸。正如师娘所言，"你们的丁老师致力于攀登科学的高峰"。丁老师在数学方面的勤奋可谓滴水不漏。对于科学研究，丁老师是报以热忱并且孜孜不倦的。没事的时候，丁老师都会在办公室。即使是在周末或其他假期，只要没有其他事，丁老师都来办公室研究问题。丁老师自己也曾不经意提起："我经常早上四五点钟就醒了，然后就开始琢磨数学问题。"提着头脑走天下的人，总是且行且思，因为思考的维度并不受时空的局限。丁老师在自行车上放飞过思绪，在火车上解答过同行的问题，在机场与学生探讨过数学问题。笔者曾经在课堂上向丁老师提问过一个问题，当时，我们也没有想到答案。几天之后，丁老师解决了这个问题。令我十分惊讶的是，他是去别的学校开会时，在坐高铁路途中想到的。

丁老师虚怀若谷，宠辱不惊，一如既往地温和低调。2017届硕士生赵嘉飞说过一段非常感人的话："丁老师给我的感触，第一个是不骄不躁。跟丁老师做课题的时候，因为失败了很多次，我都快崩溃了，但他的心理仿佛都没有什么波动，继续想其他思路，想到一个思路就说'那就试试看吧'，想到很复杂的思路也不会嫌麻烦，而是老老实实一步步做下去。另一点就是谦虚和尊重。当我提出想法的时候，不管是多么的愚蠢或者不靠谱，丁老师总还是会很尊重这些想法，会认真地考虑我的想法。并且就算我有个不成熟的想法激发了他的思路，他在说起这个思路的时候总会说是我的想法。跟丁老师学习或者合作，你会很有存在感，你的任何一点成果都不会被忽略。这两点让我特别佩服，也是我时刻提醒自己去学习的动力。"丁老师不会强求别人，他希望学生能找到自己感兴趣的事情。

丁老师恪尽职守，严于律己，用一腔真情对待数学。丁老师由于担任了一些行政工作，可能搞研究的时间相对少了点。但是，丁老师始终和研究生一起上讨论班的习惯并没改。只要丁老师有空，一定会来和我们一起讨论问题。在笔者参加的近两年的研究生讨论班上，丁老师很少不参加，除非遇见必须做的其他事情。丁老师一直勤勤恳恳地当一名好老师。对于行政工作，笔者知道的相对较少，但是能看出，丁老师也十分认真地做好行政的工作。丁老师热爱数学，只要和数学相关的东西他都会关心一点。和丁老师相处久了，笔者能感受到他内心对数学院深深的感情。丁老师自1990年进入南开这所学校，至今几十年都待在数学院，他必然是爱着数学院的。

"夫君子之行，静以修身，俭以养德。非淡泊无以明志，非宁静无以致远。"论及品德，丁老师如同是从诸葛亮的《诫子书》里走出来的一般。丁老师在数学研究中也真正体现出他德才兼备、恪尽职守的品德。

春蚕到死丝方尽，蜡炬成灰泪始干。丁龙云老师是学生的好老师，他朴实淡泊，脚踏实地地践行数学的教学和研究；他备受爱戴，对学生展露深深的关心之情；他不强求别人，宽以待人。祝愿丁老师在学术道路上越来越好，拥得满园桃李！

数学科学学院团委书记　贾盛
数学科学学院 2020 级基础数学专业博士生　郑阳

允公为国汉教人　允能育才桃李纷
——记汉语言文化学院董淑慧教授

传播汉语和中国文化，她是沟通中西的架桥人；醉心教学和汉语语法，她是学术研究的铺路人；关心学生的学习生活，她是传道解惑的摆渡人。

人物简介

董淑慧，女，1971年生，河北沧州人。2008年获得南京大学博士学位后，在南开大学任职至今，现为南开大学汉语言文化学院教授、硕士生导师、学院党委委员，曾任学院汉语国际教育专业负责人。2016年6月被评为南开大学"优秀党员"和"天津市教育系统优秀共产党员"。

董老师多年来一直致力于对外汉语教学工作以及语法研究。1997—2002年在天津师范大学汉语国际教育交流学院任教，2002—2005年在保加利亚索非亚大学东方语言与文化中心任汉语教师，2006—2007年在美国亚利桑那大学扬子国际交流项目（南京）任汉语教师，2010—2012年在葡萄牙米尼奥大学孔子学院任中方院长。目前已出版《保加利亚汉语教学五十年》

《汉语框式结构个案研究及教学探索》《认知视野下的对外汉语语法教学——以趋向动词语法化为例》和《汉语主观性主观量框式结构研究》四部学术专著,参编《世界汉语教育史》《现代汉语理论教程》等多部学术著作,在各类学术刊物上发表论文50余篇(其中CSSCI论文13篇),主持教育部人文社会科学研究一般项目1项、教育部人文社科青年基金项目1项、南开大学中央高校基本科研业务费专项资金1项、南开大学文科发展基金重点项目1项、南开大学课程改革项目2项,先后参与教育部教材项目"越南中文专业本科生汉语系列教材"等各类项目8项,发表散文游记40余篇。

人物风采

司马光曾说:"经师易遇,人师难遭。"所谓"人师",不仅无私传授知识,更在品行上为人师表。二十余载教学生涯,董老师将汉语魅力带给世界,将满腔热情留给学术和教学,将慈母之爱分给学生。她,堪称"人师"表率。

沟通中西　徜徉世界

"作为汉教人,从推广汉语、传播国家文化的角度来讲,肩上的担子其实是很重的。我们必须要有更为扎实的专业基础、更加开放包容的心态,才能在汉教园地里立足。"这不仅仅是董老师对学生们的教导,也是她从教二十多年来对祖国践行的承诺。董老师多

次赴海外任教,她的工作成就可以概括为"三个第一"和"五个冠军"。

董老师 2002—2005 年在保加利亚索菲亚大学东方语言文化中心任教。2003 年她协助索菲亚大学建立起了巴尔干半岛第一个汉语水平考试(HSK)考点,第一次考试吸引了来自保加利亚、马其顿的多名学生报考。考前董老师不计报酬,和索菲亚大学老师一起举办 HSK 考前辅导班。索菲亚大学一年级学生斯黛菲当年以满分成绩通过汉语水平考试(基础),在保加利亚引起了强烈反响。2004 年 5 月董老师组织举办第三届"汉语桥"世界大学生中文比赛(保加利亚赛区),这是第一次在保加利亚举行的"汉语桥"世界大学生中文比赛。董老师撰写的《保加利亚汉语教学五十年》,是第一部详细描写和记录保加利亚汉语教学历史的著作,全面记述了朱德熙先生、张苏芬女士,以及他们培养的第一批保加利亚汉学家博拉·贝利万诺娃、斯耐仁娜·戈戈娃、索菲娅·卡特洛娃、亚历山大·阿列克西耶夫、艾维利娜·海因等人走过的五十年艰辛历程,保存和记录了珍贵的历史资料。

在保加利亚担任汉语教师和在葡萄牙米尼奥大学孔子学院担任中方院长期间,董老师多次组织"汉语桥"世界大学生中文比赛,培养出了 5 位"汉语桥"世界大学生中文比赛赛区冠军(分别为保加利亚赛区和葡萄牙赛区)。湖南电视台 2016 年录制的"汉语桥"世界大学生中文比赛系列节目中对此有过报道。

此外,董老师在海外工作期间,还多次举办中外学生联欢会,组织多场文化推广活动,举办首次葡萄牙本土教师汉语教材培训班。中国驻保加利亚大使馆教育组领导这样评价董老师:"她服务意识极强,为我国对外汉语教学事业在海外的发展尽职尽责、无私奉献,在任教学校树立了中国援外教师的良好形象。"

如果说,在世界播撒汉语的种子是董老师认真践行承诺的话,那么用认真踏实的态度教好每一个在华留学生更是她孜孜不倦追求的目标。董老师的主要研究方向是汉语语法,但是教给外国学生的教学语法却完全不同于严格意义上的现代汉语本体语法,必须要用一种留学生能理解和听懂的方式去讲解汉语语法,从而达到帮助他们学习汉语的目的。而且很多我们中国人觉得习以为常的词语和句子,到了外国留学生那里,很可能就会成为一个难以理解的问题。比如学生会问:"我们可以说'一片树叶',为什么不可以说'一块树叶'?""您贵姓,为什么要加'贵'?为什么不能说'我贵姓'和'他贵姓'？""'两个钟头零十分钟'这个句子为什么要加'零'？"董老师非常愿意在课后接受留学生的"盘问"，哪怕是一个小得不能再小的语法点，她都会认真对待。每次说起课上与留学生的"互动"，董老师都很兴奋："每次给留学生上课，他们都会提出我备课没有备到的问题，所以上课高度紧张，随时准备回答他们的提问，促使我不断思考。这才是真正的教学相长呀！"一次又一次的答疑解惑和沟通交流，促进了董老师对对外汉语教学语法的深入思考和研究，教学经验越来越丰富。这些"互动"也成为董老师给汉语国际教育专业开设的"语言要素教学"等课程的生动案例。

董老师十分注重对中外学生采取不同的教学模式。教中国学生时，董老师大多时候采用的是"传授式"的教学模式，但是在教外国留学生时，她会更加注重结合教学对象和语言学习的特征，采用适合对外汉语的教学模式。一位曾经上过董老师课的留学生说："董老师的课堂氛围十分活跃，每个学生在上课时都能开口说话，课堂活动也丰富多样，但董老师对我们也相当严格，我是真的觉得能够学到一些东西的。"

除了兢兢业业教学之外，董老师更是积极搭建中外沟通的桥梁，积极为学生的成长、成才服务。由于汉院的留学生和中国学生分属两个校区，平时交流的机会也不是很多，中外学生对此都深感遗憾。董老师了解了双方渴望交流的意愿之后，利用课余休息时间，尽力为大家牵线搭桥。当收获了深厚友谊的中国学生们向董老师致谢的时候，董老师说道："和外国人交朋友，深入他们的生活，也是认识世界的一种新的方式。而你们作为本专业的学生，在给予他们帮助的同时，更能深刻认识到汉语教学的难点和重点，我很欣慰。"董老师为沟通中西做出的点滴努力和付出，都让我们敬佩和感动。

潜心学术　醉心教学

董老师对待学术的那份严谨与赤诚，时刻感动和激励着学生。她时常深夜还在和自己的学生探讨语法问题，向学生采集方言语感。为了确定一个很小的语法问题，也会和学生讨论很久。面对学生，董老师总是毫不吝啬地将自己多年的研究成果倾囊相授。她常常定期给学生举办学术沙龙，和学生一起讨论最近关注的学术热点，不仅会耐心讲解语法理论知识，也会耐心听取学生的见解，真正做到了教学相长。

董老师投身学术的忘我精神,都体现在点点滴滴的光阴里。白天她要担任十分繁重的教学工作和行政工作,只能利用晚上的宝贵时间来做研究,寒暑假更是董老师学习、充电的黄金时期。除了学术研究之外,董老师更是积极探索和学习多门语言,通过语言对比来寻找新的教学点。知识的硕果,不是一朝一夕的冲动,而是日积月累的坚持。她用自身的行动,给学生们展示了榜样的力量。

　　董老师不仅潜心学术,更是任劳任怨地奋斗在教学第一线。"甘为孺子育英才,克勤尽力细心裁",这是董老师20多年教学生涯的真实写照。2016—2019年,她担任汉语言文化学院汉语国际教育专业的负责人,负责与教学相关的管理工作,包括安排本科生课程、帮助教师完善课程、了解学生对课程的满意度、开拓教学资源、帮助学生开拓实习实践渠道等。董老师时时刻刻都在为学生和老师们着想,她的工作也得到了师生的一致认可。

　　董老师每学期都要给留学生、本科生和研究生讲授多门课程,汉语言文化学院分属八里台和津南两个校区,因此董老师需要频繁奔波于两个校区之间,612路校车上经常能够看到她的身影。但是即便如此,她的每一堂课都是精心准备,干货满满,看不到任何敷衍。因为她从不敷衍自己,更不敷衍学生。董老师的课程不仅收到了良好的教学效果,也获得了学生们的一致好评。她承担的全校公选课、学院中国本科生课程、研究生课程、留学生本科生课程、长短期进修生课程,共计60余门次。所有课程评教结果均在90分以上,甚至多门课程评教为100分。

　　爱生如子　甘为人梯

　　平时的学习中,董老师不仅对自身严格要求,对学生也绝不松懈。董老师培养研究生的方式既宽松又严格。

　　说"宽松",是因为董老师从不强迫学生按照她的想法写论文和选题,而是给研究生比较多的自由。董老师总让研究生按照个人兴趣去选定毕业论文题目,近几年董老师的研究生有做汉语方言的,有做汉语教材研究的,也有做汉语构式研究的。

　　说"严格",是因为董老师总是不停督促学生"写论文"。董老师让学生写论文的过程实际上是和学生一起做研究的过程。她会无条件地跟学生们分享自己所做课题的研究资料、研究心得和研究成果,鼓励学生去"照葫芦画瓢"。学生完成"初稿"后，她都会一字一句地修改，连标点符号都不放过。

近几年，她指导的研究生在《语言研究》《孔子学院发展研究》《沧州师范学院学报》等期刊上发表多篇论文，在天津市语言学会年会上多次获奖。她定期给自己的学生开展学术沙龙，或让学生自我展示，或和学生共同探讨，以此来培养学生的学术思维。董老师还自费让学生参加学术会议或语言学研究技术方面的培训。2016年至今，她多次自费让学生去参加河北师范大学的方言调查高级研修班、《河北方言研究丛书》研讨会以及第八届官话方言学术研讨会等，帮助学生提升学术研究能力，开阔学术眼界。学生看她太累心疼她，她总是说："没事，我只是做了自己应该做的。身为你们的导师，我必须对你们负责。"

董老师在学术研究上是严师，但在生活中却是大家口中亲切和蔼的"董妈妈"。董老师是真的把学生当成朋友甚至当成自己的孩子，她经常和学生们一对一"谈话"，聊人生、聊未来、聊爱情，和学生们打成一片。董老师对自己学生的"婚恋大事"甚为关心，还会给单身的学生介绍男朋友。有学生甚至打趣道："董妈在手，对象我有。"董老师是一个非常真性情的人，她的学生们都表示，和"董妈妈"聊天，从来都不会感到拘束，反而会觉得非常舒心。

对学生而言，董老师是一位真正值得信赖、可以说心里话的人。董老师的一位学生曾经在朋友圈寻找"票友"去看话剧，她二话不说便欣然赴约。还有一位学生出国实习了一年，回来的时候与董老师一见面就迎来了一个大大的拥抱。那一刻，那位学生感动到眼泪都差点掉下来。即便不是董老师指导的学生来问她问题，她也会事无巨细地耐心解答。这些点点滴滴的小事，润物无声地给了学生们很多无言的温暖和感动。

董老师在给学生的寄语中写道："相识是缘，从你入学那一刻起，我们便是'三年的师生，一世的朋友'。愿我能成为你成长和进步的阶梯；愿你能站在我的肩膀上，看得更高，走得更远。"人梯的境界在于给人支撑、助人向上，而自己却默默奉献、无怨无悔。对学生们而言，得遇良师如此，实乃人生至幸！

她是一位能将中国带给世界的汉教人，也是一位热爱教学和学术研究的铮铮学者，更是学生口中亦师亦友的"董妈妈"。"教子教女，辛勤半辈。"日复一日，年复一年，董老师依旧任劳任怨地在自己的园地里默默耕耘，书写着自己的教学传奇。我不禁想象，她站在高处，遥望桃李满园的幸福模样！

汉语言文化学院团委书记　胡颖欣
汉语言文化学院2019级汉语国际教育专业硕士生　王爱菲

严谨治学　诲人不倦的巾帼骄傲
——记泰达学院冯露教授

秉承圣人言训，学而不厌，诲人不倦；恪尽职业操守，学高为师，德高为范。

学者风范，用分子探索生命奥秘；亦师亦友，与学生共探学术科研。

人物简介

冯露，女，1963 年出生，1983 年获江南大学学士学位，1994 年获悉尼大学硕士学位，2001 年获悉尼大学博士学位。1983 年至 1988 年在天津工业微生物所工作；1989 年至 2002 年在澳大利亚悉尼大学农学院学习和工作（1992—1994 硕士在学，1998—2001 博士在学，其余时间受聘工作）。2003 年至今在南开大学工作，2005 年入选教育部新世纪优秀人才，2008 年获国家杰出青年基金；2008 年被评为天津市优秀留学人员。主持及参与包括国家科技重大专项、863、973 课题在内的国家及省部委级科研项目 9 项，在 Nature、Nature Communication、PNAS、PLoS One、Molecular Microbiology、Journal of Bacteriology 等期刊发表 SCI 论文 134 篇（其中责任作者 27

篇，第一作者 11 篇），总影响因子 452。

主要研究方向为细菌表面多糖抗原基因的功能与分子进化、微生物基因组学和功能基因组学，以及重要病原微生物特异分子标识的筛选等。成果包括：对一株嗜热采油芽孢杆菌进行了基因组和蛋白组学的研究，以及重要功能基因的鉴定；首次揭示了微生物降解长链烷烃的途径和关键酶的功能及进化机理；为发展新一代微生物采油和石油污染修复技术奠定了基础，研究成果在 PANS 发表（第一作者），并获得 2007 年教育部"中国十大科技进展"奖；鉴定 30 余个参与细菌重要致病因子—表面多糖抗原合成的关键基因，对人工合成的重要糖分子、全面认识细菌表面多糖抗原的合成机制及病原菌的形成机理有重要意义；发现 DNA 横向转移和重排是细菌获得这些基因的主要途径；揭示了肠出血性大肠杆菌识别宿主肠道特异性位点引发致病的分子机制，这些研究成果对治疗出血性肠炎有重要意义。

人物风采

"令公桃李满天下，何用堂前更种花。"冯露老师在南开从教已有近 20 年的光景，多年来，冯老师始终坚守在教学科研一线，长期担任硕博导师。20 年来，冯老师以其严谨的科研态度和爱岗敬业的师德作风，在泰达生物技术研究院的学风建设、科研管理和人才培养等方面做出了突出贡献，成为泰达生物技术研究院的科研领头人，

亦成为广大师生学习的楷模。

爱岗敬业，学生心目中的劳模

冯露老师先后在江南大学、悉尼大学求学和工作。后来为了支持国内的科研发展，于2003年毅然辞去悉尼大学的工作，到南开大学任教。冯老师在工作上兢兢业业，取得了卓越的成就，于2008年荣获国家杰出青年基金。她不仅在科研上成绩斐然，还荣获南开大学第六届"敬业奖教金教学一等奖"，这是对她在科研和教学上的充分肯定。

"休言女子非英物，夜夜龙泉壁上吟"，这是对女子侠骨豪情的描述。俗话说，巾帼不让须眉，自古以来，祖国涌现出一批批巾帼英雄，谱写出一曲曲壮丽赞歌。在泰达生物技术研究院这片"土地"上，冯露老师这位巾帼英雄凭借她的细腻与豪情，尽职尽责，默默耕耘，培育出一批批优秀的硕博毕业生，用行动诠释了"桃李成蹊"。谈到教学，冯老师说："一定要深入浅出，讲一些学生们听得懂的、感兴趣的，才能最大限度激起学生们的积极性。"一直以来，冯露老师高超的科研水平和严谨的科研态度是深受学生们的敬仰的原因。休闲时间，师门内的学生们每每谈及冯露老师，都会笑称冯老师为泰达生物技术研究院的"女神老师"，不止是因为冯老师在科研上的专业能力，也是因为冯老师平易近人，对学生认真负责，引领学生在科研上大胆创新，深受学院同学们的爱戴。冯老师以其自身的人格魅力，寓教于行，对她的学生们有着潜移默化的影响，从而对她产生了尊敬和热爱之情，也萌生了"成为她"的梦想。

冯老师经常为了指导学生科研而耽误自己的休息时间，甚至是牺牲掉陪伴家人的时间。曾经一位同学的课题进展遇到了瓶颈，得到的实验结果与预期结果有很大差距，便打算去向冯老师请教，那是一个已经五点多的下午，但彼时找冯老师求教的学生依然络绎不绝。冯老师就那样站在原地，一站就是三四个小时，直到送走最后一位学生。那天她又错过了晚饭，这种习以为常的错过于她的学生而言，是一种幸福、一种幸运、一份感动。或许也正是因为冯老师的这种忘我敬业的精神，使得实验室的学术氛围浓厚，屡屡发表顶级期刊文章，她的学生们也因此如此热爱自己的科研。

因材施教，学生科研旅途中的启蒙者

冯老师认为，在日常科研中，要注重培养研究生的创新思维、分析问题、解决问题的能力。当学生们遇到困难而灰心迷茫的时候，冯老师总是亲切和蔼地给予鼓励和引导，使他们重拾信心，继续前行。当发现学生产生倦怠懒惰的想法时，她总是进行严肃的批评指正，警示学生克服自身缺点向着更高目标前进。身为人母，她有愧于子女，在孩子的成长过程中，冯老师基本无暇顾及孩子的功课辅导，而是把大部分的精力和时间用在科研和学生的身上；身为人妻，她有愧于丈夫，很少有时间为家人下厨做几道可口的饭菜，为了节省时间、方便与同学们交流，冯老师经常与学生一起吃学校的餐厅；身为导师，她却无愧于学生，冯老师将绝大部分的时间与爱都倾注在自己的学生身上，爱生如子，待人若亲，在每年的夏天，送走了一批又一批品学兼优的学生。

冯老师悉心指导每一位学生，从硕博士的实验选题到论文撰写都亲力亲为。"每一位学生的情况都不一样，各有各的优点。"每年9月份新生入学后，冯露老师都会组织安排谈话，与学生进行深入的交流，了解每位同学的性格秉性、兴趣爱好和知识储备，并以此为依据对各位同学的选修课提出建议，制定不用的培养方案，以不同的方式指导学生们的实验工作，深刻诠释了孔夫子的"因材施教"。冯老师的学生樊宇同学曾经困惑过，为什么冯老师没有对非常热门的肠道菌群进行研究，冯老师表示肠道菌群实验确实出成果快，文章的影响因子高，但肠道菌群更多的是有益共生菌，而实验室的主要研究重心在肠道致病菌，并且对肠道致病菌的研究时间长，技术路线完善，科研实力很强。做科研不能从众，而是要根据自身情况，放平心态，踏踏实实努力把一个问题做深做透。

冯老师除了具备高超的科研水平和严谨的治学态度外，还尤其注重课题相关的发展动态和技术前沿，并且倾力于将此精神言传身教于自己的学生。冯露老师非常注重培养学生的创新思维，在与学生的交流过程中总会引领学生自主思考、自主探究。在冯老师的带领下，同学们一直秉承着"师门即家门"的理念，相互督促，共同进步！冯老师在学生的科研和成长上付出了大量的心血和精力，她治学严谨、学识渊博、有耐心、有爱心，是学生们人生路上尤为重要的依靠，她的管理风格、培养特色和人格魅力深深地影响着实验室的每一位学生，让他们都能在不自觉中完善自己。

和睦亲切，学生生活中的好朋友

我国著名教育学家陶行知曾说过："真的教育是心心相印的活动，唯独从心里发出的，才能达到心灵的深处。"在生活中，冯老师更是一位用心与同学们交朋友的益友，冯老师并不希望自己的学生成日拘泥于实验，而是希望能够促进学生德智体全面发展，她经常组织学生开展打乒乓球、下五子棋等文体活动，既可以缓解科研压力，又能与学生进行课外交流，增进师生感情。

每年八月十五中秋节，冯老师都会把她的学生请到家里做客。冯老师非常理解研究生实验比较忙，哪怕是中秋节这样阖家团圆的日子，也是很少有时间回家的，因此总是希望学生们能够感受到实验室大家庭的温暖。记得去年中秋节的时候，学生们在冯老师家里包饺子吃，大家谈天说地，气氛欢乐，开心的情景至今难忘。冯老师的博士生厉书杰同学回想起第一次去冯老师家里做客时说道："那时心里还是有一些紧张的，但是老师热情地招呼我们吃水果吃零食，关切地问我太瘦了是不是平时在学校太辛苦。那时我便知道，冯老师不但是一位科研路上的良师，更是一位生活中的益友、一位慈母。虽然没能回家团聚，但是心里暖暖的，也很感动。"冯老师的学生刘朋回忆说："在包饺子的时候，冯老师带给我们家庭般的温暖，也会指导和教育我们的生活。她总会说，无论从加料拌馅，还是擀皮包饺子下锅，每一步我们都要用心去好好地做。虽然用心不用心，流程都是一样的，但是结果是不同的，就好比科研，好比我们的人生。当我们用心了，当家人因为品尝到我们的饺子而满足时，我们会有满满的幸福感和成就感，就更加会因为自己的努力而感动。这样一种好的生活模式，也会影响一个人一生的成就和生活状态。无论是对待生活还是对待科研，冯老师这种严谨的态度和理念深深影响着她的学生们，培养出了一批批认真对待科研的栋梁之材。

为人师表，发扬南开公能精神

"允公允能，日新月异"是百年南开的校训，而冯老师正是南开精神的发扬者，是南开教师的优秀代表，是南开学子的品行导师。她为人师表，践行允公允能的校训；她严谨自律，坚守高尚情操，知荣明耻。冯老师严于律己，以身作则的习惯体现在日常的方方面面，比如冯老师对自己最基本的要求是组会不迟到，会上不接听电话。曾在一次组会上，冯老师的学生贾天元正在汇报实验进展时，冯老师的手机铃声出乎意料地响了，但老师毫不犹豫挂断了电话并向在座的各位同学表达了歉意，随后便全心投入组会的讨论中，直到散会后冯老师才回了对方的电话。贾天元同学回忆此事后坦言称，像冯老师这样职位的导师，每天的工作量本身就非常大，电话会议比较多。这本就是一件小事，没想到老师会特地向我们致歉。长时间以来，冯老师从未因自己的私事耽误工作，更未曾占用师生之间交流的时间。

冯老师不仅在科研和工作中严格要求自己，而且具有极强的社会责任感，作风正派，廉洁奉公。2015 年，天津滨海新区爆炸事故造成了人员伤亡和重大财产损失，牵扯了全国人民的心，也涌现出了一大批甘愿为国牺牲的英雄。时间飞逝，当爆炸事故在人们脑海中的印象逐渐被生活的细枝末节抹去时，冯老师积极组织同学们去滨海消防大队参观。消防官兵演习结束后，冯老师坚持让他们多多讲述英雄事迹。在此期间，冯老师几度哽咽并且真诚地告诫同学们："'8·12 天津滨海新区爆炸事故'中涌现了一批国家英雄，但保家卫国不仅仅是消防官兵的职责，同样也是我们所有人的义务和责任。我希望我的每一个学生不止在实验室中有所作为，更要成为一个有正义感的人，敢作敢为，才能承担起社会的重任！"冯老师的这番话至今仍被她的学生所铭记。我也相信，在冯老师的熏陶下，她的学生一定可以成为有正义感的、有公能精神的南开人！

2019 年末到 2020 年初，一场突如其来的疫情打乱了所有人的节奏。春暖花开季，相约校园的约定也被迫延迟。特殊情况下，冯老师严格落实上级要求，把全体师生的生命安全和身体安全放在第一位，主动为学院疫情防护进行宣传、联络，坚守一线。作为一位硕博导师，冯老师坚决落实"离校不离教"的理念。冯老师的 2020 届硕博毕业生提道："疫情期间禁止返津返校，冯老师非常理解毕业生的焦虑与苦恼，每日工作之余，还会与同学们进行视频通话、线上会议等，对毕业论文修改工作进行指导，每次讨论间隙都会看到老师下意识地揉眼睛和颈椎，真是肉眼可见的疲惫，但老师从未与我们提及这些辛苦。"此外，冯老师的其他非毕业年级学生也纷纷说道："与冯老师线上联系时，老师总会提醒我们好好享受陪伴父母的时光，但也会告诫我们虽不能返校做实验，但是求知的劲头万万不能松懈。冯老师提供了许多国内外优秀的学习网站，每周也会定期组织同学们一起分享新学习的技术和最新的研究进展。"冯老师以国为家，以学生为子女，时刻坚守在自己的岗位，为自己的使命奋斗。这种精神深深激励着她的学生,这样的教师,也一定能培养出更加优秀的学生!

冯露老师是学生们的榜样,是时代的楷模。冯老师和蔼可亲的友善、严谨治学的作风、领跑科研的睿智,还有那孜孜不倦育人的热诚都是学生们成长路上源源不断的推动力。

泰达、软件学院辅导员　陈镜宇

泰达学院2019级生物化学与分子生物学专业硕士生　孙洪敏

银丝映日月　丹心沃新花

——记历史学院江沛教授

教学育人，始终言传身教，严于律己，延续公能精神。拓宽学术，始终践行交流，建设学科，肩负公能使命。诚以待人，始终成人之美，称贤荐能，呈见公能品行。

人物简介

江沛，男，1964 年生，原籍广东，长于河南。1982—1989 年在南开大学历史学系学习，先后获历史学学士、硕士学位。2000 年 6 月，获南开大学历史学博士学位。2003 年 3 月，在南京大学历史学博士后流动站完成博士后研究工作。1989 年起至今，在南开大学历史学系、历史学院任教。2006 年，入选教育部"新世纪优秀人才支持计划"项目。2003 年起，先后任日本爱知大学大学院中国学科客座研究员、日本广岛大学大学院客座教授、日本爱知大学大学院客座教授、台湾东华大学客座教授、日本大阪大学法学科特任教授、台湾政治大学历史系客座教授。曾独立或合作获得国家级教学成果一等奖，第 1、2 届高校哲社优秀成果评比二、三等奖、天津市

教学成果一等奖、天津市第 5、6、8、9 届哲社优秀成果奖和江苏省第 11 届社科成果二等奖、江苏省第 14 届社科成果一等奖、教育部第 8 届哲社优秀成果评比一等奖等科研类与教学类奖励。先后完成国家社科基金一般项目、教育部人文社科重点研究基地重大招标项目、天津市社科重大项目等科研任务，兼任教育部人文社科百所重点研究基地南开大学中国社会史研究中心研究员，西北大学、赣南师范学院与商丘师范学院等校客座教授。2012 年起兼任中国现代史学会副会长。2015 年起，兼任天津市历史学学会副会长暨秘书长。

人物风采

走进江沛教授的研究室，映入眼帘的是满装的数个书架及散放满屋的专业书籍，这是人文学科教师研究室的共同特点。坐在江老师对面，可以清晰地看到他鬓角的丝丝银发，这是辛苦与荣耀的印记，也是江老师在南开努力学习、辛勤耕耘 38 载的有力证据。

江沛老师坦言，人文学科教师需要通过大量的阅读打下扎实的学科基础，逐步形成系统的知识体系，进而产生问题意识和人文关怀，以增益学术、启人心智、服务国家为导向开展科研，以高水平的科研成果应用于教育教学中，进而培育高素质人才，这是大学教师的专业素养和使命所在。

这是江沛教授不断传递给学生的理念，也是始终践行的教学、科研、待人之道。

教学育人之道

2008 级博士生张志国这样形容自己的导师："江老师有一种特殊的人格魅力，他严谨治学,为人幽默风趣,学术要求严格,又待人真诚宽厚。"

江老师求学时,师从南开著名史学家魏宏运先生获得博士学位,随即赴南京大学历史学博士后流动站,在著名民国史志家张宪文教授指导下,出色完成了博士后科研工作。在老一辈著名学者的长期熏陶和严格指导下,逐步培养出江老师在科研和教学中一丝不苟、精益求精的工作态度。

"江老师对待教学精益求精,他认为要成为一名好老师,永远没有一个完成时。"这是2016级中国近代史硕士生王希对江老师的评价。她说,无论是本科生还是研究生的课程,除了不时征求大家的意见外,江老师总会在学期结束前的最后一节课上,让同学们写下对教学讲授形式和内容的体会,然后逐一总结,以作日后改进之用。

坚持体验式教学,是江老师的另一特点。在每周召开的读书会上,江老师都会和自己指导的学生齐聚一堂,以学生讲解、师生评论的形式,对某部名著、学生的习作、开题报告或学位论文的某一部分,进行不留情面的批评和分析。对不善于公开报告的学生,他更会给予耐心的指导,甚至对其讲话的方式、时间都会细心教授,目的在于让学生适应学术交流的模式,克服公开讲话的恐慌,提高讲演的效能。通过读书会,江老师也能了解各位同学的学习状况、科研进度,进而提出有针对性的建议和指导。还能及时了解学生当前面临的困难,给予帮助或解决。同学皆认为,这种教学方式,不仅让他们触类旁通,开阔了知识面,从报告中获益,也学会了学术报告的模式,积累了阐述观点、报告讲演的基本技能,更学会了如何找出问题、分析问题的门道,对于日后的学习、工作都是受益匪浅的。江老师坦言多次从中获得了不少资料信息,开拓了思路,可谓教学相长。这一教学形式自2003年已坚持了17年,即使在江老师因公出差期间,也会提前布置,自己的发言也由主持人转达,从未间断。由此,"江门读书会"逐渐知名。

江沛老师对学生论文修改所下功夫之多,也是令人感叹的。多位毕业博士生和在校生都讲到,最难忘的是江老师对自己学术论文的批改。2011级博士生王薇这样说道:"看到几乎每页都有江老师修改痕迹的博士论文纸质稿后,我的牢骚不再,唯有感叹和敬佩。小到标点符号、错别字,大到史料的使用、结论的推出,都凝结着老师的心血和对我博士论文的期望。'做学问不能讨价还价',尽最大可能追求严谨,逐渐成为我认真修改论文的动力。"来自日本的2016级博士生石户谷哲说,他有一篇要发表在重要刊物上的论文，找江老师修改过4次，每次都要1个多小时，江老师非常有耐心，给了很多有价值的意见，让他感动不已。2014级博士生程斯宇也说："被江老师修改得密密麻麻的论文初稿，师门的每位学生都会保存，有的还不止一份。批注的字里行间，展现的是江老师对待科研的严肃认真态度，以及他身为'人师'的高尚师德和为国育人的情怀。"在这样的严格要求下，江老师指导学生的学位论文整体质量较高，多次获得天津市优秀学位论文、校级和学院的优秀学位论文。

在身兼学院行政职务并承担基础教学任务的同时，江沛老师还同时指导本科生、硕士生、博士生和博士后十余名，但是他从没有以事务繁忙为借口，教师以学术立身，一直是他的志向。他每年在海内外学术期刊上都会有数篇学术论文发表。在江老师培养的已毕业的24名博士、45名硕士中，4人晋升教授，12人晋升副高，9人获得国家社科基金项目和教育部项目，还有1人在世界前100名大学任教。这是跟随江老师数年学习养成的严于律己、不懈努力的学术风格。

江沛老师说："作为老师，必须要遵守师德，要敬业，要有责任心，这是国家给我这个职位的要求，我当然也要为称职而努力。尽力育人，努力科研，追求卓越，是每一位老师应有的职责。"

拓宽学术之道

江沛老师1982年考入南开大学历史学系，至今已38年之久。从受教南开，到留校在历史学系、历史学院工作至今。从一名南开历史学系的普通学生，逐步成为著名学者、颇受学生好评的知名教师，再到现在身为历史学院院长，肩负着历史学一流学科的建设和推动的重任。笔者很难用语言表达他对南开的深情厚谊，对建设和光大南开史学的坚定信念。2017年进入博士后流动站工作的王东博士说："江老师对南开史学建设倾注了大量心血，在科研经费有限的情况下，尽可能地购入非常有价值的史料出版物和数据库，为历史学院师生的学术研究奠定了坚实的基础。"

时常听到江老师说："只听一家之言，是学术研究的绊脚石。听各路知名学者的最新科研成果，了解其研究思路与研究方向，对于提升自身科研水平有着相当的帮助。"因此江老师会时常邀请国内外知名的学者，赴南开历史学院讲学。目的在于让学生可以听到不同学派、不同观点、不同领域学者的研究成果。他要求学生必须去听，而且时常身体力行。他常说，不能作井底之蛙，要用交流促进步。他还会盛情邀请一些学者担当历史学院的客座教授、客座研究员，借以能对研究生培养、教学科研起到帮助和推动作用。同时还不断推动大陆与台湾学术交流，与台湾政治大学、辅仁大学、东华大学签订合作培养协议。与深圳市史志办等国内多所科研机构签订博士后培养协议，为博士生后续科研、就业提供宽阔的平台。

在国际化的今天，史学也面临着国际化、跨学科的转变，必须要强调贡献学术、服务国家的责任。江老师不仅十分重视国际交流，更希望把国际交流中获取的学术思想传授给师生。因此，他多次出访英、奥、澳、加、日、韩等国家，也时常赴中国港台地区交流。他也十分看重学生的交流，一直坚持让学生在学期间能有一次出境交流的机会，努力开拓学生的国际视野、提升语言能力、寻找出国留学深造的机会。至今，他指导的硕士生学生邹灿，在他推荐下赴日本大阪大学深造，获得博士学位后留校任教；博士生耿科研赴美访学一年；博士生马瑞洁赴英访学一年；刘晖、杨帆、何悦驰赴日本爱知大学留学一年；辛孟轲赴东京大学留学一年后考取一桥大学博士生；Matyas 考取美国纽约大学博士生；何悦驰、杜恩义、高翔等赴台湾东华大学交流半年。十余名研究生参加过在海外举行的国际学术研讨会。受益的研究生们均对江老师的苦心深为敬佩。

江沛老师自 2004 年转向中国近代交通社会史的研究，就进入了交叉学科研究的实践之道。他承担了这一领域多项国家社科基金项目、教育部人文基地重大招标项目，组织学生编辑了大型史料集《中国近代铁路史资料选辑》（104 册）和《近代中国地理志》（60 册），成为这一领域的基础性资料。其主撰的《中华民国史专题研究之九：城市化进程研究》一书，与此丛书一起，共同获得了教育部第 8 届高校哲社成果评比一等奖。他也逐步成为这一领域的领军人物。

江老师也很注重学院文化的建设。他认为，学术的传承也包含文化底蕴的延续，尤其对学院的光荣历史及名师的宣传，是教育学生尊重学术、尊师重教、热爱南开、热爱学院、凝聚人心的重要方式。在他主导下，历史学院将梁启超、蒋廷黻、郑天挺、雷海宗的手迹，刻匾命名四间教室和会议室。学院还建设了"南开史学名人堂"，将建院以来对于学院具有卓越贡献的 16 位名师的大幅照片悬挂在学院一楼，以为纪念。2016 年江沛老师还在网络上发起为著名史学家雷海宗建造塑像的众筹活动，并最终成功获得 20 万元资金，聘请著名雕塑师创作雷海宗先生的雕像。如今，郑天挺、雷海宗先生的雕像并列于学院大厅，既为学院历史的标识，又是一道文化景观。学生每每从此走过，都会驻足观看，心有所思。每年毕业季，都有毕业学生将鲜花放在像前，以表达他们的敬意。

江老师不仅要求自己拓宽学术，同样也指引、帮助学生拓宽学术，更为历史学院的发展、历史学院的学科建设不断拓宽道路。

待人以诚之道

江老师对待学生平易近人，不以背景、出身等标准来判断学生，他常说"英雄不问出身"。他十分注重挖掘学生自身的研究潜力，尊重学生的研究兴趣和专长。面对学生总是耐心十足，遇到学生的错误时，他当然会严厉批评，但也十分包容。

2008级博士生万妮娜就是这样一个例子。2004年，她在武汉大学读大四并获取保研资格，在没有任何介绍人的情况下，给江沛老师发了一封十分唐突的电子邮件。她认为唐突之处在于，邮件的语言和内容，现在每每想起，都觉得十分汗颜。她当时希望在江沛老师指导下攻读学位，甚至说出了如果江老师已有保送生，是否可以收下她并将其他学生调剂给别的老师的话，最后还催促江老师尽快回复。

她说："对于这样一封多少会让人恼火的邮件，师父却很快给予了回复。当天晚上19点37分发出邮件后，23点45分就收到了回复。邮件中，师父包容了'初出茅庐'的我的无礼，热情地接纳了我，介绍了本校保送的情况，并且还很贴心地说会替我积极争取。就这样，我顺利地拜入师门，开启了与师父的缘分。现在，我自己也做了大学老师，每当收到学生'稚嫩'的短信或邮件，都会想起当年的自己，想起当年师父是怎样对待自己的。"

在师门学生眼中，他是一位慈父、一位挚友，对学生从不颐指气使，主动联系学生时，往往先向学生问好，以示平等、坦诚，更兼关心学生疾苦。请学生帮忙，也会设法给学生补助。他带的硕、博士们都喜欢称呼他为"师父"，而不是"老板"。"江门"是一个充满欢声笑语的大家庭。每学期开学和结束时，他都会自费请所指导学生聚餐，要求同学间互相帮助，要有爱心，要有团队意识。同时江老师也时刻关注学生的生活情况，对于经济困难的学生，每当需要论文打印或者资料影印时，他总会"特意"征询意见，甚至会自费出资补助学生，帮其渡过困难，为学生购置学习必备的硬盘、U 盘。

2012 级博士生高文超，虽非江沛老师指导，但谈起江老师对她在学术、生活上的帮助，也是赞不绝口。他尊重学界友人，尊敬学界前辈，也平等对待学生。他以自己的行为潜移默化地影响着学生，为学生树立了一个身边的榜样。

在尊师重教方面，江老师也身体力行，历史学院的老先生们都对他称赞有加。魏宏运先生曾言，他最信任的学生之一就是江沛老师，重要的事情都会让江老师帮助并提供意见。中近史教研室的退休教师们，都时常会收到江老师的慰问，工会发放节日物品时，江老师会组织老师们给退休老师送到家。2018 年 5 月，著名史学家刘泽华先生病逝，江老师在主持学院追思会时几度哽咽，在场师生无不动容。江门多位同学称，这是多年来第一次见师父流泪，泪水中饱含着他的至诚至善，彰显的是历史学院几代师生间的深情厚谊。

在大家心目中，他是一位学识深厚的史家，是一位负责任的管理者，更是一位兢兢业业的好老师。

"古之学者必有师。师者，所以传道授业解惑也。"做一名好老师，江沛老师自有准则——理解与信任为先，责任与担当为本。作为学生，从他身上学到了日后科研、工作、为人之道：找准方向，稳扎稳打，工作扎实；不断探索，创新创优；真情实意，永怀谦卑。

江沛老师，既是良师也是益友，为师者当如是！

历史学院团委书记　王寅
历史学院 2016 级中国史专业博士研究生　王峰

/斜杠教授/
——记经济学院李俊青教授

授课活泼，如沐春风，课堂上妙语连珠；迎朝霞来，伴月夜归，科研中磨砥刻厉；勤耕桃李，精雕细刻，授业时因材施教；轻搓重扣，英姿飒爽，球场上谁"羽"争锋。

人物简介

李俊青，1972年出生，1994年获青海大学学士学位，2000年获天津大学硕士学位，2003年获天津大学博士学位，2005年南开大学经济学院博士后出站，2005年至今在南开大学经济学院任教，2012—2013年访问芝加哥大学和堪萨斯大学进行学术交流。现任经济学院副院长、教授、博士生导师，长期致力于中国经济增长相关问题研究，先后主持国家社会科学基金、教育部人文社会科学基金、天津市社会科学基金、南开大学百名青年学科带头人培养计划等学术研究重点项目16项和政府企业合作项目9项。任教育部高等学校经济学专业教学指导委员会委员、天津市西方经济学教学团队负责人、天津市第五届学科评议组成员。获得南开大学百名青年学科带头人（团队）培养计划、

优秀论文、宝钢优秀教师奖、天津哲学社会科学优秀成果一等奖等多个奖项。先后在《经济研究》《管理世界》《世界经济》等顶级期刊发表论文60余篇，出版著作7本。指导学生荣获：国家奖学金4人次，校一等奖学金5人次，国家级竞赛平安大学生励志计划获奖3人次，全国大学生课外学术科技竞赛一等奖3人次，并有多名学生被评为优秀毕业生，指导的博士学位论文获评天津市优秀博士学位论文。

人物风采

李俊青老师，不惑之年的他已经有很多头衔：教授，博士生导师，教育部新世纪优秀人才，教育部高等学校经济学专业教学指导委员会委员，天津"131"创新型人才培养工程第一层次领衔专家，天津市西方经济学教学团队负责人，天津市第五届学科评议组成员，南开大学百名青年学术带头人，经济学院副院长……同时，他还有很多响亮的标签：学术大咖、站票教授、育人楷模、羽球男神、李门的大家长。我们称他为"/斜杠教授/"。

"让优秀成为一种习惯"

李老师经常教导学生："要不断努力，让优秀成为一种习惯。"李老师也在时时践行着这句话，他任教16年来取得了丰硕的科研成果，先后主持国家社科重点项目等省部级以上科研课题16项、政府企业合作项目9项，获得教育部新世纪优秀人才等28个奖项，先后在《经济研究》《管理世界》等经济学顶级期刊发表学术论文60余篇，出版专著7本。李老师行政事务繁忙，但总会抽出时间读论文搞科研，始终对学术研究充满热情。不管是在课堂上还是在

师门讨论课上甚至在课下，李老师对于每一个知识点都会孜孜不倦地分析、讲解，这种忘我的境界令人由衷佩服。李老师对学生也是高标准严要求，要求学生每周汇报自己的论文进展，为学生答疑解惑。李老师经常对学生说："懒惰是做研究最大的敌人，态度是最重要的。"他以此督促学生勤勉向上。因材施教是李老师培养学生的特色，针对每个学生自身的特点制定相应的培养方案，旨在最大程度发挥学生的潜能。据李老师的博士生回忆，读博初期总觉得时间还长，任意挥霍宝贵的时间，科研过程过于松散。李老师发现状态不对便立即叫去谈心，传授自己博士期间积累的宝贵经验，并给该博士生讲述优秀师兄们的学习状态，进一步根据博士生目前的科研进度，量身定制科研规划，要求每周汇报进度。最终，该名博士生顺利毕业，内心对李老师充满感激。严师出高徒，李门英才辈出，李老师桃李满天下。

"基础理论是创新性研究的奠基石"

李老师是学术大咖，更是经济学基础理论教学的名师。他是国家级精品课程、国家级资源共享课程西方经济学的负责人。多年来李老师坚持为本、硕、博讲授基础课程——微观经济学，7年累计授课人数7000人。在他看来，没有扎实的理论基础，学生很难做出创新性的研究，不可能在学术道路上走得长远，而夯实学生的经济学理论基础，他责无旁贷。他的课堂教学深入浅出，总能用最通俗易懂的语言讲述高深复杂的经济理论，受到同学们的广泛欢迎。由于教室座位有限，他主讲的课程经常需要站着听，有的甚至需要提前领票，因此李老师获得了"站座教授"和"抢票教授"的美誉。李老师的课总是座无虚席，每每新学期伊始，选课人数总会爆满，学院安排的教室座位远远不够，需临时调换大教室方便学生听课。李老师一向严肃认真，课堂上也会讲一些小笑话，让学生轻松掌握知识点的同时营造了愉悦的课堂氛围。李老师在课下和学生的交流中，对于学术问题仍然一丝不苟，追本溯源解答学生的问题，耐心聆听学生生活中的困惑，结合自己的人生经验给出诚恳的建议，亲切得像个邻家大哥哥。李老师还会根据学生的实际情况调整课堂节奏，力争达到最好的教学效果。听过李老师微观课的学生都这样评价："气质儒雅、风趣幽默、大师风范、经院男神，很严格，痛并快乐着。"课堂上如沐春风的感受使得同学们为李老师的人格魅力所折服。

教学科研成就斐然的同时，李老师倾心培育李门弟子，师门桃李芬芳，英才辈出。和李老师交流最多的就是李门的学生了，任教以来，李老师培养了近百名本、硕、博毕业生，为社会发展建设注入了新生力量。李老师任博导 8 年来坚持每周一次师门博士生讨论课，风雨无阻，这也成为师门的优良传统，对于学生来讲也是不可多得的和老师交流的机会。李老师对讨论课格外重视，虽然内容艰涩难懂，但是讨论过后的对经济理论的深刻理解必定会对学生未来的发展产生深远的影响，所谓的"慢工出细活"。李老师总是以身作则，在格拉斯哥大学的交流访问结束后凌晨 3 点多到家，仍然 6 点多就起床备课，9 点钟准时出现在师门讨论课的会场，课上热情讲解，风采依旧，着实令人敬佩。李老师常年坚持 6 天工作制，周六从未休息过。李老师的辛勤付出，培养了一个个优秀的毕业生，师门 70 名硕博研究生中，荣获了国家奖学金 4 人次，校一等奖学金 5 人次，国家级竞赛平安大学生励志计划获奖 3 人次，全国大学生课外学术科技竞赛一等奖 3 人次，并有多名学生被评为优秀毕业生。李老师指导的博士学位论文获评天津市优秀博士学位论文，所带博士生自己申请课题，学术研究独当一面，有的毕业生还进入国家经济社会发展的重要部门供职，如国家发改委、中国人民银行、国家宏观经济研究院等，堪称青年教师中的育人楷模。

"师门是有爱的大家庭，科研和健康要两手抓"

拥有 20 多年羽坛球龄的李老师，还是阳光体育、健康生活理念的倡导者。"我发现很多博士潜心科研，整天坐在电脑前查文献、跑数据，缺乏运动，忽视了自己的身体健康，对未来可持续发展不利，所以我要求学生们每周打一次羽毛球，做到学习健康两不误。"每个周日的下午，羽毛球馆都会出现李老师的身影，和学生们切磋球技，交流学习和生活中的难题。平日里李老师幽默风趣，关心学生，事无巨细，学生们都会亲切地叫李老师"青哥"。青哥对学生的事特别上心，送给每届毕业生的礼物都要亲自挑选，不放过任何细节，面面俱到。青哥会照顾到所有人的情绪，是名副其实的暖男，学生比赛失利，非常沮丧，青哥叫她过去谈心，耐心开导，让学生很是感动。认真负责的老师和轻松愉快的师门氛围，何其幸运才能加入李门的大家庭。李老师说："我特别注重师门凝聚力的炼成，师门情谊是留存一辈子的感情，通过师门讨论课和羽毛球赛两大常设平台，可以增进师门之间互相的融合、了解。"这形成了积极上进、友爱互助的风气，使师门成为有爱的大家庭，吸引越来越多的优秀学子不断加入。

李老师说："我知道学生们大多涉世未深、资历尚浅，想要立马规划好未来的方向有点困难，会有好多事情琢磨不明白，我会用自己的人生经验在他们困惑时提一些建设性的建议，发挥好'领路人'的作用。我经常跟学生们强调，态度是首位的，做事情一定要认真，切勿浮躁，制定一个'五年计划'，并且努力去实现它，半途而废只会一事无成。"

李门是一个有爱的集体，李老师作为大家长，是学生们学习的榜样与努力的方向。作为科研工作者，他教会了学生勤奋与执着。科研的道路并不平坦，遇到困难唯有逆流而上，才能冲破险滩、找到答案，李老师的殷切鼓励让学生们在最无所适从的时候有了前进的动力。学术科研的指导者、人生发展的领路人，"良师益友"大抵如此吧！

经济学院学工办主任　雷珍妮
经济学院 2018 级西方经济学专业博士生　寇海洁

和易以思 幸而继其志
——记电子信息与光学工程学院刘波教授

传道，求索路漫，无问西东；授业，身教言传，诲人不倦；解惑，坦荡为师，不羁为友。

人物简介

刘波，山东青岛人，南开大学电子信息与光学工程学院教授，硕博导师，九三学社南开大学委员。1998年毕业于南开大学电子学与信息系统专业，获学士学位；2001年毕业于南开大学通信工程专业，获硕士学位；2004年毕业于南开大学现代光学所，获博士学位；2004年至2006年在南开大学信息学院，进行博士后研究；2005年10月至2006年1月，于英国阿斯顿大学做访问研究员；2006年4月回到南开留校工作。任《光通信研究》特约编委，IEEEPTL、IEEESensorJounal、IEEEJLT、CPL、《物理学报》《光学学报》《中国激光》《光子学报》《传感技术学报》《光电子激光》等期刊审稿人。作为课题负责人承担国家"863"项目、国家自然基金项目等，作为

骨干人员参与了国家"973"项目、国家"863"项目、国家自然基金重点项目、国家自然科学基金项目、天津市重点攻关项目等多项课题的研究。已发表相关学术论文60余篇，申请并获批发明专利10余项。

人物风采

"如果你们总把我当成老师，我会觉得我们之间还存在距离。你们可以叫我一声'波哥'，咱们都是一起奋斗的伙伴。"这是刘老师对于每一位加入课题组学生说的第一句话。在他的眼里，师者传道授业解惑，而亦师亦友、良师益友则是师者更高境界的追求。"和易以思，可谓善喻"就是对刘老师最贴切的形容。

亦师亦友，和易以思

刘老师在学生面前永远是和蔼可亲的大哥哥。定期的学术科研指导循循善诱、理性思辨，总能让学生们收获颇丰；而青春岁月里的迷茫困惑，刘老师也十分乐于和同学们分享，温暖和煦、抚慰人心。学生无论是遇到了科研之问还是人生之困，刘老师都始终和学生在一起，感同身受，为其排忧解难，与其并肩奋斗，共同探求科学真理与人生真谛，伴其走出阴霾与荆棘，走向心灵的光明与坦途。

选择当老师就选择了责任，"善为师者,既美其道,又慎其行"，刘老师十分看重每一次面对学生的教学。模拟电子技术基础是电信类专业的基础课，刘老师每次上课前都会认真备课，同时将全部课件打印出，什么地方

需要补充知识点，什么地方需要学生认真记住的都会仔细标注出来。学生们常说，刘老师的课堂能学到很多知识。同时，刘老师结合国际前沿研究动态，将基础知识生动地展示出来，知识点更容易理解与掌握。

除了认真把学科知识教给学生，刘老师也关心着学生的人生选择。学生孔繁盛有着这样一段经历：入学敲开刘老师办公室门的时候，孔繁盛并不知道这次"冒险"意味着什么——他不是刘老师名下的学生，但希望有机会参与感兴趣的科研项目。刘老师了解情况后并没有拒绝，语重心长地表示："小伙子，要对得起并坚持自己的选择，路，还长。"一年前，他想带团队去创业，刘老师没拦着，建议他："学业为重是前提，在兴趣与使命之间做权衡，其中的抉择取舍充满了艰辛，路要自己一步步走，但有难处一定喊我。"后来，孔繁盛转行做了自己喜欢的设计，学业事业两头忙，感情出了问题，想放弃学业自己去闯，刘老师及时劝阻："有些事儿，还没想清楚，别冲动，孤注一掷不是最好的选择。"在刘老师的影响下，孔繁盛后来没有放弃学业，同时兼职做着喜欢的设计，在南开园开了"解忧的杂货店"，学着刘老师的样子去给学弟学妹们做着义务朋辈辅导，还被新闻媒体报道了。孔繁盛说："爱上南开，坚定信念，做成事业，都是因为刘老师。"指引和陪伴会影响一个人的成长，对刘老师的学生而言，遇见他是一份幸运。

"我们不喜欢'刘老师'这一拘谨的称呼，而更习惯称一声'波哥'来表达我们对这个铁骨柔肠的大男孩的依赖和敬佩。"

"庆幸能在南开园遇到波哥，他永远没有时间，但永远又有时间。波哥的发条一直都紧绷着，可他总能把所有事情安排得井井有条，总能腾出时间来陪伴我们。"

"除了科研工作上给予兢兢业业的指导，更与我们共同测试实验数据直至深夜，是为'良师'；与我们畅谈人生理想，更在羽毛球场共同切磋，是为'益友'。"

"波哥很尊重我们的选择，不论是生活学习，还是未来规划，他总能从我们的角度给出宝贵的建议。他对我们的影响远不止在于学术知识、科研方法，还有对人对事的态度、处理问题的方法策略。"

……

听到这些学生对他的评价，刘老师害羞得像个大男孩儿。"有多少光就散多少热，更希望孩子们能通过这几年的硕博学习经历，拥有独立选择和自主奋斗的能力，了解自己、尊重自己、接纳自己，才是我更想看到他们未来的样子。"刘老师说道。

离家千里，求学在外，遇良师不易，得益友更难。润物无声，潜移默化，成为刘老师的学生是件幸福的事，他的学生们热爱南开、热爱科研、热爱生活。"善教者，使人继其志。"良师益友，得之幸焉。

心怀航天，勇敢追光

数十年间，中国在航天事业的发展上取得了很大的进步，这份进步来之不易，是每一个航天人用汗水、泪水和鲜血浇灌而成的，但是目前与欧美的航天强国仍还有一定差距。近年来，我国加大了航天领域的投入，《"十三五"国家战略性新兴产业发展规划》指出：我国也已经开始布局"天地一体化信息网络"，提出了数十项、卫星总量超过4000颗的低轨卫星通信星座计划。

在星座间的高速数据传输势必要采用高速的激光通信，其中光纤激光放大器作为全光通信网络核心子系统，对提升通信覆盖面积、通信速率、系统可靠性都有着举足轻重的关键地位。而这些核心技术一直以来都被国外封锁，我们迫切需要突破窄线宽高功率光纤激光放大器的相关理论和技术瓶颈。因此，刘老师带领团队投身特种高功率光纤放大器研究研发。经历十余年的设计研发，刘老师带领团队逐步掌握、积累了围绕特种光纤激光放大器的整套可靠的关键技术，在该领域实现从跟跑并跑到并跑领跑的转变。刘老师常说："看着我们的成果被送向太空，作为一名南开人的成就感、作为一个中国人的自豪感油然而生。这就是我们每一个追光者最幸福的时刻。"

在研究课题中，刘老师始终严格要求学生。每次学生的实验结束，刘老师都要求学生如实做好实验记录，并及时总结。每次的研究不论成功与否，都是未来再次尝试的标尺。做科研重要的就是不断失败、不断总结，循序渐进方能进步，刘老师这样的要求给同学们留下了深刻的印象。知道失败在什么地方，寻求更好的方法去解决问题才能不断进步。

所谓良师，即勤勤恳恳授业、孜孜不倦育人，并把这份热情传递给后人。提到刘老师，大家总是会这样描述他："他很难在自己的办公椅上待很久，因为总是有各种事情他想去做，所以总是一个地方接一个地方地跑，一个项目接一个项目地忙，如果好久没见他了，不是生病了，就是又到外地出差谈项目了,他对学生的管束不多却身体力行地引导着大家去热爱和坚守所从事的光学事业。"

"记忆中的波哥是现实版的空中飞人,选择将理想与责任扛在肩上。从某所开会出来已经是深夜 11 点,首都依旧车水马龙,一路上和波哥还在不停地讨论技术方案。这样的周末太平常不过。每次和他出差,最有感触的是,结构复杂的机场车站,却从不迷路。他习惯了做空中飞人,习惯了将休息时间奉献给工作,习惯了为国家事业发展而奋斗。波哥将理想化作责任,时刻去追寻。"刘老师的学生李晓龙如是说。

"在成都,为了保证科研实验的稳定性,带着课题组团队在山沟里熬了一个多月,没什么信号,没什么好东西吃,到处是蚊虫,就跟学生们一起席地而坐测试光纤线路,每次想起他陪大家一起科研攻关那段时光,都提醒自己要努力做个如他一样踏实肯干的人。"毕业返校来拜访他的学生们这样说道。听到大家提起这段往事,刘老师更多的还是告诫大家要耐得住寂寞,扛得起压力,对得起自己,而对于过程中的那些辛苦,他只是轻描淡写地笑谈:"山沟里的蚊子是真的够毒。"

勤恳从业,育人不倦,刘老师已经默默地为了心爱的光学事业和学生们奋斗了 20 余载,而将理想化为责任的事还在继续着。

经常性地高强度工作难道就不会觉得身心俱疲吗?虽然学生印象中的刘老师总是活力满满、热情不减,可身为人师也难免脆弱。课题组的刘海锋说:"有段时间刘老师总是很困倦,好像不怎么愿意说话,只有面对学生的时候才勉强能打起精神。后来才听说,他的父亲病重需要照顾,科研工作和学生又放心不下,他总是忙完了学校的工作就连夜赶回青岛老家照顾父亲,再赶回学校带科研工作,给学生上课。这样的往返持续了两个多月也难免心力交瘁,如果不是被我们问起,他也就这样默默地扛下去了,他总这样舍不下责任。"

允公允能,幸继其志

学生对刘老师的"埋怨"也难免会有一些,毕业生提起最后一次答辩汇报,总心有余悸。"在毕业答辩最后的批评指正中他总问好多问题,总把纸质的论文折了又折,写写画画,最后一次的答辩还如此严厉,真有点'不近人情'。"可其实,有些事在刘老师看来是一辈子的,可能这是最后一次给这些孩子指点和提醒了,离开了学校也许再也不会有人这么耐心地去指正他们的错误。学生们即便当时觉得刘老师不那么近人情，而终归还是带着他的教诲去面对人生的下一个阶段了。

刘老师办公室的墙上挂满了节日时历届学生送给他的贺卡，一行行"波哥辛苦了""感谢波哥"的文字中蕴含了刘老师与学生们的真挚感情。为师数载，为父终生。离开家的学生们在南开园里同样能够体会到父母般耐心的教诲和无私的疼爱，因为有幸遇见这样一位感同身受的良师益友。所谓南开精神，以己之能为大公之事，以不变的顽童之心吸收并传播新知。对于刘老师的理解大抵如此。

年少的学子严于律己，取长补短，长大入了社会，学着刘老师的模样去培养新人传递新知，当他们在社会中立稳脚跟才慢慢发现不断提升自己以承担重任，早已成为一种习惯。对于刘老师培养出来的学生的认识大抵如此。

刘老师的学生遍布各大高校研究所和行业领先企业，如华为、中兴、中国移动……其中，博士生吴继旋在南开大学期间被授予"南开十杰"称号，硕士生张旭获得周恩来奖学金提名奖。毕业的学生已经在国家重点行业发光发热，提起他们的时候，刘老师总说好孩子们够优秀让他省了好多心。可走出去的大家都愿意常回来看看这个"顽童波哥"，跟课题组的晚辈讲讲工作的经验和生活的故事。这些天南海北的学子不过是世界各处的另一个他，学着刘老师的样子去工作、去生活、去追求自己热爱的事业，于他们而言最好的引导不过是刘老师的以身作则、严于律己、大公无私、无怨无悔。"有些时候很苦很累，想想他曾为我们付出的辛劳，可能会情不自禁地把心酸咽下，再多扛一会儿也就过去了。"听到毕业生说起这样的故事，刘老师会欣慰地看着这些一手带大的孩子们，仿佛看着年轻时候的那个不屈的自己。

刘老师说："希望可以把毕业生和在校生联系起来，给大家提供平台去交流分享，想让还没踏进社会的孩子理解未来的不易，也提醒毕业的孩子们记着当初的那份初心和理想，坚定不移地走下去。"当有些事看似顺其自然、毫不费力的时候，势必有人在为此默默地努力着。刘老师的一名学生这样说道："当毕业离开，我们也会常回南开园，因为是刘老师教出来的学生，我们得把这些东西帮刘老师一起传下去，才对得起他为我们操碎的心。"

"允公允能，日新月异"，南开教会我们如何立业为人，而"以身作则，润物无声"是刘老师传承南开精神的习惯方式。和易以思，可谓善喻矣。如众多南开园里辛勤付出的老师们一样，用最好的方式言传身教，教书育人。善教者，使人继其志。

电子信息与光学工程学院团委书记　潘麒羽
电子信息与光学工程学院2017级光学工程专业博士生　段少祥

喜看稻菽千重浪　十年树木亦树人
——记生命科学学院石福臣教授

初出茅庐时，便以"原本山川，极命草木"为理念；建树颇丰时，仍旧专注于田畴。丹心热血，辛勤耕耘；播撒智慧，收获富足。

人物简介

石福臣，男，1966年生，1989年毕业于东北林业大学植物学专业，获理学硕士学位，并留校任教。1997年于日本东京大学大学院农学生命科学研究科获农学博士学位，在日本环境科学技术厅和农林水产省森林综合研究所做特别研究员，在东北林业大学做林学博士后。先后任东北林业大学教授、中科院地理科学与资源研究所知识创新基地研究员，2003年进入南开大学生命科学学院。现任南开大学生命科学学院教授、博士生导师，植物生物学和生态学系主任，中国植物学会常务理事，国家林草局公园和自然保护地标准化委员会委员，天津市植物学会理事长，天津市生态学会副理事长，天津市公安局特聘刑侦科技专家。曾获南开大学教学名师、天津市优秀教师称号。曾主持完成国家科技攻关、国家自然科学基金、省自然科学基金、教育部骨干教师基金、高等学校博士学科点基金等项目40余项，获国

家科技进步三等奖 1 项、省部级科技进步二等奖 4 项、省部级科技进步三等奖 4 项。主要研究领域为环境植物学、资源植物学与植物群落生态学，在国内外发表学术论文 170 余篇，著作 10 余部。

人物风采

走近南开大学第四教学楼，首先映入眼帘的是大门两侧苍翠葱郁的松柏和竹林，石福臣的办公室便掩映在竹林之后。走入石老师的办公室，侧目观赏窗外摇曳生姿的绿竹，回身探访书架上各类、各地的植物志，处处细节，无一不显示着这里的主人与植物的"不解之缘"。窗口书架上，一整套苏东坡全集为这里增添了几分人文色彩。会逢风雨，窗外竹影飘摇，屋内灯火阑珊，不禁让人联想到苏东坡的"莫听穿林打叶声，何妨吟啸且徐行"，这与石老师豁达的人生态度和处世风范更是若合符契。

堂前正授全芳道，妙语又逢春草生

经过年复一年的辛勤耕耘，石老师在专业领域上可谓高屋建瓴。在教学方面，石老师多年来承担着本科生的植物分类学等专业基础课和研究生的资源植物学等专业选修课的教学工作，同时担任植物生物学和野外实践教学专业课的课程组长。石老师每年都能出色地完成学校的教学任务，深受同学们喜爱，是生命科学学院最"红"的教师之一。他的植物生物学课程更是被评为南开大学示范精品课程。

石老师不仅细致严谨地对待教学工作，还积极拓展教学思路，采用生动活泼的授课方式调动课堂气氛，让学生们在轻松愉快的氛围中接受知识。石老师讲课风格独特，热情洋溢，深入浅出，循循

善诱，总能使学生深受感染并认真思考。他经常将古典诗词与植物学知识巧妙融合，以连珠妙语点铁成金，将原本较为枯燥的知识化为鲜活的"生命"，开启学生们的感官，让课堂生动起来。他更是会将思政知识融入课程内容，在讲授专业知识的同时，引导同学们世界观、人生观、价值观的树立。讲到莲花，他会告诫同学们坚守初心、不随世俗；讲到梅花，他会告诫同学们不畏风雨、砥砺前行。石老师还结合自己在蓟州区发现新品种樱树的经历引导同学们独立思考、不随大流。"当时，所有人都说那是一种常见的植物，但我却觉得它就是樱树。事实证明，我是对的，我把它命名为'野樱王'。大家以后治学的时候，也要有自己的想法，不能人云亦云。""石老师太有意思了，听他讲课就跟听相声一样，非常有趣。"2016级本科生物伯苓班学生马铭阳如是说。"石老师常常将课堂与实践相结合，根据学生的兴趣设置课程内容，并且总能吸引到不同专业的同学来选修石老师的课。"2016级的硕士研究生杨彤如此评价。每一位见识过石老师课堂魅力的同学都深深折服于石老师的热情、幽默与专业。除专业必修课外，石老师开设的其他课程也都大受欢迎，他的选修课——药用植物分类学更是年年爆满的"抢手"课程，受到学生们的广泛青睐。

喜看稻菽千重浪，丹心热血沃新花

作为天津市植物分类学领域的执牛耳者，石老师对野外实践格外看重。他提出的"课堂、课下及野外实践为一体的植物分类学教学模式"曾获得2009年度南开大学教学成果二等奖。自2003年进入南开大学工作以来，石老师对生命科学教学中非常重要的"野外实践教学"课程倾注了满腔热血，通过与地方合作建立了稳定的教学实习基地，为南开大学"野外实践教学"课程的顺利开展做出了重要贡献。即使每年野外实习都占用十多天的暑假时间，石老师都不曾放弃奋战在教学第一线，而且无论个人有什么困难，他都不曾耽误过他热爱的教学工作。2006年，正值实习前一天，石老师的妻子意外骨折，他连夜将自己的妹妹从家乡请来照顾妻子，而自己仍然带队出现在野外实习的第一线。就这样，16年来，石老师坚持每年都率领着教师和学生们跋山涉水，无畏蚊虫叮咬和似火骄阳，凭借他过硬的专业功底和组织协调能力，安全、出色地完成了一年又一年的野外实践教学工作，赢得了大家的广泛赞誉。

时至今日，石老师指导毕业的博士、硕士研究生30余人，他们不但都找到了适合的工作,且有多人已成为高校或科研单位的教授或副教授等骨干人才。在跟随石老师学习的过程中,学生们收获到的不仅仅是专业知识,更有人生方向与品格素养。在日常学习生活中,石老师始终密切关心学生们的思想活动及情绪状态,经常和学生交流谈心。每一次交流,他都会用宽阔的视野和真诚的鼓励让学生重获勇敢和自信。2017级生物伯苓班的何明倩同学就曾在石老师的鼓励下重拾信心。"大一时,我的成绩不是很好,有一些迷茫。但石老师对我说:'不要在意外界的干扰和别人的眼光,优秀的人也会遇到瓶颈,但能够坚持攻坚克难、不被困难打倒的人才能成为卓越的人。'这句话让我重新自信起来、积极起来。学期末,我通过了伯苓班面试考核,坚定了从事科学研究的决心。"每当站在选择的十字路口,尤其是面临重要的人生抉择时,学生们都愿意去找石老师聊聊。在学生心中,石老师是最了解自己的人,也是最能给自己的人生发展道路点亮灯火、指明方向的人。

除了在学业上认真指导帮助学生外,石老师在生活方面也非常关心爱护学生。2009年邱新媛同学在来学校路上被机动车碰伤,他第一时间赶到医院看望,送上安慰;2010年柴民伟同学患急性阑尾炎,他当机立断开车带去医院,并为学生垫付了住院费和医药费。石老师始终认为,大学教师应该有三重角色,即学生业务学习方面的导师、思想交流方面的朋友和生活健康方面的家长。就这样,石老师多年来默默耕耘,倾洒的是热情和汗水,收获的是学生的爱戴和自身的欣慰。

一腔热枕寄草木,十年著书画南开

为了让学生们更方便、更直观地学习植物学课程,石老师坚守在教学前线之余,还利用十数年时间潜心编写了包含31万余字和近700幅图片的《南开草木图集》。该书以植物科属为索引,收录了南开大学八里台校区中自然生长及部分盆栽的93科240属326种植物。此书为每种植物配以高清图片和校园分布简图,便于读者现场观察。该书是目前为止,收录南开校内植物最为科学、准确和全面的植物图集。

这本380页的图集拿在手中很有些重量,每页一种植物,高清的生态图占据页面的2/3。为方便识别,石老师还为每种植物配上了识别特征的放大图,如花、果、叶片、树皮等。书中的文字部分则详细地描述了植物的中文名、科名、拉丁学名、形态及用途等。每页附上的校园分布简图,可以让读者很方便地找到目标植物。

"做这件事，大的方向是科普。但是汇聚成书还是花了点心思的，力图科学、准确、有据可查，专业性是第一位，毕竟它是一本课程辅助教材。"石老师说，编写《南开草木图集》的想法已经在他心里"装"了 10 多年。起初，在为本科生讲授植物学课程时，他发现南开校园中草木繁盛，种类颇丰，同学们可以就近取材进行观察。"每届学生学过之后，新一批的学生再来，又要从头开始。如果有一本称手的教材或图集就方便多了。"于是石老师开始利用自己的业余时间动手拍摄，为这本不知何时才能成书的图集积累素材。

也许与留学日本学习工作的经历有关，石老师对待编写图集这件"闲事"也格外认真。书中几乎所有的图片都是由他亲自拍摄的，文字编辑、版面设计等也亲力亲为。然而，三百余种植物，若想为每种都拍到满意的图片绝非易事。"很多植物开花时间不一样，忙的时候常常不小心漏掉，就要再等一年。更多时候，照片拍出来效果不满意，就得反复去拍。毕竟我不是专业摄影师。"在石老师的感染下，一位从事摄影工作的媒体记者常常帮助他拍摄一些微距图片。久而久之，这位摄影师也成了植物学的"发烧友"。从最初的一个小小念头，到坚持不懈地积累素材，石老师一干就是 10 多年。帮他整理资料的学生也已经毕业了好几拨，有的更是从昔日的学生变成了如今的同行，奋斗在生命科学教育的第一线，将他们从石老师那里学到的专业知识和生活态度赓续下去，薪火相传。

《南开草木图集》的编辑排版也融入了石老师浓浓的南开情结：扉页书名采用的是南开校色"青莲紫"，题名"莘莘草木、巍巍南开"取自南开校歌，书中还使用了大量南开校园建筑及景观。"一方面，将它们作为植物分类群的分隔页。另一方面，也是对南开大学自然人文和谐之美的诠释。"石老师如此说道。时任南开大学校长龚克得知石老师编著《南开草木图集》一事后十分高兴，致信石老师并题写赠诗以鼓励：草木坚强物，枯荣有本心。冬寒根犹壮，春华不自矜。

"我现在五十多岁了，能做的贡献，除了教书之外，可能就是把以前的积累汇集成一本一本图册，为学生学习提供一些方便。"虽然教学科研工作十分繁忙，但对于《南开草木图集》的"续集"（津南校区），石老师表示会继续进行下去。石老师这一默默坚持了十年的幕后工作，为学习植物学的学生们留下了珍贵的参考资料，是他耕耘不辍、"极命草木"的见证，更是他为南开校园贡献的一笔宝贵财富。一本本沉甸甸的《南开草木图集》，凝聚着石老师的智慧与心血，亦承载着他对植物学的热忱、对南开园的热爱、对教学和科研的热血和为"后来人"照亮前路的热诚。

理解植物，拥抱自然，授业解惑，言传身教。从业三十余年，石福臣老师辛勤耕耘不辍，静待桃李花开。"十年树木，百年树人。我希望扮演一个亦师亦父亦友的角色，为我的学生点亮一盏前行的明灯。"

生命科学学院辅导员　王一涵
生命科学学院 2017 级生物技术专业本科生　李雪桐

以梦为马　不负韶华
——记化学学院陶占良教授

潜心科研，兢兢业业；温文尔雅，淡泊从容。对待工作，他话语不多，但严谨而细致；对待学生，他循循善诱，是良师更是益友。春风化雨育桃李，一腔热血铸诗魂！

人物简介

陶占良，男，1972年5月出生于河北保定徐水县。南开大学化学系教授、博士生导师，1994年至1997年就读于河北师范大学化学系（本科），1999年至2002年攻读辽宁师范大学化学系（硕士研究生），2002年至2005年在南开大学化学系攻读博士学位，并留校任教。在2015至2016年期间以访问学者身份前往澳大利亚卧龙岗大学，并于2017年回国任南开大学化学学院教授，获得博士生导

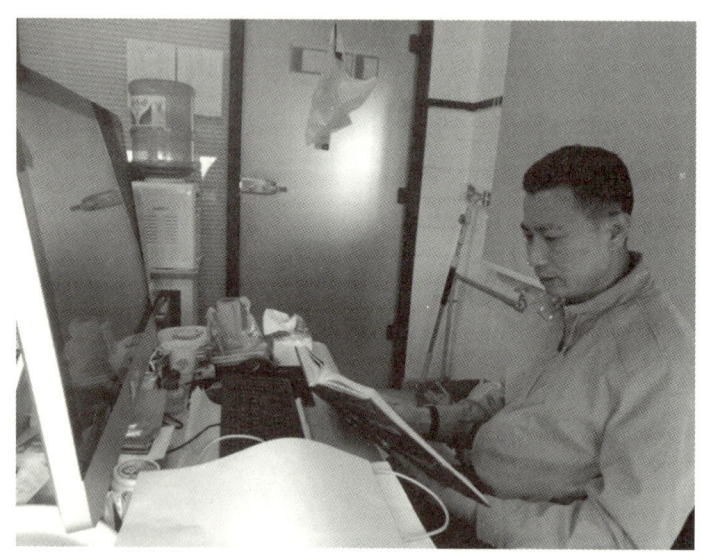

师的资格。研究方向为能源材料化学、储氢材料、化学电源、水系二次电池等。迄今为止已发表研究论文 130 余篇，累计引用 11000 余次。其中第一或通讯作者论文 50 余篇，包括 *Angew. Chem.*、*Adv. Mater.*、*NanoLett.*、*Adv. EnergyMater.*、*NanoEnergy* 等刊物。发明专利 10 余项，参编著作 4 部。曾多次负责国家"973"课题、"863"课题、自然科学基金面上项目、天津市自然科学基金等项目，并获得国家自然科学二等奖（第三完成人，2011 年度），天津市自然科学一等奖（第三完成人，2016 年度），入选 2018 年全球"高被引科学家"名单，荣获 2018 年南开大学"良师益友"称号。

人物风采

"师者，所以传道授业解惑也。"在科研上，他是传道、授业、解惑的良师；在生活上，他关爱学生，是处处为学生着想的益友。他有着宽厚淡然的性格，广博严谨的学识，善于鼓励的态度，对学生勤奋不倦的指导，是学生心中名副其实的"良师益友"。

潜心学术，深耕科研

陶占良老师师从陈军院士，科研求学期间，一直专注于能源领域研究工作，始终秉承着"将立德树人和科研创新，作为人生的事业"的初心。将其一腔热血倾注在新型二次电池电极材料的开发与应用上。他指出能源是人类生存和发展的重要物质基础，能源领域的每次革新都会带来世界性的产业革命与经济飞跃。我们作为新时代的青年要在能源化学领域进行深入系统的研

究，立志为国家社会贡献一份力量。

对于科研，陶老师专心致志，勤勤恳恳，全身心投入到科研中，经常早上在学生还没来时就到了实验室，晚上比学生走得晚。周末休息的时候，他也经常来实验室，在他的眼里好像没有周末和假期，每天都是工作日，这些无形中都给学生做出了榜样。陶占良老师职尽其责的教学态度，亦是通过其诲人不倦的一举一动来诠释。组会上，他会认真倾听每一位学生的汇报并做好记录，并在会后就每一个学生的科研进展与下一步计划展开细致的探讨，给出建设性的意见。他独到的见解总是会让学生发现不一样的思路，他也时常鼓励低年级的师弟师妹在组会上积极讨论，这样对于低年级适应科研生活帮助很大。陶占良老师一直认真负责，对于学生投稿的文章先从大方向上给予思路指导，对于文章用词也是逐字逐句，细心雕琢。学生的文章发给他，他会百忙之中抽出时间细心修改并在一周之内给出修改意见，所以文章整体修改效率非常高。科学研究讲究的是脑力劳动与体力劳动的结合，不能只是埋头做实验，文献阅读对于科研也是至关重要的，同时要带着批判性思维去阅读文章，要有自己的想法。他强调："多看文献，在文献中找到一个思路并去拓宽，便会发现一片新天地；思路要开阔一点，不要只局限于单个的方向。"陶占良老师一直鼓励学生多去尝试一些新的领域，在他的引导下，学生们都在自己喜欢的研究方向上有了更深的理解。

温润从容，躬亲负责

"初见陶老师，觉得他是一个不苟言笑、严肃的老师，而接触之后会觉得他心胸豁达，待人热心，既有温润尔雅的学者气质，又不乏为人师表的高贵品质。"一位毕业的研究生这样说。陶占良老师生活朴实，衣着朴素，平和中正。陶占良老师缄默慎行，给人以严肃庄重的感觉。然而走近之后，你会发现他能平易随和地与你促膝谈心，全心全意地为你答疑解惑。记得有一次，一位同学在做实验的时候出现了一些失误，陶老师看到之后并没有苛责与批评，相反，他悉心引导同学并帮忙解决问题，教导学生怎样才能避免错误。同时他宽慰道："不要怕犯错误，有了问题才能有进步。无论是实验还是生活讲究谋而后动，遇到问题的时候，紧张慌乱解决不了问题，应该去思考出现问题的原因并想办法解决。"他的这种从容不迫一直激励着学生以一种平和积极的心态面对实验中的困难和生活中的坎坷。

不论是在公众场合还是私下里陶占良老师都十分注重仪态，形如风、坐如钟，端庄大方，举止文雅。"不卑不亢，心从容；不争不喧，心平静"是陶占良老师说话做事的风格。这与其从容的内心息息相关。他时常教导我们要不慌不忙做事，平心静气思考。"称不上良师，离益友差距也很大。与富有朝气的你们在一起，自己的心态也年轻很多。愿我们常怀感恩之心，常抱奋勇之志，不忘初心，以梦为马，不负韶华。"在这简短的教师寄语的字里行间中，彰显的无不是他韬光养晦的谦谦君子风范。若非要谈他独特的人格风范，平易近人、低调谦虚二词再合适不过了。

不管是对待科研、安全卫生还是培养学生，陶占良老师总是一样的认真负责，事必躬亲。看到实验室乱糟糟的，他会提醒我们打扫一下卫生；发现哪个仪器故障，他会和学生一起修理，一起解决。平时他会经常检查实验室的安全，并提醒学生"一定要注意实验安全，没有什么比安全更重要"。实验室大大小小的事情，总少不了他忙前忙后的身影。记得学生刚搬到天南楼九楼的时候，暖气管路由于长时间没有使用而出现了故障。一大早，他穿着实验服，拿着盆，用扳手拧开暖气阀，将暖气管里的空气和污水排出后，暖气管终于流出了热水，休息室才渐渐恢复了"活力"。假期实验室封禁前，他会亲自检查实验室，再把封条贴上，保证实验室的安全。记得去年冬天，陶老师想到同学们洗手比较冷，就联系电工给水槽安装了热水器，让同学们冬天就用上了温暖的热水。还记得每到夏天，陶老师都会到休息室询问空调状况，如果遇到空调故障，老师会第一时间联系工程师维修。对待学生，陶老师像对待家人一样丝毫不含糊。实验室一些仪器设备的更换、缺损，陶老师都会留心，也特别上心，帮助学生在第一时间解决。他总是会在第一时间提供实验中需要用到的东西，有时学生实验中遇到的小问题被他发现，他也会很亲切地提供帮助。

与他相处，无论是在科学研究上还是在日常生活上，除了师生关系之外，学生们更能感受到的是那多出的一份关怀，一份来自课题组"大师兄"的关怀与指导。与领导和同事的相处中，职尽其责的品德更是在他身上体现得淋漓尽致，不仅如此，还多了几分踏实与稳重。

关爱学生，亦师亦友

在教书育人方面，陶占良一直秉持着"学生为本"的理念，让学生们最大化地发挥自己的长处，实践自己的想法。如这个时代所倡导的"学生要全面发展"一样，他正是这样不断践行的。

在日常科研工作中，他极大地鼓励学生积极开阔思维，将自己的想法付诸实践，因此，他非常支持并鼓励学生参加学术报告，拓宽视野。他的学生大都感慨道："得益于陶老师这种鼓励学生全面发面的育人理念，我们增加了对科研的乐趣，对自己的科研方向也更加投入、认真。"陶老师十分在意和尊重学生的想法。他总是鼓励学生有自己的想法，即使有些想法不太成熟，他也会耐心地给出专业的指导。学生平时与他交流沟通，讨论学术问题时，他都积极鼓励学生说出自己的看法，然后综合大家的想法得出最为妥善的解决办法。如果学生的想法具有意义，他会积极地鼓励学生去实践，去尝试。他说只有这样多学多做，学生才能得到提高。选题确定后的实验开展，他则建议学生对自己的实验有计划和安排，并随时总结和寻找问题。学生们在实验中遇到解决不了的问题，他会和学生一起分析并寻找解决的办法，并制定下一步工作计划。文章写作上他总是比学生更细心，给学生提出一些写作建议，不厌其烦，只要是学生的事情他总是第一时间就处理，学生可以真切地感受到，他把学生放在第一位。

科研上遇到瓶颈，抑或是生活中遇到问题时，学生们会第一时间去找他请教讨论，而陶占良总会耐心倾听，提供可靠的解决办法，让学生能踏实地科研、安心地生活。他对教过的每一个学生的情况都很了解，他会在学生入学的时候就去了解他们的思想、家庭情况，还亲自介绍天津及南开的一些情况，希望初入南开园的学生能尽快适应新环境。

在学习上，陶占良作为一名良师细心指导学生，在生活上，他又像个慈父般给予学生关心和帮助。他常说："同学们都是认真自觉的，对待科研要努力，但是也不要压力太重，要多注意锻炼身体。"他不仅经常督促学生们去和组里的同学一起打球、跑步，自己也每天坚持跑步锻炼。学生生病向他请假，他都会第一时间批准，并且询问是否需要去医院检查，事后也会关心学生的康复情况。在和学生们一起等电梯而人多无法进去的时候，他总是会说"你们还要打卡，你们先走"，然后他自己等下一趟，或爬楼梯。陶老师还经常会来休息室关心大家的科研及日常生活。他会仔细询问每一个人："课题进展顺利吗？""咱这暖气热不热？空调没有问题吧？""最近流行性感冒很严重，大家多注意一下。"每到中秋节，他都会嘱咐休息室大班长给大伙买点月饼水果；每到开学前后，他都会支出班费让大伙一起团建促进一下同学之间的感情；每次组会结束后，他都会和学生一起开个小型"茶话会",边吃边聊。除了实验进展和科研问题之外,他还会关心学生的实验安全和生活情况,让学生们感受到了关爱和温馨。他想的甚至比同学们自己还周全,他的学生都倍感幸福。

  勠力潜心科研,路漫漫;灼尽成灰桃李事,心心系;温文尔雅中正,君子风;春风化雨育桃李,师生情。陶占良老师始终将学生的安全与利益放在第一位。在科研工作中认真负责,细心指导;在生活中事必躬亲,关心学生。他是学生的良师,更是人生的挚友。陶占良老师就像学生生活中的一道光,照亮着前进的方向,谢谢有他,大家不再迷茫。

化学学院辅导员 张思彤
化学学院 2019 级无机化学专业硕士生 王悄然

"修饰"青春　领路人生
——记环境科学与工程学院王鑫教授

无愧良师，不止益友，修饰生命，助人成长、成材、成人，聚焦微观世界的生命传递，放眼人生的无限可能。

人物简介

王鑫，国家优秀青年科学基金和天津市杰青获得者，南开大学百名青年学科带头人，2000—2010年本硕博均毕业于哈尔滨工业大学。2010年起进入南开大学工作，历任讲师、副教授（2012）和教授（2017）。2015年起任天津市城市环境污染诊断与修复技术工程中心副主任，2019年起任环境工程系主任。近年来，团队基于微生物胞外电子传递理论，开发了多项污染物降解—生物电子原位利用的新技术，在石油污染土壤生态修复、难降解有

机物快速去除、污染物资源回收等方面取得了多项进展，在 *ES&T*、*Water Res* 等学科顶级期刊上共发表相关学术论文 100 余篇，多项成果被国际主流媒体专题报道，近五年承担了与金属还原菌相关的国家自然科学基金优青项目 1 项，面上项目 2 项。获授权国家发明专利 16 项，出版译著 1 部，参与撰写英文专著 1 部（Elsevier）。获得了全国百篇优秀博士学位论文提名奖（2012）、首创水星奖（2018）、Scopus 青年科学之星（2012）和黑龙江省科学技术进步二等奖（2013，排名第三）等奖项。入选科技部重点领域创新团队（2019），教育部创新团队学术骨干（2013）。曾任 *Global Change Biology Bioenergy* 编委，现任 *Frontiers in Microbiology* 副主编，*ACS ES&T Engineering*、*Journal of Hazardous Materials*、*Environmental Science: Water Research & Technology*、*FESE* 等期刊的编委/青年编委，国际水协会中国青年委员会委员，天津市青年科技工作者协会理事，中国城镇供水排水协会青年工作者委员会委员等。

人物风采

"三流的化妆是脸上的化妆，二流的化妆是精神的化妆，一流的化妆是生命的化妆。"初入科研之道的我们，如同待雕饰的清水芙蓉，而王鑫老师就是我们生命的化妆师和修饰者，他把他的培养理念渗透到我们学生

的成人、成长和成材之中，带领我们聚焦微观世界的生命传递，放眼人生的无限可能。

平易近人，谦谦君子

与王老师的初见，往往是在实验室，一届届的故事，都从这里开始。王老师总是会早早等候在实验室，为新登场的主角们细致地讲述课题组的研究方向。王老师像讲故事一样，从特殊微生物的发现开始，到业界对机理的深入研究，到未来环境治理和能源发展的变革，从每一种反应器背后的实验内容，到每一种仪器的用途以及相关的安全事项。有时，还会带着外校的新生参观南开园，介绍百年风雨的南开。

初入课题组的第一次组会，王老师教导大家要辩证地看待每一篇文献，给每一篇文献"挑刺"，即使是顶级的期刊，上面的文章也有很多不合理，甚至充满争议、自相矛盾的地方，我们要批判地继承，辩证地阅读每一篇文献。老师经常提醒大家"科研不仅仅是要一个成果，还要看它是否有实际意义，是否能解决实际存在的某些问题。"在科研生活的开始，实验中的、生活中的、心理中的各具特色的问题必然会接踵而至，每个导师都会教授研究生科研的方法，但是王老师不仅教育学生成材，更教育学生成人。很多事情王老师不会明说，但是老师会以身作则，潜移默化的力量远远胜过说教。

切磋琢磨，精益求精

待人时如此平易近人的谦谦君子，对待科研时却毫不马虎，平和邻家的话语如千钧九鼎，让我们铭记在心。在实验开始前，老师会先与学生讨论实验方案，一个有效的实验方案一定要有多组平行试验与重复试验，王老师常说一个实验结果一定要经得起推敲与评审。当学生们获得有效实验数据时，老师都会非常细心地审核，并提出建设性建议。大到实验方案、论文的结构，小到每一个细微的实验现象、一个单词、标点符号的字体，王老师都会反复推敲。

学生们的近况、科研的进展永远是王老师最牵挂的。每一周的例行组会从未间断，王老师时刻跟进我们的实验进展，并及时给出建议。即使他出国交流访学有15个小时的时差，也阻断不了王老师对国内学生的关心。频繁的远程视频连线，让学生们始终有一种老师在身边的安心。即使是新冠疫情期间，我们都被迫放假在家，每周的周会依然雷打不动，王老师依然在督促我们处理已有数据，广泛地阅读文献，学习新的技能，做好实验计划，争分夺秒地充实自己。在视频中瞥见的老师脸上的倦容与眼角的血丝，却让我们不由得心疼。全球视野是科研人最重要的品质之一，为了加强课题组的学术交流，一有机会王老师总会带着学生们参加国内外学术会议，将业界领军人物请到课题组为学生们传授"独门秘籍"；在得知行业奠基人级别的顶尖科学家在北大做学术报告时，甚至带着整个课题组去参加学术会议，"把组会开到了北大"。

刘轶男是在本科三年级时进入了王鑫老师实验室学习，毕业被保送至中国科学技术大学继续深造。在谈起王鑫老师时他说道："刚进入实验室时，我的专业知识很不扎实，而科研素养也低得可怜，同时自己对于未来的发展也十分迷茫。王鑫老师那时科研教学任务已经十分繁重，但还是热情地接纳了我进入实验室学习。在实验室学习的两年中，作为一名初来乍到的本科学渣，王鑫老师给予了我太多的关心和帮助。他亲自上手指导我做实验，教我数据处理方法，帮我解决实验中出现的问题。就这样，我的能力才逐步提高起来。当时鲁莽的我多次在老师休息时间向老师唐突发问，也经常在实验中出错，而王老师却始终热情地鼓励我，他总是抽出休息时间解答我的疑问，也宽容包容我的过失。有一次我因为没有安排好实验时间，忘记了更换反应器底物，这将直接影响实验的进行，甚至可能导致前期实验的努力白费。当我知道自己的错误之后，简直不敢直面老师，料想一定会被老师严肃批评。然而，王鑫老师只是平静指出我的不足，同时也宽容地原谅了我的过失，并且还发邮件教我要妥善安排实验时间，要懂得掌握实验节奏，一张一弛，协调生活与工作的关系。看着老师的邮件，我不禁感动得热泪盈眶。在王老师实验室，我得到了老师各方面的锻炼与培养，我先后获得国家奖学金、南开大学"闪亮之星"、天津市环境工程学科竞赛一等奖等奖励。我知道这些成绩的取得是和王老师的汗水分不开的。"

无论是本科生的创新创业项目，还是研究生的大小论文，小到报告细节修改，大到整体实验设计，王老师始终能够在充分尊重学生想法的基础上给予最大限度的指导与帮助。对学生的指导，王老师从不设限，始终鼓励大家另辟蹊径，进行独立、深入的思考，让学生既积累了扎实的理论基础，又练就一身实验本领，读万卷书和行万里路都抓好。王老师曾说培养一个学生就如同拍一部大片,需要有好的剧本(导师思路、方向)、优良的道具(实验条件、仪器设备),以及演员本身(学生的品质)。而演员本身应有3个品质,分别为Smart、Hardworking和Creative,具备3个品质中的2个即为优秀。对于每一个学生,王老师总是能尊重学生的兴趣爱好,提供好的实验设备条件让学生能够潜心科研。即使是在课题组发展的初期,经费捉襟见肘,王老师也会精打细算每一笔经费,对于学生们的客观存在的需求,都最大限度地满足,竭尽所能为学生们创造优异的科研环境。

杜青博士是王老师带的第一个博士。对于王老师,她说:"(加入王鑫老师课题组)这是我人生中极其重要的一步,也必将影响我的一生。博士的生活对个人的耐力是个极大的考验,听了周围太多人各式各样的抱怨,而我却并不能感同身受。在王老师的带领下,课题组的氛围实在是太好,浓浓的良性交流互助模式。每天有很多想法,和组内的成员交流,和王老师请教,每天都处在思考问题、解决问题的'快乐科研'氛围中。每个导师都在教授博士生科研的方法,但是像王老师这样在人格、品质方面帮助学生完善的并不多。他不仅仅是谆谆教导,更多的是以身作则,见多了,总是'近朱者赤'的。"

杜青博士说:"一个老师能让自己的学生毫无保留地跟他交流学习生活中的各种想法,那他无疑是一位受学生爱戴的好老师。他不仅是一位学术上精益求精、严格要求自己和学生的学者,更是一位教育学生懂得不卑不亢的灵魂导师。"

人如芝兰,沁透余香

在工作中,王老师始终焚膏继晷、笔耕不辍,实时查阅文献探索新思路并分享给学生们。在学业方面,从科研方向的决定,到实验的进展以及未来学术生涯的发展方向,王老师都会提供解决问题的建议;在生活方面,王老师不仅是我们的导师,更像我们的兄长,与我们积极互动,为科研生活平添了不少烟火气,从生活上点滴的关怀到未来人生道路的指引,事无巨细。在整个课题组的大群里,除了发布相关通知、分享看到的优秀文献和更新业内各种信息之外,王老师也会分享一些有趣的图片、表情包和各种趣事以飨学生们,用以调剂身心。在新生入学、毕业季、节假日等特殊的日子,王老师会和大家一道团建、聚餐,像好朋友一样,一起畅叙过往旧事,一起谈天说地,指点江山,激扬文字。

临近毕业,不是长呼一口气感叹结束,而是千里之行第一步。临近毕业、面临抉择时,王老师总会对毕业生耳提面命,摆明利害关系,设身处地帮助毕业生进行规划。对于即将走上工作岗位的毕业生,王老师会时不时详细询问求职情况,以一个从业人员的角度分析各个岗位,帮助他们在未来的工作中少走弯路。对于想要继续深造的毕业生,王老师会与他们认真讨论未来研究方向,依然和在读期间一样规定严格、实事求是;对于那些想要换个新的环境的学生,王老师也丝毫没有门户之嫌或私见,帮助学生积极联系对接导师,即使与对方导师不曾有过联系,王老师也会准备好推荐信及相关材料,竭尽全力协助学生完成申请。在毕业之际,整个课题组留影南开已经成了我们一年一度的固定节目,王老师也会身着导师服,与穿着学士服的毕业生以及整个课题组的学生一同漫步南开,定格南开岁月。由于新冠疫情的影响,2020年的毕业典礼以线上线下相结合的形式进行,只有很少一部分毕业生代表可以接受拨穗。为了弥补这一遗憾,王老师特地为毕业生们在学院里举行了简单的拨穗仪式。手机播放不出礼堂里南开大学校歌的浑厚响亮,但是依然饱含着秉公尽能的力量和巍巍南开精神。没有金碧辉煌的背景,但老师的眼睛、毕业生们的眼睛,乃至所有人的眼睛都亮晶晶的,这是以身作则的潜移默化,这是严谨治学的谆谆教诲,这是挚友的不舍,这是师恩的浩荡。

一日 X. Wang-Lab,终生 Microbial Electron+ Lab。马蹄湖畔的荷花花开又落,对于毕业生的发展,王老师绝不止于送走即止。即使不再是王老师课题组的学生,开会时如果遇到老师,依然会倍感亲切、如沐春风。一有机会王老师依然会拉着他们促膝长谈,问讯学业、事业等各方面发展,督促他们加倍努力,鼓励他们于变局中开新局,成就非凡人生。听闻毕业的学生们有了好消息,王老师依然会在群里转发并第一时间祝贺。毕业的学生们也都没有和王老师、和课题组断了联系,对于师弟师妹们不懂的问题依然倾囊解答,还会与王老师分享自己的想法,依然会想着回来看望王老师还有师弟师妹们。天涯海角有尽处,师恩绵绵无穷期,沐浴在师恩下,课题组不断壮大,"指数生长";桃李无言,下自成蹊,这是良师益友亲切关怀后的反哺。

"三流的化妆是脸上的化妆,二流的化妆是精神的化妆,一流的化妆是生命的化妆",当我们以后枝繁叶茂、映日接天时,都会感谢王鑫老师给我们每一个人讲述了奇妙的故事，为我们的科研之路、人生之路接种了最坚实的萌芽，给我们的生命赋予了最优秀的品格。他是我们生命中的化妆师。

环境科学与工程学院辅导员　李科
环境科学与工程学院2019级环境工程专业硕士生　杜霖

至勤至诚为求真　立德立行见丹心
——记医学院杨亮副教授

致力医学，数载攻坚，他是科研上潜精研思的奋斗者；学海无涯，拓荒前行，他是学识上博闻广识的引路人；笃志教学，桃李满天，他是成长中温恭谦逊的好师长。

人物简介

杨亮，男，1981年12月出生，1999至2004年吉林大学白求恩医学部获医学学士学位，2004至2009年吉林大学白求恩医学部基础医学院硕博连读，2015至2016年美国弗吉尼亚大学心血管研究中心访问学者，现任南开大学医学院副教授，从事药理学科研和教学工作，天津市药理学基础心血管学会委员，天津市应用药理学会委员，中国药理学会会员。

主要从事心肌缺血再灌注损伤及病理性肥大中相关炎症分子及其信号通路的研究、运动锻炼在心血管疾病中的保护作用及其机制研究，以及纳米颗粒在心血管系统的毒性作用及其机制研究。目前承担国家自然科学基金面上项目《基

于 IL-10-STAT3-S100A8/9 信号通路探讨运动锻炼促进 e-MDSCs 向 MDSCs 极化的分子机制及心衰保护作用》(2020.1 至 2023.12),曾先后主持并完成国家自然科学基金青年项目、天津市自然科学基金一般项目及青年项目共 3 项,参与完成了国家重点基础研究发展计划("973"计划)2 项。近 3 年在国际知名期刊 *Mol Nutr Food Res*、*Free Radic Biol Med*、*Bio Materia*、*Stem Cell Research and Therapy* 等上发表了 SCI 文章 10 余篇。目前讲授的课程主要有药理学、口腔药物学及机能学实验等医学本科生必修课,参与完成的疾病与用药课程被评为国家级精品在线开放课程。

人物风采

南开一隅,几间小小的实验室,总能看到一群人忙碌的身影,他们就是杨亮和他的学生。在实验区,他们身披同样的实验服,宛如共同攻坚克难的战友;而在生活区,他们则是平起平坐、谈心说理的知己好友和兄长。今天走进这里,让我们认识这样一位朴素却又伟大的好导师——杨亮。

致力医学研究,披星戴月攻坚

浩瀚无垠的科学星空,散发着迷人的光芒,引无数科研人驻足仰望,挽满月雕弓,期盼有一日射下那璀璨而遥远的真知星光。南开园几间狭小的实验室,承载着杨老师和他的学生们大大的科研梦想,对杨老师来说,这里就是科研的沃土,是他和学生们待的最多的地方。在这里,科研的种子生根发芽,真理的光芒熠熠生辉。

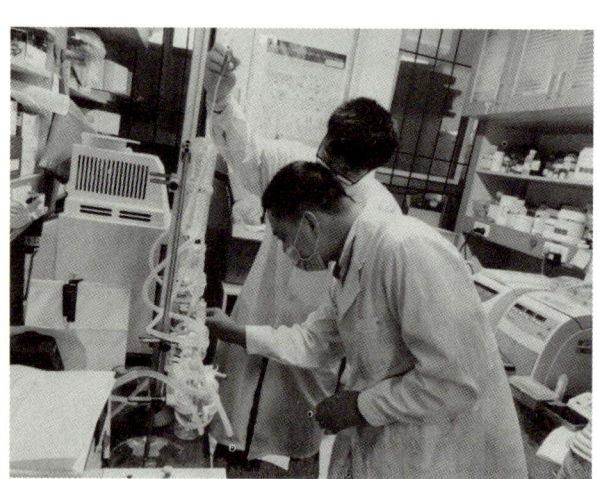

杨老师一直认为勤能补拙,天道酬勤。他时常跟学生们说自己接触过的一些业内广为认可的优秀科研人,他们的科研思维、

人格魅力虽各有不同，但他们有一点品格是相似的——勤奋。在这些人里面，有些已经是知名教授了，还会抽出时间自己动手实验。因此，杨老师的嘴边常会挂着这样一句话："比你优秀的人都这么努力，你还有什么理由不努力呢？幸福是奋斗出来的，人生没有捷径可走！"他正是信守这一信条，一路奋斗一路高歌在科研道路上。有多少个日与夜，杨老师总是披星戴月来，又披星戴月归，有时候一头扎到实验室里，做一整天实验，连饭都没有时间吃。他甚至在实验室里放了一张折叠床，有时候实验做得很晚，干脆就在实验室里休息。做科研是很辛苦的，但杨老师从未感到过疲累，总是精神满满、神采奕奕，脸上总是带着亲切的微笑。对真理的渴求、对科研的热爱是他始终保持热忱初心，在科研道路上不懈探索的动力。

今年一场突如其来的疫情打乱了原本规划好的科研日程。身为党员的杨老师，在投身学院防疫工作的同时，及时调整研究生的科研学习计划，加强线上指导，坚持召开线上会议督促大家学习前沿的科研成果，掌握防疫知识，引导同学们将疫情相关的医学知识有意识地与自身课题研究相结合。在学校开放实验室之后，杨老师第一时间回到科研一线，自己动手亲力亲为，不怕苦不怕累。短短几个月内，杨老师先后有两篇文章被 SCI 成功接收。他常和同学们说："疫情当前，防疫为先，但我们不能惧怕，更不能耽搁，疫情带给我们的不仅仅是挑战，它还会给我们医学科研人带来更多贡献社会的机会！"

杨老师是一位真正致知力行、笃学求真的科研人。他的实验室墙上挂着这样一幅书法作品：天道酬勤，厚德载物。其实用这两句话形容他自己再合适不过，因为杨老师正是秉承着这种勤勉的精神，才能带领他的团队在医学研究的道路上不断取得新的突破。多年来，杨老师承担并完成多个课题项目，在国际期刊上发表数篇优秀科研成果，这就是最好的例证。他对科研至勤至诚的精神一直感染激励着实验室的每一位同学，所以教学楼里总能看到他的学生忙碌的身影，有时候天刚蒙蒙亮就有人来到实验室，到深夜了实验室的灯还亮着。固然辛苦，但每天走出实验室的学生无不洋溢着幸福而充实的笑容。寒来暑往，这里记录了太多大家共同奋斗的时光，也记录了同学们对这份勤思严实的科研精神的坚守与传承。

善于因材施教，追求全面发展

杨老师是治学严谨、懂得循循善诱的好老师，他注重启发和调动学生的动手能力和创新能力，广泛听取学生的意见和反馈的信息。在杨老师看来，科研是大胆假设、小心求证的过程，所以他一直坚持因材施教一对一指导学生，不仅要授之以鱼，更要授之以渔，充分发挥学生的自身优势，扬长避短，充分发挥学生的主观能动性，举一反三。

新入学的学生对待科研充满热情，但又懵懂茫然不知如何入手。杨老师坚持一定要努力让学生永葆这份科研的热情，他总是细致耐心地将"徒弟"领进门，言传身教，手把手教方法、理思路，亲自带学生做实验，示范最标准的实验操作。"研一刚进入实验室，像是小鼠尾静脉取血这样的实验我不太熟练，杨老师就亲自给我演示如何操作，然后很耐心地站在我旁边指导直到我彻底熟练才离开，这令我非常感动。"2019级硕士生安佳乐说。她特别感谢杨老师的细致耐心教导，让她顺利步入动物实验的轨道。

一般的课题汇报都会与"详尽准备""紧张阐述"这样的词联系起来，但是杨老师的学生每周最盼望的时刻就是课题汇报，用他们的话说"这是每周最让人振奋的时刻"。因为杨老师清楚每一位热爱科研的高年级学生，在熟悉自身课题的基础上，都会有无穷的思考与创新，不能磨灭，必须鼓励。于是他充分把握这个机会，让汇报课题不再是简单枯燥的讲述，而重在"探讨"二字。2018级硕士生栗广如说："杨老师最难能可贵的一点是在讨论课题的时候，他从来都不是高高在上的，也从不用自己的想法和意见禁锢学生，反而更愿意倾听我们的想法。他要求我们大量阅读文献，并鼓励我们大胆地说出自己的想法。这让每一次课题汇报都轻松了不少。"杨老师给学生传达的理念正应了亚里士多德的那句名言——吾爱吾师，吾更爱真理。相信正是这种平等、开放、自由的科研环境才更坚定了同学们投身科研的决心。与此同时，每次课题汇报都有一项不可或缺的例行工作，那就是杨老师都会特别强调，做科研和做人是一样的，都应该是"诚"字当头，关注指导研究生的学术道德规范。杨老师的学生说："一次次的叮嘱、一次次的强调，坚决杜绝学术不端行为，已经深深烙印在我们心里，任何力量都撼动不了。"

除了培养学生的专业素养外，杨老师还特别注重人才的全面发展。他说："南开是一所综合类大学，相比较我就读的医科大学，南开的氛围更活跃，学校的各种活动更加丰富精彩，我鼓励学生们在完成课业任务的同时多参与其中，争做全才。"他的研究生在医学院研究生会中分别担任副主席和文体部部长职务,积极参与各种社会实践和志愿服务,他们说:"真的很感谢老师,他深深地影响我们,支持和鼓励我们,在服务和奉献社会的过程中发挥专业所学,增长能力才干,让我们真切感受到实现人生价值的滋味!"

温恭谦逊立身,春风化雨育德

"杨亮老师大概就是传说中的没有偶像包袱的老师,老师有时候也很逗的!"说到这里,他的学生微微一笑,"有一次杨老师找我到办公室讨论课题,聊着聊着他低头一看,忽然说了句'哎呀!外套穿反了',然后立马脱下来重新穿上了,大家都是男生,他估计是拿我当兄弟一样,哈哈……"在学生眼中,杨老师就是这样可爱,他是同学们的好老师,也是好朋友。日常朋友圈的互动、共进午餐时的谈笑、文体活动中的默契配合……师生相处的时候总是充满欢声笑语。时间长了,便慢慢构建起了一个名副其实的温馨和谐的大家庭。

杨老师用心对待每一位学生,如父如兄。他会主动了解学生的学习和生活状况,学生遇到了困难,他总是竭尽所能地帮助解决。节假日里如果有学生回家,杨老师总会细致到考虑学生家的远近,在时间上给予适当的宽松,并且反复叮嘱路上要注意安全,这样的体贴和关怀让同学们心里倍感温暖。对于这点,杨老师的一位研一学生感受深刻,她的家在南方,女孩子一个人在北方读研,距离远难免有些恋家,她说:"有一次爷爷过生日,我请了三天假回家,其实那阵子实验非常紧,但是导师知道我和爷爷感情特别深厚,就让我回家了,还让我代他向家里人问好,真的很感动。在我心里,杨老师就是最好的导师!"

每年毕业季的时候,同学们普遍会比较焦虑。对于选择继续做科研的同学,杨老师以亲身的科研经历来鼓励和引导他们,帮助他们走出迷茫;而对于选择就业的同学,他总是仔细询问就业方向和规划,结合自己身边的资源,尽可能地给予帮助。2019级博士生冯立峰说:"我们现在这个年纪,压力是很大的,一想到以后毕业、买房等问题真的深感'压力山大',杨老师经常跟我聊到毕业、工作还有房价之类的问题,分享他作为过来人的经验,教导我们所有事情都要脚踏实地地一步步来。我十分信任杨老师,听了他的话我的心理压力小了很多,也对未来充满信心!"

在杨老师眼中,教学和科研是一份普通的职业,但却是一项伟大的事业。要努力创出一片天地，勤诚求真，不忘初心；要在做事中育人育心，立德立行，丹心可鉴。就是这样一位朴实无华的老师，用其积极勤奋的态度、温恭谦逊的性格、"公能"兼备的精神时刻感染着身边的每一位学生！

医学院团委书记　孔祥悦
医学院2018级病原生物学专业硕士生　任豆豆